매일 아침
하나님의 격려 한마디 365

Beside Still Waters
by Charles H. Spurgeon

Copyright ⓒ 1999 by Thomas Nelson, Inc.
Originally published in English under the title Beside Still Waters
by Thomas Nelson, Inc., 501 Nelson Place, Nashville, TN 37214, U.S.A.
All rights reserved.

This Korean Translation Copyright ⓒ 2010 by Duranno Press
95 Seobinggo-Dong, Yongsan-Gu, Seoul, Korea
This Korean edition is translated and used by permission of Thomas Nelson,
Inc. through arrangement of rMaeng2, Seoul, Republic of Korea

본 저작물의 한국어판 저작권은 알맹2 에이전시를 통하여 Thomas Nelson,
Inc.와 독점 계약한 두란노서원에 있습니다. 신 저작권법에 의하여 한국 내에서
보호받는 저작물이므로 무단전재와 무단복제를 금합니다.

매일 아침 하나님의 격려 한마디 365

지은이 | 찰스 스펄전
옮긴이 | 장남혁·심광수
초판 발행 | 2010. 10. 11.
23쇄 발행 | 2024. 2. 15

등록번호 | 제3-203호
등록된 곳 | 서울특별시 용산구 서빙고동 95번지
발행처 | 사단법인 두란노서원
영업부 | 2078-3333   FAX 080-749-3705
출판부 | 2078-3477

■ 책 값은 뒤표지에 있습니다.
ISBN 978-89-531-1396-1 03230

■ 독자의 의견을 기다립니다.
tpress@duranno.com   http://www.Duranno.com

> 두란노서원은 바울 사도가 3차 전도여행 때 에베소에서 성령 받은 제자들을 따로 세워
> 하나님의 말씀으로 양육하던 장소입니다. 사도행전 19장 8~20절의 정신에 따라 첫째
> 목회자를 돕는 사역과 평신도를 훈련시키는 사역, 둘째 세계선교(TIM)와 문서선교(단행
> 본·잡지) 사역, 셋째 예수문화 및 경배와 찬양 사역, 그리고 가정·상담 사역 등을 감
> 당하고 있습니다. 1980년 12월 22일에 창립된 두란노서원은 주님 오실 때까지 이 사역
> 들을 계속할 것입니다.

매일 아침
하나님의 격려 한마디 365

찰스 스펄전 지음

두란노

서문

스펄전 목사님에 대해 연구를 하면서 2,000편이 넘는 목사님의 설교를 읽었고, 그중 1,000편을 세밀하게 분석했습니다. 거기에서 귀중한 보석 밭을 발견했습니다. 300편도 더 되는, 소망과 위로와 용기를 주는 말씀들을 찾은 것입니다.

스펄전 목사님은 하나님의 집에 오는 사람들이 일상적인 일에 대한 걱정이나 사업상의 중압감 또는 가정의 우환 같은 무거운 짐을 지고 있는 것을 봤습니다. 농부는 갈아야 할 밭에 신경을 쓰고, 상인은 지불해야 할 물품 대금을 걱정하고, 어떤 사람은 병든 아내나 자식 걱정이 머리에서 떠나지 않습니다. 세상에 집착하는 이런 사람들을 설교를 통해 일깨워서 조금이라도 천국에 가까이 가도록 해야 한다는 것이 스펄전 목사님의 생각이었습니다.

스펄전 목사님은 상처 받고 어쩔 줄 모르는 사람들에게 위로의 말씀을 전했습니다. 깊은 진리를 탁월한 재능으로 풍성하고 따듯하고 영적인 쉬운 말씀으로 표현했습니다. 제가 그 말씀들을 성경공부 모임에서 함께 나눠 봤는데 큰 축복이었습니다. 스펄전 목사님의 말씀은 세월을 건너뛰어 오늘날 상처 받은 사람, 몸부림치는 사람, 낙심하고 있는 사람에게 말씀하시는 것처럼 들렸습니다. 목사님의 말씀은 지금도 올바른 해답이 되고 있습니다.

독일의 신학자 틸리케(Helmut Thielicke, 1908~1986)는 이렇게 말했습니다.

"스펄전 목사님의 말씀은 그 당시와 상황이 많이 다른 지금 읽어도 내용이 너무 훌륭해서 큰 감동을 받는다. 여과 장치 없이 먹을 수 있는, 언제나 솟아나는 샘물이다. 스펄전 목사님이 설교를 하고 글을 쓴 지 한 세기가 지났지만 목사님의 말씀은 아직도 신선하고 향기롭다."

소망과 치유를 주는 목사님의 말씀의 능력에 대해서는 콘웰(Russell Conwell, 1843~1925) 목사님이 잘 표현했습니다.

"19세기에 스펄전 목사님만큼 많은 사람을 치유한 분은 없다. 그분은 의사도 아니고 처방전을 쓴 일도 없지만, 하나님의 일에는 설명할 수 없는 신비한 힘이 있다고 믿었고, 기도에 고통을 없애는 능력이 있다고 주장했다."

그런데 설교의 황태자라는 칭송까지 받는 스펄전 목사님도 당시에는 멸시와 병으로 고생했습니다. 19세에 런던 교회의 강단에 섰을 때 언론으로부터 야유를 받았고 교계에서 조롱을 받았습니다. 목사님은 우울증과 통풍으로 고생하기도 했고, 마지막 20년은 심한 통증에 시달려야 했습니다.

목사님이 목회를 하는 기간에 콜레라가 유행하여 매일 많은 사람이 사망하는 일도 있었습니다. 결핵도 만연했습니다. 마취하지 않은 채 수술을 하기도 했습니다. 사업에 실패한 사람들도 많아서 빚을 갚지 못한 채무자를 수감하는 감옥은 만원이었습니다. 런던에서만 10만 명의 어린이가 가난으로 방황하다가 감옥에 가거나 사망했습니다. 헌신적으로 사역하신 스펄전 목사님은 심방과 전도를 위해 런던의 남부 지역을 누비고 다녔습니다.

목사님이 당한 고통과 시련은 예수 그리스도와 성도들에게 더 가까이 가도록 하는 계기가 되었습니다. 목사님은 성도들의 고난을 알았습니다. 그들이 생각하는 것처럼 생각하게 되었고, 그들이 느끼는 대로 느끼게 되었습니다. 그들의 낙심, 성공, 우울, 고통, 걱정 그리고 죽음의 공포 속으로 들어갔습니다. 그래서 상처 받은 사람들, 어찌할 바를 모르는 사람들을 진심으로 사랑하고 그들에게 말씀을 전할 수 있었습니다. 그리고 시련 중에 용기를 갖게 하고 하늘나라에 조금 더 다가가도록 말씀으로 격려했습니다.

이 책에는 365편의 말씀들이 수록되어 있습니다. 모든 말씀은 한 쪽으로 끝나고, 순서는 성경을 따랐습니다.

이 책은,
- 어느 말씀을 읽더라도 그 속에서 보물을 찾을 수 있습니다.
- 하루에 한 편씩, 1년간 묵상할 수 있습니다.
- 좋아하는 성경 구절이나 지금 공부하고 있는 구절을 선택해서 묵상할 수 있습니다.
- 책 뒤에 분류해 놓은 주제에 따라 읽을 수 있습니다.
- 처음부터 끝까지 성경 순서에 따라 읽어 나갈 수 있습니다.

어떤 방식으로 읽든지 100년 전에 쓰인 스펄전 목사님의 글에서 놀라운 위로와 격려를 받을 수 있을 것입니다.

로이 클라크(Roy H. Clarke)

001

나의 방패 되시는 주님

창 15:1

두려워하지 말라 나는 네 방패요 너의 지극히 큰 상급이니라.
Do not be afraid, Abram. I am your shield, your very great reward.

하나님께서 환상 중에 아브람에게 말씀하셨습니다. 아브람이 조카 롯과 헤어진 이후의 일입니다. 롯은 좋아 보이는, 물이 넉넉한 요단 들판을 선택했습니다. 그러나 아브라함은 하나님의 나라와 의로우심을 바라보았습니다. 하나님이 오셔서 그에게 이렇게 말씀하셨습니다.

"네 조카 롯은 눈에 보이는 것을 믿고 눈앞의 이익을 택했다. 아브람아, 두려워하지 마라. 내가 너의 방패가 되고 너에게 큰 상을 주겠다. 너는 좋은 땅을 선택했다. 아무도 네 땅을 빼앗아 가지 못한다. 걱정하지 마라."

아브람은 이렇게 화답했을 것입니다.

"여호와는 나의 산업과 나의 잔의 소득이시니 나의 분깃을 지키시나이다 내게 줄로 재어 준 구역은 아름다운 곳에 있음이여 나의 기업이 실로 아름답도다"(시 16:5~6).

무슨 일을 당하더라도 놀라지 마십시오. 어려운 일을 당할 때 주님이 우리의 요새요 피난처가 되십니다(시 59:16). 주님의 능력이 우리를 보호합니다. 주님이 우리의 방패이시고, 지극히 큰 상급이십니다.

002
더 큰 믿음, 더 큰 시련

창 22:1

그 일 후에 하나님이 아브라함을 시험하시려고 그를 부르시되 아브라함아 하시니 그가 이르되 내가 여기 있나이다.
Some time later God tested Abraham. He said to him, "Abraham!"
"Here I am," he replied.

하나님께서는 약한 어깨에 무거운 짐을 올려놓지 않으십니다. 하나님께서 주시는 시련의 분량은 믿음의 분량에 따라 증가합니다. 그러므로 믿음의 길을 가고 있다면 더 큰 시련이 오기를 바라야 합니다. 은혜 안에서 성장하고 있다고 해서 길이 더 순탄하고, 하늘이 더 푸를 것이라고 생각하지 마십시오. 그 반대일 수도 있습니다. 하나님이 우리를 더 뛰어난 십자가의 용사로 세우신다면 그것은 더 어려운 사명을 주시려는 것이 분명합니다.

우리는 이삭을 낳고 이스마엘까지 떠나보낸 노년의 아브라함에게 안식의 때가 찾아왔다고 생각할 것입니다. 그러나 '그 일 후에' 하나님이 아브라함을 시험하셨습니다. 살아 있는 한 우리는 시험에서 자유로워질 수 없습니다.

전투의 깃발은 아직도 휘날리고 있습니다. 물러앉아 쉬고 있을 때가 아닙니다. 왕관이 아니라 투구를 쓰고 칼을 들어야 합니다. 경계하고 기도하고 싸워야 합니다. 마지막 싸움이 가장 힘든 싸움입니다.

003
주님의 복된 약속

창 22:17

내가 네게 큰 복을 주고 네 씨가 크게 번성하여 하늘의 별과 같고 바닷가의 모래와 같게 하리니 네 씨가 그 대적의 성문을 차지하리라.
I will surely bless you and make your descendants as numerous as the stars in the sky and as the sand on the seashore. Your descendants will take possession of the cities of their enemies.

   나에게 복을 선택하라면 부를 선택하지 않겠습니다. 부가 고통과 걱정과 근심에서 나를 자유롭게 해 주지 못하기 때문입니다. 인기도 선택하지 않겠습니다. 인기 있는 사람들에게는 평안이 없기 때문입니다. 나는 하나님께서 나와 항상 함께 계시는 것을 선택하겠습니다.

   하나님께서 함께 계시면 극렬히 타오르는 풀무불도 안락한 침대처럼 편안합니다. 하나님의 사랑이 감싸 주시면 어디를 가든지 이렇게 기도할 수 있습니다.

   "주여 주는 대대에 우리의 거처가 되셨나이다"(시 90:1).

   이렇게 기도할 수 있는 사람은 하나님으로 충만한 사람입니다. 셀 수 없이 큰 복을 받은 사람입니다.

   슬프거나 고통스럽거나 지쳐 있거나 무거운 짐을 지고 있다면, 하나님이 하시는 이 말씀에 귀를 기울이십시오.

   "내가 네게 큰 복을 주리라."

   이 말씀을 붙잡고 기뻐하며 앞으로 나아가십시오.

004
바로 여기 계신 주님

창 28:16

야곱이 잠이 깨어 이르되 여호와께서 과연 여기 계시거늘 내가 알지 못하였도다.
When Jacob awoke from his sleep, he thought, "Surely the LORD is in this place, and I was not aware of it."

언제, 어디에서나 하나님을 느낄 수 있다면 얼마나 좋겠습니까? 위험에 처하거나 폭풍 가운데 있거나 질병에 시달리고 있더라도 "여호와께서 여기 계시도다"라고 말할 수 있다면 완전한 평안을 느낄 것입니다. 상황이 아무리 좋지 않다고 해도 하나님이 함께 계시기만 하면 그 자체가 행복입니다. 두려워할 필요가 없습니다.

가난에 쪼들려 살아도 "여호와께서 여기 계시도다"라고 고백할 수 있어야 합니다. "가진 것도 많은데 하나님께서도 나와 함께 계신단 말이야?" 하고 기뻐할 줄 알아야 합니다. 부유하면서 주님이 함께 계심을 모르는 것보다 가난하면서 주님이 함께 계심을 아는 편이 낫습니다.

극심한 고통으로 어찌할 바를 모르는 상황일 수 있습니다. 하지만 그 고통이 언제 끝날지 모르는 상황일지라도 "여호와께서 여기 계시도다"라는 말씀을 잊지 마십시오. 주님이 함께 계셔서 우리를 도와주실 것입니다.

005
벧엘의 하나님

창 31:13

나는 벧엘의 하나님이라 네가 거기서 기둥에 기름을 붓고 거기서 내게 서원하였으니 지금 일어나 이곳을 떠나서 네 출생지로 돌아가라.
"I am the God of Bethel, where you anointed a pillar and where you made a vow to me. Now leave this land at once and go back to your native land."

깊은 고뇌와 캄캄한 어두움에 빠져 있을 때 그리스도께서 전보다 더 다정한 모습으로 나타나십니다. 이때 우리는 큰 소리로 외칩니다. "벧엘의 하나님께서 지금까지 나를 버리지 않으셨다!"

고난이 닥쳤을 때, 외로울 때, 아무것도 없이 비참해졌을 때, 고아처럼 갈 곳이 없을 때 벧엘의 하나님께서 내 머리를 감싸 안으시고 내 영혼을 보호해 주십니다. 그분은 나와 함께 계십니다. 하나님은 천국의 문을 잠그고 홀로 앉아 계신 분이 아닙니다. 천국과 이 땅에 사다리를 놓고 계십니다(창 28:12).

"내가 환난 중에서 여호와께 아뢰며 나의 하나님께 부르짖었더니 그가 그의 성전에서 내 소리를 들으심이여 그의 앞에서 나의 부르짖음이 그의 귀에 들렸도다"(시 18:6).

"나의 유리함을 주께서 계수하셨사오니 나의 눈물을 주의 병에 담으소서"(56:8).

006
고난의 터널을 지나

창 41:51

하나님이 내게 내 모든 고난과 내 아버지의 온 집일을 잊어버리게 하셨다.

It is because God has made me forget all my trouble and all my father's household.

'왜 나만 고통의 표적이 되는가?'라는 생각이 들 때가 있습니다. 그러나 슬퍼하지 마십시오. 그것은 특별한 일을 감당하도록 준비시키려고 하나님께서 보내신 고난입니다. 모든 고난과 쓰라린 배신까지도 감사할 날이 옵니다.

요셉의 형제들은 요셉을 미워했고 결국 노예로 팔았습니다. "활 쏘는 자가 그를 학대하며 적개심을 가지고 그를 쏘았으나"(창 49:23) 그는 특별한 상을 받았습니다. 하나님께서 큰 계시를 주실 때는 자만하지 않게 하려고 가시도 주십니다(고후 12:7).

요셉이 그러했듯이, 여러분도 아무리 큰 고통을 겪었더라도 므낫세를 얻게 될 것입니다. 하나님께서 모든 고난을 잊어버리게 하실 것이기 때문입니다. 에브라임도 얻게 될 것입니다. 하나님께서 여러분이 수고한 땅에서 번성하게 하실 것이기 때문입니다.

또한 여러분이 고통을 통해 한층 성숙해지면 고통 받는 사람들에게 위로자가 되어 줄 수 있습니다.

007
주님의 도움의 손길

창 42:36

요셉도 없어졌고 시므온도 없어졌거늘 베냐민을 또 빼앗아 가고자 하니 이는 다 나를 해롭게 함이로다.
Joseph is no more and Simeon is no more, and now you want to take Benjamin. Everything is against me!

고통을 당할 때 위로해 주는 사람이 필요합니다. 어떤 고통은 참을 수 있지만, 어떤 고통은 너무나 심해 골수까지 파고들고, 이성과 영혼까지 황폐하게 만듭니다. 큰 고통에는 큰 은혜가 필요합니다. 머리가 지끈지끈 아프거나 가슴이 울렁거리거나, 온몸이 괴로울 때면 야곱처럼 "다 나를 해롭게 할 뿐이로구나!"라고 한탄할 수밖에 없습니다. 그렇지만 하나님의 섭리에 대해 불평할 것이 아니라 능력의 약속을 붙잡아야 할 때입니다.

"두려워하지 말라 내가 너와 함께함이라 놀라지 말라 나는 네 하나님이 됨이라 내가 너를 굳세게 하리라 참으로 너를 도와주리라 참으로 나의 의로운 오른손으로 너를 붙들리라"(사 41:10). 아픔은 더해 오고 수술 시간은 다가오고 온몸이 떨리는 고난 가운데 있다면, 그때야말로 하나님의 도움의 손길이 필요한 시간입니다. "두려워하지 말라 내가 너와 함께함이라." 이 약속의 말씀은 어둔 밤에 들려오는 나이팅게일의 노래처럼 감미롭습니다.

008
죽음을 이기신 주님

창 49:33

야곱이 아들에게 명하기를 마치고 그 발을 침상에 모으고 숨을 거두니 그의 백성에게로 돌아갔더라.
When Jacob had finished giving instructions to his sons, he drew his feet up into the bed, breathed his last and was gathered to his people.

주님께서 빨리 오시지 않는다면 우리는 마지막 숨을 거두고 하나님을 만나게 될 것입니다. 그렇다고 슬픔과 두려움이 우리 영혼을 상하게 해서는 안 됩니다. 주님께서 사망을 이기셨기 때문입니다. 우리는 이미 패망한 대적을 만나는 것입니다. 주님의 승리는 우리의 승리의 보증입니다. 그리스도께서 이기셨기 때문에 우리도 이깁니다.

"아담 안에서 모든 사람이 죽은 것같이 그리스도 안에서 모든 사람이 삶을 얻으리라"(고전 15:22).

이 얼마나 위로가 되는 말씀입니까?

그리스도를 믿기만 하면 두려워할 것이 없습니다. 그 무엇도 두려움의 대상이 될 수 없습니다. 예수님께서 말씀하셨습니다.

"이는 내가 살아 있고 너희도 살아 있겠음이라 그날에는 내가 아버지 안에, 너희가 내 안에, 내가 너희 안에 있는 것을 너희가 알리라"(요 14:19~20).

009
하나님의 때를 기다리며

출 3:1

모세가 그의 장인 미디안 제사장 이드로의 양 떼를 치더니.
Now Moses was tending the flock of Jethro his father-in-law, the priest of Midian.

하나님의 일꾼들도 오랫동안 쉬는 경우가 있었습니다. 모세는 양 떼만 치면서 사막에서 40년을 보냈습니다. 예수님도 30년 동안이나 공생애를 시작하지 않으셨습니다. 어떤 이유로든 현재 일하지 않고 있는 사람들은 하나님이 다시 쓰실 때를 대비해 준비해야 합니다.

또한 지금 일하고 있는 사람들을 위해 기도해야 합니다. 흔히 자기가 쉬고 있으면 일하고 있는 사람들을 질시합니다. 그러나 그들을 도와줄 수 없다면 그들을 위해 기도하는 것이 주님의 뜻입니다.

1782년 9월 13일, 영국의 지브롤털 요새를 포위하고 있던 프랑스와 스페인 연합함대는 우세한 병력으로 총공격을 실시했습니다. 성벽에 있던 영국군은 사격을 시작했고, 총을 쏠 수 없는 병사들은 포탄을 불에 달구었습니다. 그렇게 해서 영국군이 승리를 거두었습니다. 하나님을 위해 일하는 사람들과 함께할 수 없는 상황이라면 이렇게 말하십시오. "제가 기도로 지원사격 하겠습니다."

010

나의 근심을 아시는 하나님

출 3:7

내가 애굽에 있는 내 백성의 고통을 분명히 보고 그들이 그들의 감독자로 말미암아 부르짖음을 듣고 그 근심을 알고

I have indeed seen the misery of my people in Egypt. I have heard them crying out because of their slave drivers, and I am concerned about their suffering.

    한 치 앞도 보이지 않는 어둠 속에 있더라도 절망하지 마십시오. 비참한 상황에 빠졌다고 단념하지 마십시오. 믿음의 사람이 어둠 속에 있다면 그것은 오래된 좋은 포도주가 있는(사 25:6) 왕궁 지하저장실에 가깝다는 뜻입니다. 주님과 대화를 나눌 수 있는 좋은 기회라는 뜻입니다. 예수 그리스도께서는 어둠 속에 앉아서 잘못을 깊이 뉘우치는 사람의 자리에 함께 계십니다.

    검은 구름이 인생을 덮을 때 하나님을 찾으십시오. 깊은 괴로움을 조용히 견디며 기도하십시오. "주님, 주님의 십자가도 깊은 어둠 속에 있었습니다. 오, 주님, 제 부르짖음과 간구를 들어주십시오!" 하나님께서 응답하십니다. 구름기둥 사이로 내려다보시고 빛을 비춰 주십니다. 그분은 고통을 모르는 분이 아니십니다. 그분이 모세에게 말씀하셨습니다. "내가 그 근심을 안다." 그분을 의지하십시오. 어두운 광야에서 안식의 땅으로 인도하실 것입니다.

011
치료하시는 하나님

출 15:26

내가 애굽 사람에게 내린 모든 질병 중 하나도 너희에게 내리지 아니하리니 나는 너희를 치료하는 여호와임이라.
I will not bring on you any of the diseases I brought on the Egyptians, for I am the LORD, who heals you.

 극심한 육체적 고통도 믿음의 능력으로 이겨 낼 수 있습니다. 수술을 앞두었을 때 가장 큰 의지가 되는 것은 믿음입니다. 수술용 칼은 보기만 해도 겁이 납니다. 어떤 사람은 수술을 받고 난 다음에 의사의 수술가방을 장미로 채워 줬다고 합니다. 걱정과 고통의 기억을 장미로 채워 주실 분은 하나님뿐입니다. 하나님께서 질병을 복이 가득한 꽃마차로 바꿔 주신다고 생각하면 얼마나 흐뭇합니까?
 친구에게 위로를 받으려 하지 마십시오. 홀로 항해해야 할 고난의 바다가 있습니다. 주위에 아무도 없습니다. 이때가 하나님에 대한 믿음을 보일 때입니다. 그분은 손바닥으로 바닷물을 떠서 헤아리시는 분입니다(사 40:12).
 하나님께서는 연약한 우리의 육신과 영혼을 아십니다. 그리고 그 연약함을 통해 영광을 나타내시고 강하게 만들어 주십니다. '여호와 라파'(치료하시는 여호와)가 그분의 이름입니다. 그분께 맡기고 그분의 은총을 노래하십시오.

012
하나님께서 주신 양식

출 16:15

이스라엘 자손이 보고 그것이 무엇인지 알지 못하여 서로 이르되 이것이 무엇이냐 하니 모세가 그들에게 이르되 이는 여호와께서 너희에게 주어 먹게 하신 양식이라.
When the Israelites saw it, they said to each other, "What is it?" For they did not know what it was. Moses said to them, "It is the bread the LORD has given you to eat."

   가나안으로 가는 광야 길을 지나고 있는 우리에게 절실하게 필요한 것이 많습니다. 그러나 걱정하지 마십시오. 하나님께서는 우리가 필요한 것보다 더 많이 줄 수 있는 분이십니다. 우리가 가는 길은 편안할 것입니다. 보급품도 쌓여 있고, 사기를 높여 줄 응원도 준비되어 있습니다. 영생의 길로 가는 데 필요한 준비는 완벽합니다. 식량이 필요할 때는 하늘에서 양식을 내려 주십시오.

   요단 강물을 다 마셔도 시원치 않을 만큼 은혜에 대한 갈증을 느껴 본 적이 있습니까? 강물보다 더 많은 물이 여기 있으니 실컷 마시십시오. 그리스도께서 바다 없는 은혜의 바다를 예비하셔서 하나님의 모든 충만함으로 채워 주십시오. 부족하지 않을까 걱정하지 마십시오. 거룩하신 분의 능력에 한계를 두지 마십시오. 하나님의 풍성하심처럼 풍성하게 찬양하며 감사하십시오.

013
하나님 안에서 누리는 안식

출 33:14

여호와께서 이르시되 내가 친히 가리라 내가 너를 쉬게 하리라.
The LORD replied, "My Presence will go with you, and I will give you rest."

하나님께서 피난처가 되시면 우리를 해칠 수 있는 것은 아무것도 없습니다. 다윗은 "주는 나의 반석과 산성이시니"(시 31:3)라고 노래했습니다. 하나님의 자녀는 누구나 같은 약속을 노래합니다. "하나님은 우리의 피난처시요 힘이시니 환난 중에 만날 큰 도움이시라 그러므로 땅이 변하든지 산이 흔들려 바다 가운데에 빠지든지 바닷물이 솟아나고 뛰놀든지 그것이 넘침으로 산이 흔들릴지라도 우리는 두려워하지 아니하리로다"(시 46:1~3).

"내가 친히 가리라 내가 너를 쉬게 하리라." 이 아름다운 약속의 말씀이 오늘 당신의 삶에서 이뤄지기를 소원합니다. 이 약속이 있는데 무엇을 더 바라겠습니까? 하나님의 임재와 안식은 가장 좋은 보석반지입니다. 오직 하나님의 한없는 사랑만이 줄 수 있는 복입니다.

이 약속을 거듭 묵상하십시오. 영혼의 양식으로 생각하고 곱씹으십시오. 이 말씀이 성령님의 음성으로 들려온다면 우리 영혼은 하늘 양식으로 만족을 얻을 것입니다.

014
여호와 나의 하나님

레 11:44

나는 여호와 너희의 하나님이라.
I am the LORD your God.

어려운 시기에 가장 큰 위로는 하나님입니다. 언약의 하나님의 이름입니다. '여호와 너희의 하나님'은 스스로 계시는 분, 바뀌지 않으시는 분, 언제나 살아 계신 분, 영원한 목적을 따라 행하시는 분입니다(히 7:24).

하나님의 자녀인 우리는 그 안에서 큰 영광을 누릴 하나님을 가졌습니다. 하나님을 가졌기 때문에 모든 것을 가진 것입니다. 모든 것이 하나님께로부터 오기 때문입니다. 망가졌다 해도 하나님이 원하시면 원상으로 돌아갑니다. 하나님이 말씀하시면 말씀하신 대로 됩니다. 야곱의 하나님께 소망을 두는 사람은 복이 있습니다(시 146:5). 고난이 몰아친다 해도 내게 가까이 오지 못합니다. 하나님께서 우리의 방패이시기 때문입니다.

가난하다 해도 하나님이 우리 것이므로 우리는 비교할 수 없는 부자입니다. 우리는 약해도 전능하신 여호와께서 우리 편이기 때문에 우리 힘은 강합니다.

"만일 하나님이 우리를 위하시면 누가 우리를 대적하리요"(롬 8:31).

015
내가 의지할 하나님

민 6:26

여호와는 그 얼굴을 네게로 향하여 드사 평강 주시기를 원하노라.
The LORD turn his face toward you and give you peace.

어떤 일이 있든 하나님을 전적으로 믿고 의지해야 합니다. 하나님의 인자한 얼굴만 기대하는 사람이 있습니다. 그러나 내려치시는 하나님의 주먹도 의지해야 합니다. 하나님이 주시는 것입니다. 분명히 감당할 수 있습니다.

"그가 나를 죽이시리니 내가 희망이 없노라 그러나 그의 앞에서 내 행위를 아뢰리라"(욥 13:15).

하나님의 자녀는 여러 가지 일을 겪습니다. 우리 마음이 오늘은 거룩한 성전이지만 내일은 전쟁터가 됩니다. 그러나 어떤 상황에서도 하나님이 정해 주신 자리는 결코 바뀌지 않습니다. 하나님의 은혜로 이 자리에 있고, 앞으로도 있을 자리에 있을 것입니다. 무한한 주님의 사랑이 우리를 붙잡아 주십니다.

주님을 믿었으나 기대했던 도움이나 위로를 받지 못했다고 느낄 때가 있습니다. 그렇다고 주님을 떠나 다른 것을 의지할 수는 없습니다. 하나님 안에서 가장 나쁜 것이 세상에서 가장 좋은 것보다 훨씬 좋습니다. 당장 위로를 얻지 못하더라도 하나님의 약속을 신뢰하십시오.

016
복된 광야

신 32:10

여호와께서 그를 황무지에서, 짐승이 부르짖는 광야에서 만나시고 호위하시며 보호하시며 자기의 눈동자같이 지키셨도다.
In a desert land he found him, in a barren and howling waste. He shielded him and cared for him; he guarded him as the apple of his eye.

고난은 우리를 하나님께 가까이 데려가기 위한 것입니다. 하나님께서는 우리가 은혜 가운데 발전하도록 특별한 방식으로 우리를 사랑하십니다. 하나님께서 우리를 어두운 포도주 저장실로 내려 보내신다면 미리 거기에 좋은 포도주를 예비해 두신 것입니다(사 25:6). 하나님께서 우리를 모래밖에 없는 사막으로 데려가신다면 미리 모래 밑에 보물을 숨겨 두신 것입니다.

가장 깊은 괴로움은 언제나 가장 큰 기쁨으로 이어진다는 것을 믿으십시오. 가장 큰 특권은 가장 힘든 시련 다음에 주어집니다. 슬픔이 깊을수록 마지막에 부르는 노랫소리는 더욱 큽니다.

괴로움은 하나님께 가까이 가는 넓은 길입니다. 어려움은 우리를 하나님께 데려다 줄 불 마차입니다. 겹쳐서 다가오는 고난은 우리 영혼을 천국으로 인도합니다. 그래서 우리를 하나님께 가까이 이끄는 고난은 큰 복입니다.

017
능력 주시는 하나님

신 33:25

네가 사는 날을 따라서 능력이 있으리로다.
Your strength will equal your days.

이 말씀은 우리에게 약속된 능력이 있음을 알려 줍니다. 하나님께서 우리의 약함을 강하게 해 주실 것입니다. 그래서 약하다는 핑계로 영적 전쟁을 피하면 안 됩니다.

"영원하신 하나님 여호와, 땅 끝까지 창조하신 이는 피곤하지 않으시며 곤비하지 않으시며 명철이 한이 없으시며 피곤한 자에게는 능력을 주시며 무능한 자에게는 힘을 더하시나니 소년이라도 피곤하며 곤비하며 장정이라도 넘어지며 쓰러지되 오직 여호와를 앙망하는 자는 새 힘을 얻으리니 독수리가 날개 치며 올라감 같을 것이요 달음박질하여도 곤비하지 아니하겠고 걸어가도 피곤하지 아니하리로다"(사 40:28~31).

우리의 힘만으로는 하나님을 섬길 수 없습니다. 하나님께서 필요한 힘을 주셔야 합니다. 예수님께서는 빵 몇 조각, 물고기 몇 마리로 수천 명을 먹이셨습니다(마 14:17). 하나님께서는 필요한 것 이상으로 우리에게 힘을 주실 것입니다. 그리스도 안에서 사는 사람, 그리스도를 위해 일하는 사람에게 하나님은 필요한 능력과 은혜를 주십니다.

018
감싸고 보호하시는 하나님

신 33:27

영원하신 하나님이 네 처소가 되시니 그의 영원하신 팔이 네 아래에 있도다 그가 네 앞에서 대적을 쫓으시며 멸하라 하시도다.
The eternal God is your refuge, and underneath are the everlasting arms. He will drive out your enemy before you, saying, "Destroy him!"

하나님께서는 우리를 에워싸고 보호하십니다. 대기가 지구를 감싸고 있듯이 하나님께서 우리를 둘러싸고 계십니다. 우리는 하나님 안에 살고 있는 것입니다. 하나님께서는 우리의 처소가 되십니다.

"주여 주는 대대에 우리의 거처가 되셨나이다"(시 90:1).

영원하신 하나님께서 우리의 거처, 우리의 안식처가 되시고, 그 팔로 우리를 떠받쳐 주십니다. 우리 영혼은 하나님 안에서 안식을 찾습니다. 그래서 예수 그리스도 안에 살면서 밤낮으로 그분께 의지해야 함을 깨닫습니다.

지쳐서 곧 일렁이는 물에 떨어지려는 노아의 비둘기를 상상해 보십시오. 다행히 노아가 손을 내밀어 비둘기를 잡아 방주 안으로 들였습니다. 비둘기는 자기를 보호해 주는 피난처를 찾았습니다. 하나님의 손은 전능자의 그늘 아래 사는 사람을 붙잡아 줍니다. "그는 나의 피난처요 나의 요새요 내가 의뢰하는 하나님이라"(시 91:2).

019
영혼을 살찌우는 시련

신 33:27

영원하신 하나님이 네 처소가 되시니 그의 영원하신 팔이 네 아래에 있도다 그가 네 앞에서 대적을 쫓으시며 멸하라 하시도다.
The eternal God is your refuge, and underneath are the everlasting arms. He will drive out your enemy before you, saying, "Destroy him!"

심한 고통을 겪고 있더라도 하나님의 신실하심의 깊이를 잊지 마십시오. 이해할 수 없더라도 하나님의 사랑은 흔들리거나 변하지 않는다는 진리를 믿어야 합니다.

시련을 생각하면 죽고 싶지만, 영원하신 하나님의 팔이 우리를 받쳐 주신다는 진리를 깨달으면, 사라가 그랬던 것처럼(창 21:6) 다시 웃을 수 있습니다. 하나님께서는 목적을 이루시기 전에는 절대로 손을 빼지 않으십니다.

큰 시련에는 큰 약속이 있습니다. 큰 괴로움에는 하나님의 신실하심에 대한 더 확실한 증거가 있습니다. 큰 고통을 받는 성도들에게는 가벼운 고통만 경험한 성도들은 알 수 없는 위대하고 능력 있는 말씀이 있습니다. 시련은 영혼을 살찌웁니다. 나를 더 강하게 만들어 줍니다. 그러므로 큰 은혜를 가져다주는 큰 시련을 피하려고 하지 마십시오. 하나님께서 도와주실 것입니다. 힘을 내십시오. 하나님께서 힘을 주실 것입니다.

020
여호와로 인한 기쁨

수 1:7

오직 강하고 극히 담대하여 나의 종 모세가 네게 명령한 그 율법을 다 지켜 행하고 우로나 좌로나 치우치지 말라 그리하면 어디로 가든지 형통하리니.
Be strong and very courageous. Be careful to obey all the law my servant Moses gave you; do not turn from it to the right or to the left, that you may be successful wherever you go.

낙심은 무서운 병입니다. 가볍게 보지 마십시오. 즉시 전능하신 의사에게 보여 드리십시오. 아하수에로 왕은 상복을 입고 왕궁에 들어오는 것을 금하는 법을 만들었습니다. 그러나 왕 중의 왕, 하나님의 법은 그렇지 않습니다. 슬픔을 안고 궁중에 들어가면 하나님께서 '그 슬픔 대신 찬송의 옷'(사 61:3)을 입혀 주십니다.

그리스도인이 담대하게 시련을 이겨 내지 못하고 두려워한다면 하나님의 영광을 드러낼 수 없습니다. 의심과 낙심은 치명적인 전염병입니다. 한 사람의 성도가 낙심하면 20명의 사람이 슬퍼집니다.

담대하게 하나님 안에서 기뻐하십시오.

"여호와로 인하여 기뻐하는 것이 너희의 힘이니라"(느 8:10).

기뻐하는 사람에게는 마귀도 가까이 오지 못합니다. 그러니 강하고 극히 담대하십시오.

021

주님은 나의 피난처

수 21:13

제사장 아론의 자손에게 준 것은 살인자의 도피성 헤브론과 그 목초지이요.
So to the descendants of Aaron the priest they gave Hebron (a city of refuge for one accused of murder).

나는 기쁨이 넘치면 독수리처럼 솟아올라 흥분에 사로잡힙니다. 그러나 높이 올라가면 떨어지기 쉽습니다. 날 수 있는 사람은 떨어질 수도 있습니다. 엘리야도 바알 선지자들을 죽인 뒤에 이세벨을 피해 광야로 도망갔습니다(왕상 19:1~4). 날기도 하고 떨어지기도 하는 연약함을 강하게 해 줄 수 있는 것은 믿음입니다. 행복과 기쁨을 잃게 만드는 우울증의 유일한 치료약도 믿음입니다.

내가 올라가든 떨어지든 예수 그리스도께서는 한결같으십니다. 내가 노래를 부르든 한숨을 쉬든, 하나님의 약속은 진실하고 그분은 신실하십니다.

비록 즐거움이나 기쁨을 느끼지 못한다 해도 주님을 믿으십시오. 건강하거나 아프거나 관계없이 하나님의 도피성 안에 있으면 안전합니다. 그리스도 예수 안에 굳게 서 있기만 하면 주님께서 연약한 우리를 구해 내셔서 강하게 만드실 것입니다.

022
언젠가는 사라질 세상 것

삿 18:24

미가가 이르되 내가 만든 신들과 제사장을 빼앗아 갔으니 이제 내게 오히려 남은 것이 무엇이냐.
He replied, "You took the gods I made, and my priest, and went away. What else do I have?"

이 세상에서 우리에게 위안이 되는 것들도 우리 것이 아니라 하나님 것입니다. 하나님께서 빌려 주신 것이니 그분께서 도로 가져가신다고 해도 불평하지 마십시오.

가시가 많은 세상에서 가시에 찔리는 것은 자연스러운 일입니다. 사업에 손해를 보기도 하고, 기대가 어긋나기도 하고, 친구에게 속기도 합니다. 질병과 죽음도 있습니다. 언제든지 일어날 수 있는 일들입니다.

그러니 세상 것을 너무 꽉 잡지 말고, 갖지 않은 것처럼 느슨하게 잡으십시오. 언제까지나 남아 있을 것으로 생각하지 말고 언제든 떠내려갈 것으로 여기십시오. 언젠가는 없어질 세상 것을 우상으로 삼지 마십시오. 하나님께서 거두어 가시면 너무나 괴로워 미가처럼 괴로워하며 울게 될 것입니다.

주님께서 경고하십니다. "너희를 위하여 보물을 땅에 쌓아 두지 말라 거기는 좀과 동록이 해하며 도둑이 구멍을 뚫고 도둑질하느니라"(마 6:19).

023
약속의 이삭

룻 2:2

원하건대 내가 밭으로 가서 내가 누구에게 은혜를 입으면 그를 따라서 이삭을 줍겠나이다.
Let me go to the fields and pick up the leftover grain behind anyone in whose eyes I find favor.

낙심하고 있는 성도 여러분, 오늘은 약속의 넓은 밭으로 나가 이삭을 주웁시다. 소중한 약속이 많이 있습니다. 이런 이삭은 어떻습니까? "상한 갈대를 꺾지 아니하며 꺼져 가는 등불을 끄지 아니하고"(사 42:3).

갈대는 아주 약합니다. 그러나 하나님은 꺾지 않으십니다. 당신은 지금 꺼져 가는 등불 같은 존재일지 모릅니다. 그러나 하나님은 그 불꽃을 끄지 않으십니다. 불꽃이 다시 살아나도록 따듯한 숨결을 불어넣어 주십니다.

또 이런 이삭도 있습니다. "수고하고 무거운 짐 진 자들아 다 내게로 오라 내가 너희를 쉬게 하리라"(마 11:28).

얼마나 따듯한 말씀입니까? 하나님께서는 우리 마음의 연약함을 아십니다. 그래서 부드럽게 우리를 부르십니다.

이토록 확실한 보장의 말씀이 있는데 무엇을 두려워합니까? 이삭은 수없이 많습니다. 소중한 약속이 당신 앞에 널려 있습니다. 주워서 당신 것으로 만드십시오. 그 약속의 이삭을 묵상으로 탈곡하고 기쁨으로 소화하십시오.

024
하나님의 손안

삼상 2:8

땅의 기둥들은 여호와의 것이라 여호와께서 세계를 그것들 위에 세우셨도다.
For the foundations of the earth are the LORD's; upon them he has set the world.

   고통을 당해서 하나님 안에 안식할 수 있다면 그것은 큰 특권입니다. 의사에게 병이 심각하다는 말을 듣더라도 고민하지 마십시오. 두려워하지도 마십시오. 그런다고 무엇이 달라지겠습니까? 우리를 위해 찔리신 손에 맡깁시다. 그것이 우리가 가진 특권입니다.

   최악의 상황에서도 성령님께서는 놀라운 평안을 주십니다. 순교자들은 사형대 위에서 찬송을 불렀고 고문대 위에서 기뻐했습니다. 박해자 보너 주교(Bishop Bonner)는 성도들을 추운 겨울에 저탄장에 가뒀습니다. 그러나 그들은 거기서 하나님을 찬양했습니다. 천국이 아닌 곳에서 울려 퍼진 가장 아름다운 소리였습니다. 하나님의 손안에 있으면 위험이나 고통 가운데서도 평안을 누립니다.

   땅의 기둥들을 세우시고 붙잡고 계신 하나님의 손안에서는 모든 것이 평안하고 행복합니다. 피조물의 '없음'(Nothingness)에서 창조자의 '충만'(All-Sufficiency)으로 들어가기 때문입니다.

025
내 발을 지키시는 주님

삼상 2:9

그가 그의 거룩한 자들의 발을 지키실 것이요.
He will guard the feet of his saints.

　길은 미끄럽고 발은 약합니다. 그러나 하나님께서 발걸음을 지켜 주십니다. 하나님 앞에 신실한 자가 되기 위해 믿음으로 자신을 드리면, 하나님께서 보호자가 되어 주십니다. 그분께서 발걸음을 지켜 주시기 때문에 우리는 옷을 더럽히지 않고, 영혼이 상처 받지 않고, 대적에게 모멸 당하지 않습니다. 그분께서 발걸음을 지켜 주시기 때문에 잘못된 길, 어리석은 길, 세상의 길로 가지 않습니다(시 32:8). 하나님께서 우리 발이 부르트지 않도록 지켜 주시고(신 8:4), 다치지 않도록 지켜 주십니다(33:25). 칼 위를 걷거나 독사에게 물리더라도 하나님께서 지켜 주시기 때문에 피를 흘리지 않고, 독을 마셔도 해를 입지 않습니다(막 16:18). 또 우리 발을 그물에서 건져 내시고(시 25:15), 악랄하고 술수에 능한 대적의 속임수에 넘어가지 않도록 막아 주십니다.

　이러한 약속들이 있기 때문에 우리가 피곤을 모르고 달리고, 두려움 없이 걸을 수 있습니다. 하나님께서 우리 발을 지켜 주십니다.

026
주님의 말씀대로

삼상 3:9

엘리가 사무엘에게 이르되 가서 누웠다가 그가 너를 부르시거든 네가 말하기를 여호와여 말씀하옵소서 주의 종이 듣겠나이다 하라 하니.
So Eli told Samuel, "Go and lie down, and if he calls you, say, 'Speak, LORD, for your servant is listening.'"

두 가지 기회 가운데 어느 쪽을 선택해야 할지 모를 경우가 있습니다. 하나님의 말씀에 따라 판단을 하고 방향을 결정하려고 애쓴다면 하나님께서 인도해 주십니다.

문제를 지혜의 하나님 앞에 펼쳐 놓으십시오. 하나님의 진정한 뜻이 무엇인지 구하십시오. 하나님의 방법은 사람의 방법과 다릅니다. 지고하신 분의 답을 얻어야 합니다. "여호와여, 말씀하옵소서. 주의 종이 듣겠나이다" 하고 간절하게 기도해야 합니다. 하나님께 나의 의견을 인정받으려 하지 말고, 내 의견이 하나님의 진리에 따른 것인지를 여쭈십시오. 일상의 평범한 일에 대해서도 하나님의 뜻을 구하고 그분의 말씀을 따라야 합니다.

성경을 읽으면 "이것이 내 말이다" 하시는 주님의 음성이 들립니다. 하나님께서 능력으로 우리 영혼을 향해 말씀하십니다. 우리가 "여호와여, 말씀하옵소서. 주의 종이 듣겠나이다"라고 울부짖을 때 의심이 없어집니다.

027

에벤에셀

삼상 7:12

사무엘이 돌을 취하여 미스바와 센 사이에 세워 이르되 여호와께서 여기까지 우리를 도우셨다 하고 그 이름을 에벤에셀이라 하니라.
Then Samuel took a stone and set it up between Mizpah and Shen. He named it Ebenezer, saying, "Thus far has the LORD helped us."

당신이 어디를 가든지 하나님께서는 당신과 함께 계십니다. 여기저기 떠돌며 살 수도 있고, 좋은 저택에서 살 수도 있고, 누추한 오두막에서 살 수도 있겠지만 언제나 하나님의 광대한 집 안에 살고 있는 것입니다. 하나님의 집은 참으로 넓습니다.

고난도 있었고 가난한 때도 있었지만, 당신은 지금까지 살아왔습니다. 하나님께서 필요한 모든 것을 주셨기 때문입니다. 하나님께서 여기까지 도우셨습니다.

작은 새가 겨울 아침에 앙상한 나뭇가지에 앉아 노래합니다. 땅은 눈에 덮여 어디에 먹잇감이 있는지 보이지 않습니다. 그래도 새들은 노래합니다. 하나님께서 예비하시고 먹이시기 때문입니다. 하나님께서는 이제까지 당신을 지켜 오셨고, 앞으로도 그러실 것입니다.

"또 여호와를 기뻐하라 그가 네 마음의 소원을 네게 이루어 주시리로다"(시 37:4).

028

하나님 마음에 맞는 사람

삼상 13:14

> 여호와께서 왕에게 명령하신 바를 왕이 지키지 아니하였으므로 여호와께서 그의 마음에 맞는 사람을 구하여 여호와께서 그를 그의 백성의 지도자로 삼으셨느니라.
> The LORD has sought out a man after his own heart and appointed him leader of his people, because you have not kept the LORD's command.

믿음에 혼란이 오고 영혼이 흔들리더라도 너무 자책하지 마십시오. 다윗도 성급하게 이런 말을 한 적이 있습니다. "내가 놀라서 말하기를 주의 목전에서 끊어졌다 하였사오나"(시 31:22). 그러나 지금 다윗은 천국의 성가대에 서 있습니다. 주님의 마음에 맞는 사람이었기 때문입니다.

영혼이 가라앉을 때는 그럴 만한 이유가 있습니다. 믿음이 큰 사람이 되려면 큰 시험을 받아야 합니다. 깎이지 않은 다이아몬드는 빛이 나지 않고, 도리깨질을 하지 않은 곡식은 먹지 못하는 것같이 시련을 경험하지 못한 사람은 유익을 끼칠 수 없습니다.

평탄하게 살아온 사람의 믿음과 시련을 이겨 낸 사람의 믿음은 다릅니다. 하나님께서 그 삶을 깊게 갈아엎으신 사람은 풍성한 추수의 때에 하나님께 찬송과 영광을 드리고, 과거의 시련에 대해 하나님께 감사드릴 것입니다.

029
전쟁은 하나님께 속한 것

삼상 17:47

또 여호와의 구원하심이 칼과 창에 있지 아니함을 이 무리에게 알게 하리라 전쟁은 여호와께 속한 것인즉 그가 너희를 우리 손에 넘기시리라.

All those gathered here will know that it is not by sword or spear that the LORD saves; for the battle is the LORD's, and he will give all of you into our hands.

신실한 사람들도 크게 낙심할 때가 있습니다. 그러나 하나님께서 고통에서 구해 주실 것이라는 믿음을 잃지 마십시오. 비록 구원이 지체되고 고통이 오래 지속되더라도 믿음이 흔들려서는 안 됩니다. 주님을 의지하고, 보이지 않는 분을 꽉 잡으십시오. 그것이 구원을 얻는 길입니다.

내가 칼과 활을 갖겠다고 우긴다면 스스로 전쟁을 치르겠다는 뜻입니다. 그렇게 해서는 하나님께 약속을 지켜 달라고 청할 수 없습니다. 칼과 활을 내려놓고 칼과 활보다 강하신 하나님께 나아가야 합니다. 그분 안에서 안식을 누려야 합니다. 그러면 하나님께서 대신 싸우십니다.

하나님 안에서 안식하며 기다릴 수 있다면 큰 은혜를 입을 수 있습니다. 하나님께서는 그분의 시간에, 그분의 방법으로 구원하십니다. 아무것도 그분을 막지 못합니다. 싸움은 하나님께 속한 것입니다.

030
동일한 상급

삼상 30:24

전장에 내려갔던 자의 분깃이나 소유물 곁에 머물렀던 자의 분깃이 동일할지니 같이 분배할 것이니라.
The share of the man who stayed with the supplies is to be the same as that of him who went down to the battle. All will share alike.

  병들었습니까? 몸을 움직이기가 어려워 할 수 있는 일이 없습니까? 주님을 위해 일하고 싶지만 할 수 없는 때가 있습니다. 그렇더라도 용기를 내십시오. 다윗이 정한 규례가 있습니다.

  아말렉과 전쟁를 벌일 때 전투에 나가 싸운 사람들이 있는 반면에, 탈진해서 후방에서 보급을 맡은 사람들이 있었습니다. 전쟁이 끝나자, 적군과 싸운 사람들은 전리품을 자기들만 가져야 한다고 주장했습니다. 그러나 다윗 왕의 생각은 달랐습니다.

  "전장에 내려갔던 자의 분깃이나 소유물 곁에 머물렀던 자의 분깃이 동일할지니 같이 분배할 것이니라."

  이것이 다윗 자손의 규례가 되었습니다. 마음은 굴뚝같지만 질병이나 나이나 여러 가지 다른 이유로 전쟁터에 뛰어들 수 없는 사람들에게도 실제로 전투를 수행한 용사들과 동일한 상급이 보장되어 있습니다.

031
간절한 기다림

삼하 7:15

내가 네 앞에서 물러나게 한 사울에게서 내 은총을 빼앗은 것처럼 그에게서 빼앗지는 아니하리라.
But my love will never be taken away from him, as I took it away from Saul, whom I removed from before you.

"땀이 없으면 결실도 없다. 고통이 없으면 얻는 것도 없다"라는 속담이 있습니다. 하나님 나라의 일도 그렇습니다. 하나님께서는 복을 주시기 전에 먼저 기도하게 하십니다. 하나님께 간구했으나 이뤄지지 않았다면 더 열심히 기도하십시오. 한 번 기도해서 원하는 것을 얻는다면 은혜의 값을 제대로 알겠습니까? 은혜의 문 밖에서 하는 간구는 더욱 간절합니다. 구하고 또 구하고, 마침내는 눈물로 절규하게 됩니다. 은혜를 간절히 기다려 본 사람만이 간절히 구하는 사람들을 위로할 수 있습니다.

기도 응답의 배가 빨리 오지 않는다면 싣고 오는 복이 무겁기 때문입니다. 기도의 응답이 곧바로 오지 않고 늦는다면 그것은 더 달콤할 것입니다. 기도는 과일같이 나무에 오래 매달려 있어야 잘 익습니다.

무거운 마음으로 문을 두드리겠지만 머지않아 기쁨으로 노래할 날이 올 것입니다. 아직 문이 닫혀 있다고 실망하지 마십시오.

032
상처 입은 치유자

왕상 19:4

여호와여 넉넉하오니 지금 내 생명을 거두시옵소서 나는 내 조상들보다 낫지 못하니이다 하고
"I have had enough, LORD," he said. "Take my life; I am no better than my ancestors."

엘리야는 왜 이렇게 낙심했을까요? 누구나 엘리야와 비슷한 처지가 될 수 있기에 하나님께서 왜 늙은 종을 그런 상황으로 이끄셨는지 이해해야 합니다. 우리가 걷고 있는 길이 다른 사람이 이미 걸었던 길이었음을 알면 위로가 됩니다.

우리는 "여호와의 선지자는 나만 홀로 남았으나 바알의 선지자는 사백오십 명이로다"(왕상 18:22)라고 말한 엘리야의 마음을 이해합니다. 바알 선지자들을 죽이라고 명령한 그의 모습도 압니다(18:40). 그래서 엘리야가 로뎀나무 아래 앉았다거나 동굴에 숨었다는 말씀은 당황스럽습니다. 우리가 로뎀나무 아래에 앉게 되고, 동굴에 숨게 되면 비로소 엘리야도 그랬다는 것을 기억하게 됩니다. 그리고 그 위대한 선지자에게서 위안을 얻습니다.

한 성도의 경험은 다른 성도들에게 교훈이 됩니다. 성령님께서 인도하시면 누구나 다른 성도들에게 도움이 될 가치 있는 삶의 모습을 보여 줄 수 있습니다.

033
사랑으로 오시는 성령님

왕상 19:12

또 지진 후에 불이 있으나 불 가운데에도 여호와께서 계시지 아니하더니 불 후에 세미한 소리가 있는지라.
After the earthquake came a fire, but the LORD was not in the fire. And after the fire came a gentle whisper.

예배를 드릴 때 목소리를 높이는 사람들이 있습니다. 큰 소리를 내고 흥분하고 열광해야 하나님의 능력이 나타나는 것으로 압니다. 하지만 이것은 하나님의 방식이 아닐 수 있습니다. 하나님의 목소리는 부드럽고 조용하고 평화롭고 작습니다. 성령님께서는 쌓인 눈을 녹이는 봄의 숨결처럼 조용하게 역사하십니다. 부드러운 남풍이 불어오면 생명이 되살아나고 겨울의 속박이 풀립니다. 성령님의 역사도 그렇습니다. 기쁨으로 오시기 때문에 급하고 강한 바람 같을 수 있습니다(행 2:2). 하지만 성령님께서는 평화를 가지고 오시기 때문에 보통은 비둘기처럼(마 3:16), 이슬처럼 오십니다. 평화, 부드러움, 조용함 그 자체입니다.

반면에 사탄은 번뇌와 의심과 두려움과 공포로 영혼을 뒤흔듭니다. 그러면 성령님께서 부드러운 사랑으로 오셔서 그리스도를 나타내시고 평화와 용서와 구원을 말씀하십니다. 이것이야말로 우리가 원하는 것입니다. 부드러운 사랑으로 오시는 하나님의 영의 역사입니다.

034
기적을 낳는 믿음

왕하 6:6

그곳을 보이는지라 엘리사가 나뭇가지를 베어 물에 던져 쇠도끼를 떠오르게 하고.
When he showed him the place, Elisha cut a stick and threw it there, and made the iron float.

몇 년 전에 어떤 분이 어려운 프로젝트를 맡았습니다. 시도하는 것조차 어리석어 보일 정도로 어려운 일이었습니다. 그러나 그분은 그 일을 맡았고, 믿음에 의지했습니다. 하나님은 그 믿음을 아시고 뜻밖의 조력자를 보내 주셨습니다. 또 어떤 분은 심각한 재정적 어려움에 빠졌습니다. 그분은 믿음으로 하나님께 의뢰했고, 문제가 해결되었습니다. 무거운 쇠도끼가 물 위로 떠오른 것입니다.

"내 걸음을 넓게 하셨고 내 발이 미끄러지지 아니하게 하셨나이다"(삼하 22:37).

어려움이 있습니까? 시련이 있습니까? 하나님께 가져가십시오. 엘리사의 하나님께서는 지금도 살아 계십니다. 지금도 그 백성을 도와주십니다. 그 백성을 위해 역사하시는 하나님의 손을 바라보십시오. 그러면 쇠도끼가 물 위로 떠오르는 기적을 보게 될 것입니다.

"무릇 사람이 할 수 없는 것을 하나님은 하실 수 있느니라"(눅 18:27).

035
보이지 않는 군대

왕하 6:17

여호와께서 그 청년의 눈을 여시매 그가 보니 불말과 불병거가 산에 가득하여 엘리사를 둘렀더라.
Then the LORD opened the servant's eyes, and he looked and saw the hills full of horses and chariots of fire all around Elisha.

예수님께서는 "너는 내가 내 아버지께 구하여 지금 열두 군단 더 되는 천사를 보내시게 할 수 없는 줄로 아느냐"(마 26:53)라고 말씀하셨습니다. 예수님께서 원하시기만 하면 수만 명의 천사가 하늘을 메울 것입니다. 예수님께서는 수모를 당하시는 중에도 보이지 않는 세계와 그 세계의 군대를 포함한 모든 것의 왕이셨습니다.

더 놀라운 사실은 천사들이 우리의 요청에도 응한다는 사실입니다. 우리는 기도만 하면 됩니다.

"그가 너를 위하여 그의 천사들을 명령하사 네 모든 길에서 너를 지키게 하심이라"(시 91:11).

하나님께서 구원의 상속자를 보호하기 위해 천사들을 보내십니다. 하나님께서 눈을 열어 주시면 엘리야의 종처럼 온 산이 불말과 불병거로 뒤덮인 것을 볼 수 있습니다. 보이지 않는 군대를 의지하는 법을 배워야 합니다. 보고 듣는 것을 믿지 말고 영적인 것, 믿음으로 알 수 있는 것을 더 중요하게 생각하십시오.

036
재물에 대한 바른 마음

대상 4:10

내게 복을 주시려거든 나의 지역을 넓히시고 주의 손으로 나를 도우사 나로 환난을 벗어나 내게 근심이 없게 하옵소서 하였더니 하나님이 그가 구하는 것을 허락하셨더라.

"Oh, that you would bless me and enlarge my territory! Let your hand be with me, and keep me from harm so that I will be free from pain." And God granted his request.

부에 대한 욕망은 인간의 본능입니다. 그러나 부가 행복을 가져오지 않는다는 증거는 얼마든지 있습니다. 흔히 부는 주인의 생각을 충족시켜 주지 않습니다. 맛있는 음식은 있지만 식욕이 없고, 언제든 휴가를 갈 수 있지만 재미가 없습니다. 대부분의 경우, 쾌락은 일보다 짜증스럽고 오락은 고된 일만 못합니다.

부자라면 이렇게 기도하십시오. "하나님의 섭리로 갖게 된 재산을 우상으로 섬기지 않게 해 주십시오. 재물이 패망을 부르지 않도록 베푸는 마음을 갖게 해 주십시오."

부유하지 않다면 이렇게 기도하십시오.

"하나님께서는 제게 부를 허락하지 않으셨습니다. 그러나 하나님의 사랑에 대해서는 부유하게 해 주십시오. 하나님의 은총을 더해 주십시오. 제 영혼을 매일 인도해 주십시오. 그것으로 저는 만족합니다."

037
하나님의 긍휼

대상 16:34

여호와께 감사하라 그는 선하시며 그의 인자하심이 영원함이로다.
Give thanks to the LORD, for he is good; his love endures forever.

많은 성도들이 고통의 시간에 구원을 약속하시는 하나님의 말씀을 듣습니다. 그래서 "내가 죽지 않고 살리라"(시 118:17)고 말할 수 있는 용기가 생깁니다. 성도는 고난을 당했을 때 하나님의 긍휼로 인해 큰 위로를 얻습니다.

하나님께서는 엄히 징계하셔도 죽게 내버려 두지는 않으십니다(시 118:18). 그분은 우리가 감당하지 못할 시험 당하는 것을 허락하지 아니하시고, 시험 당할 즈음에는 피할 길을 내사 능히 감당하게 하십니다(고전 10:13).

하나님께서 죽이시는 것은 살리기 위한 것입니다. 상처를 주시는 것은 치유하기 위한 것입니다. 농부도 뽑아 버릴 포도나무는 가지치기를 하지 않으며, 불태울 잡초는 타작하지 않습니다. 자신감을 잃지 마십시오. 하나님의 인자는 다함이 없고 긍휼은 끝이 없습니다(애 3:22).

하나님의 손은 쓰기도 하지만 쓴맛을 없애 주는 단맛도 있습니다. 하나님께서는 한순간 진노하실지라도 사랑을 잊지 않으십니다. 그분의 긍휼에 매달리는 믿음이 고난을 이기는 복입니다.

038
하나님의 간절한 부르심

대하 7:14

내 이름으로 일컫는 내 백성이 그들의 악한 길에서 떠나 스스로 낮추고 기도하여 내 얼굴을 찾으면 내가 하늘에서 듣고 그들의 죄를 사하고 그들의 땅을 고칠지라.
If my people, who are called by my name, will humble themselves and pray and seek my face and turn from their wicked ways, then will I hear from heaven and will forgive their sin and will heal their land.

성도들의 집은 하늘에 있습니다. 그런데 많은 성도가 먼지 날리는 땅의 삶에 만족하며 살아갑니다. 하나님께서 성도들을 향해 "내 얼굴을 찾으라"고 말씀하시지만, "주님의 얼굴을 찾겠습니다"라고 고백하지 않습니다. 하나님의 조용한 부르심을 따르지 않으면 하나님께서 시련을 보내 복종하게 하십니다.

병도 시련 가운데 하나입니다. 그것은 하나님이 주신 약입니다. 다이아몬드는 깎여야 가치가 올라갑니다. 믿는 사람도 그렇습니다.

우리가 하나님께 가지 않으면 하나님께서 우리를 병상으로 보내 그분께 오게 만드십니다. 우리가 달려가지 않으면 우리를 절뚝거리며 오게 만드십니다. 건강할 때 가지 않으면 아프게 해서라도 오게 만드십니다. 우리는 병이라는 마차를 타고서라도 하나님께 가야 합니다.

039
하나님의 눈

대하 16:9

여호와의 눈은 온 땅을 두루 감찰하사 전심으로 자기에게 향하는 자들을 위하여 능력을 베푸시나니 이 일은 왕이 망령되이 행하였은즉 이후부터는 왕에게 전쟁이 있으리이다.
For the eyes of the LORD range throughout the earth to strengthen those whose hearts are fully committed to him. You have done a foolish thing, and from now on you will be at war.

  병, 고통, 슬픔, 낙심 같은 시련은 많은 경우 죄를 방지하기 위해 찾아옵니다. 말의 발에 무거운 돌을 달아 놓아 울타리를 뛰어넘어 가지 못하게 하는 것과 같습니다. 하나님께서도 우리를 잃기 싫으셔서 우리 발에 돌을 달아 놓으십니다. 이 땅에서 잠시 괴로움을 당하는 것이 지옥에서 영원한 괴로움을 당하는 것보다 낫지 않습니까?
  어떤 사람이 밤중에 문득 이웃 동네에 가야 할 것 같은 마음이 들었습니다. 그래서 가 보니 어느 집에 불이 켜져 있었습니다. 초인종을 누르자 한참 뒤에 주인이 나와서 무슨 일이냐고 물었습니다. 그는 이렇게 말했습니다. "하나님께서 여기로 가라고 하셔서 왔는데 그 이유는 모르겠습니다." 사실 집주인은 그때 자살을 하려고 목에 줄을 매고 있었습니다. 주님이 돌이킬 수 없는 죄를 막으신 것입니다. 하나님의 눈은 온 세상을 두루 감찰하십니다.

040
구원의 하나님

대하 20:15

너희는 이 큰 무리로 말미암아 두려워하거나 놀라지 말라 이 전쟁은 너희에게 속한 것이 아니요 하나님께 속한 것이니라.
Do not be afraid or discouraged because of this vast army. For the battle is not yours, but God's.

하나님의 선하심에 대한 보장의 말씀입니다. 우리는 고난에 대한 두려움에서 구원받을 수 있습니다.

역대하 20장에 유다 사람들이 구원받은 상황이 나옵니다. 그런데 유다 군사들이 적군과 싸우려고 했지만 적군이 없었습니다. 이미 다 죽었기 때문입니다(대하 20:24).

하나님께서는 우리를 구원해 주십니다. 기도의 응답으로 우리의 요새가 되어 주십니다. 하나님께서는 우리가 죄의 세력과 싸우려고 나갈 때 구원해 주십니다. 그리스도께서 이미 그 세력을 물리쳐 주셨습니다.

"그러므로 이제 그리스도 예수 안에 있는 자에게는 결코 정죄함이 없나니 이는 그리스도 예수 안에 있는 생명의 성령의 법이 죄와 사망의 법에서 너를 해방하였음이라"(롬 8:1~2).

엄청난 고난이 닥쳐오더라도 걱정하지 마십시오. 우리가 맞서면 고난은 사라집니다. 이제 하나님의 이름을 찬양하는 일만 남았습니다.

041
부족함 없는 은혜

스 4:14

우리가 이제 왕궁의 소금을 먹으므로 왕이 수치 당함을 차마 보지 못하여 사람을 보내어 왕에게 아뢰오니.
Now since we are under obligation to the palace and it is not proper for us to see the king dishonored, we are sending this message to inform the king.

하나님께서는 우리에게 먹을 것과 입을 것을 주십니다. 그런데 그 양이 줄어들면 우리는 불신앙의 조급함에서 하나님께 항변합니다. 그러나 하나님께서 필요를 채워 주셔서 이렇게 살아 있는 것입니다. 가난한 가운데 드린 기도의 응답으로 받는 일용할 양식은 특히 더 맛있습니다. 하나님께서는 늘 먹여 주시고 만족하게 해 주십니다.

지난날을 돌아보며 사람들은 이렇게 말합니다. "내 잔이 넘치나이다 내 평생에 선하심과 인자하심이 반드시 나를 따르리니"(시 23:5~6). 우리는 살아가면서 매일 왕궁으로부터 녹을 받고 있다는 사실을 믿지 않을 수 없습니다. 영적으로 왕의 선하심을 경험합니다. 독수리가 날개를 치며 올라가는 것같이 새로운 힘을 얻습니다(사 40:31).

하나님께서 인도하신 길을 돌아보면 그 길이 처음이나 중간이나 끝이나 한결같이 아름다운 것을 깨닫게 됩니다. 하나님의 왕궁으로부터 우리는 한없는 은혜를 받습니다.

042
주님을 만나는 기쁨

느 8:10

이날은 우리 주의 성일이니 근심하지 말라 여호와로 인하여 기뻐하는 것이 너희의 힘이니라.
This day is sacred to our Lord. Do not grieve, for the joy of the LORD is your strength.

하나님과 교제하는 성도에게는 마르지 않는 기쁨의 우물이 있습니다. 우리가 하나님의 사랑 안으로 들어가면 하나님의 기쁨이 우리 안으로 들어옵니다.

하나님과 함께 걷는다는 것은 에녹의 기쁨을 의미하고(창 5:22), 예수님의 발치에 앉는다는 것은 마리아의 기쁨을 의미하고(눅 10: 39), 예수님의 가슴에 머리를 기댄다는 것은 요한의 기쁨을 의미합니다(요 13:23). 하나님과의 교제는 단순히 말로 끝나는 것이 아닙니다. 그분과 나누는 교제는 시련의 쓴맛을 단맛으로 바꿉니다. 그리스도께서 가까이 계신다는 것을 알고 느끼고, 하나님의 사랑의 눈을 볼 수 있다는 것만으로도 지옥이 천국으로 바뀝니다.

구원받지 못한 사람은 우리를 위해 하나님께서 준비하신 것들을 짐작하지 못하지만(고전 2:9), 성도들은 성령으로 그것들을 볼 수 있습니다. 그리스도와 함께 아버지 하나님과 깊은 교제를 나누는 것이 참된 기쁨입니다. 하나님과의 교제가 인생의 참행복입니다.

043
뜻대로 이루시는 주님

느 9:6

오직 주는 여호와시라 하늘과 하늘들의 하늘과 일월성신과 땅과 땅 위의 만물과 바다와 그 가운데 모든 것을 지으시고 다 보존하시오니 모든 천군이 주께 경배하나이다.
You alone are the LORD. You made the heavens, even the highest heavens, and all their starry host, the earth and all that is on it, the seas and all that is in them. You give life to everything, and the multitudes of heaven worship you.

하나님께는 불가능이 없습니다. 하나님께서 명령하시기만 하면 이 세상도 즉시 멈춰 섭니다. 하나님께서는 원하시기만 하면 태양을 돌고 있는 무수한 별들을 혼란에 빠뜨리실 수 있습니다. 중력도 하나님께서 그 힘을 거두시면 즉시 사라집니다. 그분이 힘을 거두시면 원자끼리 응집하는 힘도 없어지고, 모든 것이 사라져 우주는 빈 공간이 됩니다. 그래서 우리는 능력의 하나님 앞에서 느헤미야처럼 부르짖을 수밖에 없습니다.

하나님께서는 어떤 도움도 필요 없는 분이십니다. 모든 힘이 그분으로부터 나오는데 무슨 도움이 필요하시겠습니까? 피조물이 무엇으로 창조주를 도울 수 있겠습니까? 피조물은 창조주로부터 받은 능력을 나타내 그분을 드러낼 뿐입니다. 전능하신 하나님께서는 그분의 뜻대로 모든 것을 이루어 가십니다.

044
하나님, 나의 방패

에 5:4

에스더가 이르되 오늘 내가 왕을 위하여 잔치를 베풀었사오니 왕이 좋게 여기시거든 하만과 함께 오소서.
"If it pleases the king," replied Esther, "let the king, together with Haman, come today to a banquet I have prepared for him."

하나님의 오른손이 성도를 지키기 위해 높이 들려 있습니다. 하나님께서는 선택하신 자를 굳게 지키십니다.

"그가 너를 그의 깃으로 덮으시리니 네가 그의 날개 아래에 피하리로다 그의 진실함은 방패와 손방패가 되시나니"(시 91:4).

하나님께서는 우리를 지탱하고 보존해 주십니다. 하나님의 섭리의 큰 바퀴 둘레에는 눈들이 가득 달려 있어(겔 1:18) 하나님께서 선택하신 자들을 지켜봅니다.

"여호와여 원하건대 그의 눈을 열어서 보게 하옵소서 하니 여호와께서 그 청년의 눈을 여시매 그가 보니 불말과 불병거가 산에 가득하여 엘리사를 둘렀더라"(왕하 6:17).

보이지 않는 천사들이 하나님께서 사랑하시는 자녀의 종입니다. 천국의 군사들이 성도들의 방패입니다. 그러니 두려워할 이유가 없습니다. 부족한 것이 많더라도 하나님께서 풍족히 채우실 수 있습니다. 매일 위험에 처하지만 하나님께서 영원히 보존해 주실 것입니다.

045
주신 이도 하나님

욥 1:21

주신 이도 여호와시요 거두신 이도 여호와시오니 여호와의 이름이 찬송을 받으실지니이다.
The LORD gave and the LORD has taken away; may the name of the LORD be praised.

믿음에 대한 시험은 흔히 고난의 형태로 옵니다. 하나님께서는 우리 마음을 알아보려고 시험하십니다. 우리는 "주님, 제가 주님을 사랑합니다"라고 고백합니다. 그때 하나님께서 "그래? 그러면 소중한 네 아이가 병들어 죽는다면 어떻게 하겠느냐?"라고 물으시면 뭐라고 대답하겠습니까? 하나님을 진심으로 사랑한다면 이렇게 대답해야 합니다. "주신 이도 여호와시요 거두신 이도 여호와시오니 여호와의 이름이 찬송을 받으실지니이다."

어느 유명한 장로교 신학자가 다섯 자녀와 남편을 잃은 부인에게 쓴 편지입니다. "하나님께서 부인을 얼마나 사랑하시는지 아시기를 바랍니다. 하나님께서는 부인의 마음 전부를 받기 원하십니다. 그분께서는 부인이 하나님 외에 그 어떤 것에도 마음을 빼앗기지 않게 되기를 바라십니다." 그런 시험을 이길 수 있습니까? 우리가 가진 모든 것을 하나님께 내어 드릴 수 있습니까? 하나님께서는 더 많이 사랑할수록 더 많이 시험하십니다.

046
거두신 이도 하나님

욥 1:21

주신 이도 여호와시요 거두신 이도 여호와시오니 여호와의 이름이 찬송을 받으실지니이다.
The LORD gave and the LORD has taken away; may the name of the LORD be praised.

감당하기 힘든 육체적 고통을 겪을 때가 있습니다. 경제적 손실로 극심한 어려움을 겪을 때도 있습니다. 그때 하나님을 원망합니까? 하나님의 사랑 때문에 이런 일들이 일어났다고 생각해 보십시오. 하나님께서 가지치기를 하시는 것일 수 있습니다. 그렇다면 잠잠히 "주신 이도 여호와시요 거두신 이도 여호와시오니 여호와의 이름이 찬송을 받으실지니이다"라고 고백해야 하지 않겠습니까?

얼마 전에 친구와 즐거운 시간을 보냈습니다. 둘 다 건강함에 주님께 감사했습니다. 그런데 닷새 후 나는 큰 병을 얻었고, 그 친구는 아내를 잃었습니다. 이는 하나님이 하신 일입니다. 그것이 위안입니다. 정원의 아름다운 장미가 사라졌습니다. 누가 가져간 것입니까? 그 꽃을 심고 키운 정원사입니다. 이 사실에 누가 무슨 말을 하겠습니까? 사랑하는 사람을 잃고 크게 상심하고 있습니까? 하나님께서 그분의 소유인 꽃을 가져가시려고 할 때 못 가져가시게 막겠습니까? 막을 수 있다면 막겠습니까?

047
잊지 말아야 할 은혜

욥 2:10

우리가 하나님께 복을 받았은즉 화도 받지 아니하겠느냐 하고 이 모든 일에 욥이 입술로 범죄하지 아니하니라.
"Shall we accept good from God, and not trouble?" In all this, Job did not sin in what he said.

고통을 받으면 하나님의 선하심을 잊어버립니다. 건강하던 때도 잊고 고통당하는 짧은 순간만 기억합니다.

사랑하는 사람이 세상을 떠나면 그 사람을 빌려 왔었다는 사실을 잊어버립니다. 사랑하는 사람을 하나님께서 데려가셨다는 것은 내가 잠시 빌려 왔던 소중한 것이 본래의 소유주에게로 돌아갔다는 뜻입니다. 하나님께서는 나의 배우자를 그렇게 긴 시간 동안 빌려 주셨고, 소중한 아이들을 우리 품에 빌려 주셨고, 친구들과 형제들을 빌려 주셨습니다. 그러니 무엇을 불평하겠습니까? 사랑하는 사람과 헤어지면 헤어진 것만 생각하지 말고 그동안 누렸던 기쁨에 대해 하나님께 감사해야 합니다. 주시는 하나님, 가져가시는 하나님께 감사해야 합니다.

우리는 지나치게 현재만 생각합니다. 행복했던 과거에는 망각의 딱지를 붙입니다. 현재의 고난만 생각하지 말고 하나님의 자비하심을 기억해야 합니다. 지금의 괴로움 때문에 옛날에 좋았던 시절을 잊지 마십시오.

048
환난에서 구하시는 하나님

욥 5:19

여섯 가지 환난에서 너를 구원하시며 일곱 가지 환난이라도 그 재앙이 네게 미치지 않게 하시며.
From six calamities he will rescue you; in seven no harm will befall you.

하나님께서 하신 일을 기억하십시오. 하나님께서 오늘 해 주신 일이 만족스럽지 못하면 어제를 돌아보십시오. 지금 하나님의 은총의 증거를 볼 수 없다면 과거를 돌아보십시오. 하나님은 이제까지 자애로우셨습니다. 여섯 가지 환난에서 우리를 구해 주신 분인데, 일곱 번째 환난에서 구해 주시지 않겠습니까?

이제까지 하나님은 선하고 신실하셨습니다. 그러니 어려움이 왔다고 즉시 하나님을 나쁘게 생각하면 안 됩니다. 하나님께 이렇게 고백해야 합니다.

"하나님께서 나를 절망의 구덩이에서 건져 주시고, 진흙 수렁에서 건져 주지 않으셨습니까? 그렇다면 이번에도 하나님께서는 나를 그냥 버려두지 않으실 것입니다."

지금의 상황을 하나님께 말씀드린 후 기도하십시오. "주님, 주님밖에는 나를 도와줄 수 있는 이가 없습니다. 도와주실 것을 믿습니다. 언제, 어떻게 도와주실지 알지 못하지만 주님만 바라봅니다."

049
내 마음을 아시는 하나님

욥 13:15

그가 나를 죽이시리니 내가 희망이 없노라 그러나 그의 앞에서 내 행위를 아뢰리라.
Though he slay me, yet will I hope in him; I will surely defend my ways to his face.

하나님의 은혜가 마음을 녹이기 때문에 하나님의 자녀는 마음이 굳어 있지 않습니다. 그러니 감정 없는 굳은 마음을 바라지 마십시오. 은혜는 시련을 감당할 힘을 주지, 시련이 오지 못하도록 하지 않습니다. 은혜는 인내와 순종을 주지, 비정함을 주지 않습니다. 우리는 감정이 있고 그 감정으로 유익을 얻습니다. 하나님께서 매를 들고 때리셔도 울지 않고 항복하지 않는 사람이 있습니다. 그렇게 되지 마십시오. 욥의 마음을 가지십시오. 그의 쓰라린 마음과 괴로운 영혼을 느껴 보십시오. 슬픔이 땅바닥으로 내친다면 땅바닥에서 예배드리십시오. 그리고 하나님 앞에서 속마음을 털어놓으십시오.

"백성들아 시시로 그를 의지하고 그의 앞에 마음을 토하라 하나님은 우리의 피난처시로다"(시 62:8).

하나님의 의지에 완전히 항복하여 욥처럼 외치십시오. 이런 예배는 자기 의지를 꺾고, 사랑의 마음을 불러일으키고, 온 마음을 다해 하나님께 나아가도록 합니다.

050
마음에 새겨진 약속

욥 19:26

내 가죽이 벗김을 당한 뒤에도 내가 육체 밖에서 하나님을 보리라.
And after my skin has been destroyed, yet in my flesh I will see God.

하나님의 약속은 삶을 즐겁게 합니다. 또한 죽음도 기쁘고 영광되게 합니다. 가슴으로 느끼는 약속을 입술로 되뇌며 죽는다면 얼마나 기쁘겠습니까?

"내가 알기에는 나의 대속자가 살아 계시니 마침내 그가 땅 위에 서실 것이라 내 가죽이 벗김을 당한 뒤에도 내가 육체 밖에서 하나님을 보리라"(욥 19:25~26).

부활과 영생의 약속을 믿고 사는 사람은 당당하게 죽을 수 있습니다. 죽음의 침대는 왕좌로 바뀝니다. 그렇게 초라하게 보이던 사람이 만세 전에 정해진 유산을 곧 상속받을 천국의 귀족이 됩니다.

하나님의 약속은 우리 마음에 영향을 미치기 때문에 소중합니다. 영혼에 차지하는 무한한 비중 때문에 소중합니다. 믿는 사람에게는 마음에 새겨진 말씀이 있습니다.

누구에게나 가슴을 울리는 추억이 담긴 물건이 있습니다. 하나님의 약속의 말씀도 가족과의 추억, 그동안 겪은 시련, 그동안 받은 은혜와 관련되어 있어서 너무나 소중합니다. 그 약속의 말씀을 영혼 깊이 간직하십시오.

051
하나님을 보는 눈

욥 19:27

내가 그를 보리니 내 눈으로 그를 보기를 낯선 사람처럼 하지 않을 것이라 내 마음이 초조하구나.
I myself will see him with my own eyes—I, and not another. How my heart yearns within me!

하나님의 음성을 들을 수 있는 사람은 행복한 부자입니다. 그러나 재물은 하나님의 밝은 빛을 차단하는 색깔 창입니다. 푸른색, 붉은색, 금색이 지워져야 유리의 투명함이 되살아납니다. 고난이 색깔을 없애 줍니다. 세상의 좋은 것이 없어져야 정말 좋으신 하나님이 잘 보입니다.

부유함 가운데 하나님의 음성이 들린다면 그것은 축복입니다. 고난 가운데 하나님이 보인다면 그것은 더 큰 축복입니다. 고난은 영적 감수성을 높입니다. 슬픔이 깊으면 진리에 대한 영혼의 지각이 살아납니다. 비교적 순탄한 길로 하나님께 가는 성도도 있습니다. 그러나 대부분은 하나님을 제대로 알기 위해 가져야 할 부드러움을 얻으려면 고난을 통해 완전히 용해될 필요가 있습니다.

만약 우리가 욥만큼 고통을 받고, 그 고통으로 인해 영적인 눈을 떠서 주님을 보게 된다면 그 고통에 대해 감사하지 않겠습니까? 요한이 본 환상을 볼 수 있다면 자청해서 밧모 섬으로 가지 않겠습니까?

052
헤아릴 수 없는 하나님의 생각

욥 26:14

보라 이런 것들은 그의 행사의 단편일 뿐이요 우리가 그에게서 들은 것도 속삭이는 소리일 뿐이니 그의 큰 능력의 우렛소리를 누가 능히 헤아리랴
And these are but the outer fringe of his works; how faint the whisper we hear of him! Who then can understand the thunder of his power?

우리가 당하는 고난이나 슬픔은 하나님께서 그분의 목적에 따라 보내신 것입니다. 그분의 확고한 의도와 섭리가 깔려 있는 것입니다. 하나님의 마음은 그분이 하시는 일에 나타납니다. 하나님께서는 큰일만 생각하시는 것이 아니라 그 일에 딸린 작은 일도 다 세고 계십니다.

하나님께서는 선택하신 사람들을 위해 심사숙고하십니다. 우리가 당하는 모든 상황은 살아 계신 하나님의 지혜 안에서 계획된 것입니다. 하나님께서는 자신이 하시는 일이 무엇인지 아십니다.

때로 그분이 하신 일이 우리 눈에 엉킨 실타래 같아 보이지만 그분은 분명하게 아십니다. 하나님께서 보시는 것은 우리가 보는 것보다 훨씬 넓으며, 그분의 생각은 우리 생각보다 훨씬 깊습니다.

"주의 길이 바다에 있었고 주의 곧은길이 큰 물에 있었으나 주의 발자취를 알 수 없었나이다"(시 77:19).

053
유익한 환난의 줄

욥 36:8~9

혹시 그들이 족쇄에 매이거나 환난의 줄에 얽혔으면 그들의 소행과 악행과 자신들의 교만한 행위를 알게 하시고.
But if men are bound in chains, held fast by cords of affliction, he tells them what they have done—that they have sinned arrogantly.

어려움이 닥치기 전에는 주님을 향한 뜨거운 열정을 품기가 쉽지 않습니다. 주님의 섭리가 우리 날개를 잡거나 우리를 새장에 넣으면 그제야 아름다운 노래가 나옵니다. 소망이 되살아나고, 뜨겁게 하나님을 찬양합니다.

병상에서 모진 고통에 며칠 시달리고 나면 삶에 대한 애착이 사라집니다. 죽었으면 좋겠다는 생각도 합니다. 그제야 "내 마음과 육체가 살아 계시는 하나님께 부르짖나이다"(시 84:2)라고 외친 다윗의 심정을 이해하게 됩니다.

고난은 이 세상과 우리를 매고 있는 줄을 자르는 역할을 합니다. 하나님께서 자녀를 다루실 때 이 세상과는 가는 줄로 매시고 천국과는 굵은 줄로 매십니다. 우리는 일이 잘 되면 "영혼아, 쉬어라"고 말합니다. 그러나 부가 사라지고 사업이 잘 되지 않으면 기도와 말씀 묵상을 열심히 합니다. 그래서 세상에 대한 집착을 버리게 만드는 환난은 우리에게 오히려 유익한 것입니다.

054
진리를 알려 주는 고통

욥 36:8~9

혹시 그들이 족쇄에 매이거나 환난의 줄에 얽혔으면 그들의 소행과 악행과 자신들의 교만한 행위를 알게 하시고.
But if men are bound in chains, held fast by cords of affliction, he tells them what they have done—that they have sinned arrogantly.

    심한 고통은 세상을 향한 영혼의 뿌리를 약하게 하는 반면, 하늘로 향한 영혼의 닻을 튼튼하게 합니다. 이토록 어두운 세상을 어떻게 사랑할 수 있습니까?
    우리는 주님의 손을 벗어날 수 없습니다. 고통은 이 땅의 것들을 향한 날개를 꺾습니다. 그리고 천국을 향한 날개를 자라게 합니다.
    고통은 우리 앞에 진리를 보여 줍니다. 동시에 진리 앞에 우리를 보여 줍니다. 경험은 감춰져 있던 진리를 알게 해 줍니다. 성경의 참의미는 주석가가 알려 주지 못합니다. 경험의 주석이 알게 해 줍니다. 성경의 많은 구절이 비밀의 잉크로 쓰여 있어서 고통의 불에 비춰 보지 않으면 보이지 않습니다. 고통은 경작한 땅에 비가 스며들듯 마음을 열어 진리가 들어오게 합니다.
    성령님에 의해 성화된 고통은 하나님의 신실하심을 믿는 성도들의 경험을 통해 하나님의 영광을 드러냅니다.

055
갑절로 회복시키시는 은혜

욥 42:10

여호와께서 욥의 곤경을 돌이키시고 여호와께서 욥에게 이전 모든 소유보다 갑절이나 주신지라.
The LORD made him prosperous again and gave him twice as much as he had before.

주방에서는 하나님께서 하실 일이 없을 것으로 단정하는 이들이 있습니다. 그것이 사실이라면 인생이 얼마나 끔찍하겠습니까? 하나님의 사랑은 식탁 위에도 있습니다. 우리는 모든 것에서 하나님을 볼 수 있어야 합니다. 모든 것에서 하나님을 찬양할 수 있어야 합니다.

욥이 모든 것을 잃었을 때 하나님께서 회복시키셨습니다. 그건 특별한 경우였다고 말하고 싶습니까? 우리는 지금도 특별한 하나님을 섬기고 있습니다. 하나님께서는 지금도 특별한 일들을 행하십니다.

하나님께서는 흩으실 수도 있고 모으실 수도 있습니다. 하나님의 성품은 본래 주시되 가져가지 않으시는 것입니다. 사랑하시는 하나님이지 질책하시는 하나님이 아닙니다. 하나님께서는 종을 부유하게 만드실 때, 사랑을 주실 때 기뻐하십니다. 하나님께서는 복을 주고 회복시켜 주기를 원하십니다. 하나님께서는 우리가 잃어버린 것보다 더 많이 돌려주실 수 있습니다.

056
주의 기이한 사랑

시 17:7

주께 피하는 자들을 그 일어나 치는 자들에게서 오른손으로 구원하시는 주여 주의 기이한 사랑을 나타내소서.
Show the wonder of your great love, you who save by your right hand those who take refuge in you from their foes.

누구나 크게 낙심할 때가 있습니다. 골짜기 밑바닥까지 내려가 있거나 땅 끝 난간을 겨우 잡고 있는 것 같을 때가 있습니다. 그러나 하나님의 사랑을 잠시라도 맛보고 나면 하나님의 오른손이 가까이에 있음을 알게 됩니다. 그 사랑을 맛보도록 기도하십시오. "주의 기이한 사랑을 나타내소서." 하나님께서 그렇게 해 주실 것입니다. 하나님께서는 우리가 원하는 방식이 아니라 가장 좋은 방식으로 사랑을 베풀어 주실 것입니다.

"네 길을 여호와께 맡기라 그를 의지하면 그가 이루시고"(시 37:5). 하나님께 무언가를 바랄 때는 감히 기대할 수 없는 가장 좋은 것을 기대하십시오. 하나님 안에서, 하나님으로부터 상상도 하지 못한 놀라운 일을 보게 될 것입니다. 하나님께서는 전능하시고 신실하시고 진실하십니다. 그분께 구하면 불가능해 보이던 일들이 아주 쉽게 해결됩니다. 오늘 주어진 말씀을 묵상하면서 하나님께서 당신을 심각한 문제에서 어떻게 구해 주실지 기대하십시오.

057
구한 것보다 더 많은 복

시 21:4

그가 생명을 구하매 주께서 그에게 주셨으니 곧 영원한 장수로소이다.
He asked you for life, and you gave it to him — length of days, for ever and ever.

하나님께서는 우리가 구하는 것보다 많이 주십니다. 아브라함은 이스마엘을 상속자로 세울 수 있게 해 달라고 하나님께 간구했습니다(창 17:18). 그러나 하나님께서는 아브라함에게 이삭을 주셨고, 언약의 복을 더 주셨습니다. 야곱은 자신을 지켜 달라고 기도했습니다(28:20). 그러나 하나님께서는 그를 수천 마리의 소와 나귀와 양과 많은 재산을 가진 부자로 만들어 주셨습니다(32:5). 다윗이 생명을 구했을 때 하나님께서는 영원한 장수를 허락하셨습니다(시 21:4). 그뿐 아니라 그 후손이 대대로 왕이 되게 하셨습니다.

신약시대에도 다르지 않습니다. 사람들이 중풍병자를 예수님께 데려와 고쳐 달라고 했습니다. 예수님께서는 이렇게 선언하셨습니다. "네 죄 사함을 받았느니라"(마 9:2). 하나님께서는 우리가 구하는 것보다 더 많이 주십니다. 구하십시오. 그러면 구하지 않은 것도 받을 것이고, 받으리라고 생각하지 못한 것도 받을 것입니다.

058
하나님께 맡기는 지혜

시 22:8

그가 여호와께 의탁하니 구원하실 걸, 그를 기뻐하시니 건지실 걸 하나이다.
He trusts in the LORD; let the LORD rescue him. Let him deliver him, since he delights in him.

믿음은 시련의 끝을 기대하라고 가르칩니다. 또 믿음은 시련 중에도 하나님의 능력에 의지하라고 가르칩니다.

걱정한다고 도움 되는 것은 하나도 없습니다. 등이 휘도록 무거운 짐을 위대하신 분께 맡길 수 있는 믿음을 달라고 기도하십시오. 무거운 짐을 맡아 주시는 분이 계시다면 절망할 이유가 없지 않겠습니까? 하나님께 모든 것을 맡기는 것은 재물이 늘어나는 것보다 좋습니다. 재물은 참평안이나 기쁨을 주지 못하기 때문입니다.

맡은 일을 잘하도록 도와달라는 간구로 매일 아침을 시작하십시오. 화를 잘 참고 마음을 지키게 해 달라고 기도하십시오. 걱정거리를 매일 하나님께 가져가십시오. 하나님께서 방패가 되어 주시기를 바라십시오. 밤이 되면 하루의 괴로움을 주님께 고백하고 마음을 비운 뒤에 잠을 청하십시오. 이처럼 모든 일을 하나님께 맡기고 그분만 의지할 때 행복한 삶이 찾아올 것입니다. 주님의 사랑이 우리를 이끌어 줄 것입니다.

059
외면하지 않으시는 주님

시 22:24

그는 곤고한 자의 곤고를 멸시하거나 싫어하지 아니하시며 그의 얼굴을 그에게서 숨기지 아니하시고 그가 울부짖을 때에 들으셨도다.
For he has not despised or disdained the suffering of the afflicted one; he has not hidden his face from him but has listened to his cry for help.

　세상은 사람이 그 크기를 짐작조차 할 수 없을 정도로 넓고 큽니다. 그러나 하나님께는 모든 것이 보잘것없고 작습니다. 하나님과 비교하면 보잘것없고 약하지 않은 것이 없습니다. 그런데 아무리 작은 존재라 하더라도 그 속에 전능하신 하나님의 위대함이 담겨 있습니다. 한 방울의 물 속에 있는 수많은 피조물을 보십시오. 현미경으로나 볼 수 있는 작은 피조물들에게 하나님께서 먹을 것을 주시고, 생명의 힘을 넣어 주십니다. 하나님께서는 천사를 지키시는 것같이 모기나 파리도 돌보십니다.
　그 하나님께서 우리를 보호하지 않으시겠습니까? 하나님께서는 우리를 외면하지 않으시고, 우리 기도를 들으십니다. 고통이나 가난이나 사별의 깊은 물에 빠져 있는 우리를 돌아보십니다. 사랑하는 사람이나 친구는 배신할 수 있지만 하나님께서는 결코 배신하지 않으십니다. 우리가 낙심해 있을 때 하나님께서는 아주 가까이 계십니다.

060
여호와는 나의 목자

시 23:1

여호와는 나의 목자시니 내게 부족함이 없으리로다.
The LORD is my shepherd, I shall not be in want.

운이 나쁘면 아무리 많은 돈도 한번에 몽땅 날아갑니다. 그러나 "여호와는 나의 목자시니 내게 부족함이 없으리로다"라는 하나님의 보증은 안전합니다.

백지수표책이 있다면 현금이 왜 필요하겠습니까? 하나님께서 믿음의 사람에게 백지수표책이 되어 주십니다. "여호와는 나의 목자시니 내게 부족함이 없으리로다." 이 얼마나 대단한 보증입니까? 그 위에서 안식하십시오. 그러나 하나님께서는 모든 것을 한꺼번에 주시지 않습니다. 예수 그리스도 안에 있는 무한한 잔고에서 그때그때 필요한 만큼만 인출하게 하십니다.

고난의 겨울에 몸을 떨더라도 탄식하지 말고, 이렇게 고백하십시오. "여호와는 나의 목자시니 내게 부족함이 없으리로다." 이 말씀이 영혼에 자장가가 되어 평화로운 잠에 빠지게 할 것입니다. 가계부나 회계장부를 보고 탄식하지 마십시오. 가계부나 장부에 이 보증의 말씀을 기입하십시오. "여호와는 나의 목자시니 내게 부족함이 없으리로다." 이 말씀은 금이나 은보다 더 가치 있습니다.

061
부족함 없는 인생

시 23:1

여호와는 나의 목자시니 내게 부족함이 없으리로다.
The LORD is my shepherd, I shall not be in want.

더 큰 믿음, 더 큰 사랑, 더 깊은 경건함, 하나님과의 더 깊은 교제를 원합니까? 하나님께서는 당신의 목자이시기에 그런 복을 구하면 반드시 주십니다. 예상치 못한 방식으로 주십니다. 평안, 기쁨, 만족을 원합니까? 하나님께서 주겠다고 약속하셨습니다. 그러니 믿으십시오. 하나님께서 목자이신데 우리에게 무엇이 부족하겠습니까?

"정직하게 행하는 자에게 좋은 것을 아끼지 아니하실 것임이니이다"(시 84:11). 다른 어디에 이렇게 큰 약속이 있습니까? '좋은 것'만 주신다니, 얼마나 큰 은혜입니까?

영적인 은혜는 좋은 것입니다. 더 좋은 것이 없습니다. 그러니 하나님께 구하십시오. 좋은 것을 아끼지 않는다고 약속하셨으니, 우리가 달라고 하면 틀림없이 가장 좋은 것을 주실 것입니다. 그러니 구하십시오. 하나님께서 우리의 목자이십니다. 부족함이 없게 해 주십니다. 우리에게 필요한 것은 무엇이든 주십니다. 믿음 가운데 의심하지 말고 달라고 하십시오. 그러면 하나님께서 당신에게 진정으로 필요한 것을 주십니다.

062
부족함 없이 채우시는 주님

시 23:3

내 영혼을 소생시키시고 자기 이름을 위하여 의의 길로 인도하시는도다.

He restores my soul. He guides me in paths of righteousness for his name's sake.

하나님께서는 우리가 갖고 싶어 하는 것을 모두 주시겠다고 약속하지 않으셨습니다. 우리에게 필요한 것보다 많이 주신다는 약속도 하지 않으셨습니다. 그렇지만 하나님께서는 필요 이상으로 주십니다.

두려워하지 마십시오. 하나님께서 지금까지 우리를 인도하셨습니다. 그리고 앞으로도 계속 인도하실 것입니다. 그것이 우리의 한결같은 기쁨이 되어야 합니다. 하나님께서 우리의 목자이십니다. 그러므로 우리에게 필요한 것은 반드시 채워집니다.

세상의 수입은 변합니다. 그러나 영적 수입은 항상 같습니다. 하나님께서 우리의 목자이시므로 우리에게 항상 부족함이 없기 때문입니다. 이것이 내 수입이고 당신의 수입입니다. 이것이 하나님의 은혜에 참여한 극빈자의 수입이기도 합니다. 믿음이 있는 고아의 수입이기도 합니다. 모든 성도의 목자이신 하나님께서 부족함이 없게 해 주시기 때문입니다. 이것이 성도의 몫이고 복입니다.

063
사망의 골짜기로 다닐지라도

시 23:4

내가 사망의 음침한 골짜기로 다닐지라도 해를 두려워하지 않을 것은 주께서 나와 함께하심이라.
Even though I walk through the valley of the shadow of death, I will fear no evil, for you are with me.

나는 이 약속의 말씀을 요단강 가까이 갈 때까지 아껴 두려고 했습니다. 나의 마지막 시간에 이 감미로운 말씀을 음미하고 싶었습니다. 그런데 얼마 전 이 천국의 빵이 필요한 일이 생겨서 그만 먹고 말았습니다. 빵은 먹으면 없어지고 남지 않습니다. 그러나 하나님의 위로는 그렇지 않습니다. 약속의 말씀을 몇 번이고 의지해도 없어지지 않습니다. 어려운 일에 봉착해서 이 말씀에서 나오는 꿀을 먹었다 해도 약속의 꿀은 그대로 남아 있습니다. 죽음의 문에 가까이 가면 나는 다시 이 말씀을 찾을 것입니다.

이 약속의 말씀은 죽어 가는 사람에게 말할 수 없는 기쁨을 주지만 산 사람에게도 마찬가지입니다. 시련의 음산한 골짜기를 지날 때 이 약속을 기억하십시오. 하나님께서 이 말씀이 진실임을 깨닫도록 도와주실 것입니다. 이 말씀은 미래를 위해 남겨 둘 말씀이 아닙니다. 지금 사용하십시오. 인생의 마지막 날을 위해 선반 위에 얹어 두지 마십시오. 살아가는 동안 매일 이 노래를 부르십시오.

064
두려움 없는 삶

시 23:4

내가 사망의 음침한 골짜기로 다닐지라도 해를 두려워하지 않을 것은 주께서 나와 함께하심이라.
Even though I walk through the valley of the shadow of death, I will fear no evil, for you are with me.

병이 악화되어 몹시 괴롭습니까? 두려워하지 마십시오. 성령님께서 가르쳐 주신 노래가 있습니다.

"내가 사망의 음침한 골짜기로 다닐지라도 해를 두려워하지 않을 것은 주께서 나와 함께하심이라 주의 지팡이와 막대기가 나를 안위하시나이다 주께서 내 원수의 목전에서 내게 상을 차려 주시고 기름을 내 머리에 부으셨으니 내 잔이 넘치나이다 내 평생에 선하심과 인자하심이 반드시 나를 따르리니 내가 여호와의 집에 영원히 살리로다."

주님의 약속을 붙잡으십시오. 두려움 없이 노래하며 앞을 바라보십시오.

"하나님께서 나를 아시네. 그러니 얼마나 좋은가!
이 말씀 외우고 또 외우네.
하나님의 왕관 앞에서 영원히 주님과 함께 있으리.
부활의 말씀이 승리의 외침이 되네!
주님과 영원히 살겠네.
그러니 하나님 뜻대로 하시옵소서."

065
고난에서 건지시는 은혜

시 25:17

내 마음의 근심이 많사오니 나를 고난에서 끌어내소서.
The troubles of my heart have multiplied; free me from my anguish.

전능자의 얼굴 앞에서 환난은 도망갑니다. 놀라운 일입니다. 의사가 포기한 환자가 살아납니다. 의사가 포기한 것이 하나님의 은혜인지 모릅니다. 우리가 낭떠러지 끝에 몰렸을 때 하나님께서 시작하십니다. "인간의 고난이 하나님의 기회"라는 말이 맞습니다.

과거를 돌이켜 보면서 너무나 달라진 현재에 놀라는 분들이 있습니다. 어떤 사람은 이렇게 말합니다. "저는 정말 어려운 시기를 겪었습니다. 그러나 하나님께서 이처럼 잘 살게 해 주셨습니다. 저는 어려웠던 시절을 자주 회상하는데, 그때마다 하나님께 감사할 수밖에 없습니다."

하나님께서는 바퀴를 거꾸로 돌리실 수 있습니다. 그렇게 하시는 데 오래 걸리지 않습니다. 그러므로 고통스럽고 괴로울 때 하나님께 나아가 고백하십시오.

"주여 나는 외롭고 괴로우니 내게 돌이키사 나에게 은혜를 베푸소서 내 마음의 근심이 많사오니 나를 고난에서 끌어내소서 나의 곤고와 환난을 보시고 내 모든 죄를 사하소서"(시 25:16~18).

066
고통을 이기는 소망

시 25:18

나의 곤고와 환난을 보시고 내 모든 죄를 사하소서.
Look upon my affliction and my distress and take away all my sins.

나는 수많은 고통을 겪어 봤습니다. 그럼에도 불구하고 하나님을 섬긴다는 것이 복입니다. 주님에 대한 믿음은 내 심장을 기쁨으로 뛰게 합니다. 그 믿음을 버려야 한다면 나는 건강과 부와 지위도 받지 않을 것입니다.

최근에 임종이 임박한 성도님 한 분을 심방했는데, 더할 나위 없이 행복한 시간을 가졌습니다. 그분은 말도 거의 못했지만 경건한 기쁨으로 충만했습니다. 지금은 천국에 계시지만, 사실은 그때도 이미 천국에 계셨습니다. "나는 좋은 나라에 가까이 왔어요. 이제는 참아야 할 고통도 사라질 거예요. 곧 예수님께서 계신 곳에 있게 되겠지요."

마지막 눈을 감기 전에 그분은 강을 건너는 것처럼 느꼈던 것 같습니다. "저쪽으로 가야 해요. 물은 얕아요. 저쪽 둑에 올라가야 해요. 천국의 노래가 들려요. 예수님께서 마중 나오셨네요. 예수님을 기다리시게 하면 안 돼요. 이제 나를 보내 주세요."

하나님의 사람들이 이 세상을 떠나는 모습을 보는 것은 우리 영혼에 큰 유익을 줍니다.

067
나의 도움 되시는 주님

시 27:9

주는 나의 도움이 되셨나이다 나의 구원의 하나님이시여 나를 버리지 마시고 떠나지 마소서.
You have been my helper. Do not reject me or forsake me, O God my Savior.

어떤 어려운 문제를 해결하는 방안이 여러 가지가 있다는 것이 반드시 좋은 일은 아닙니다. 어느 방안을 선택할까 고민하는 동안 위험이 닥칠 수 있기 때문입니다. 필요한 도움은 한 곳에서 받는 것이 좋습니다. 신자들의 경우도 하나님을 믿든지, 소망 없이 살든지 둘 중 하나를 택해야 합니다. 다른 곳에서도 도움을 구하지 말고, 자기 자신도 의지하지 말아야 합니다. 자신을 믿는 것이 얼마나 어리석은 짓인지 이미 배우지 않았습니까?

하나님 안에서 강제로 안식하게 하는 고난은 복입니다. 다윗이 그랬습니다. 다윗은 주님만 바라봤습니다. 그의 인생 항로에 주님의 선하심이 북극성같이 비췄습니다. 다윗은 눈을 오직 하나님께서 인도하시는 빛에 고정시켰습니다. 구원의 하나님만 믿었습니다. 오늘 우리의 기도가 그래야 합니다.

"주는 나의 도움이 되셨나이다 나의 구원의 하나님이시여 나를 버리지 마시고 떠나지 마소서."

068
기다림의 복

시 27:14

너는 여호와를 기다릴지어다 강하고 담대하며 여호와를 기다릴지어다.
Wait for the LORD; be strong and take heart and wait for the LORD.

하나님께서 함께하시면 위험이 없습니다. 예수님께서 변호해 주시면 안전합니다. 성령님께서 우리 안에 거하시면 평안합니다. 그러니 두려워하거나 믿음을 잃지 마십시오. 두드리며 기다려서 은혜로운 응답을 받으십시오. 은혜의 문이 울리고 울리도록 단호하게 두드리십시오. 하나님께서는 두드리며 기다리는 사람에게 선하게 응답하십니다. 빈손으로 가게 하지 않으십니다.

하나님 아버지께서 우리를 지켜 주십니다. 천사를 보내셔서 모든 길을 지켜 주십니다. 천사의 손으로 붙들어 발이 돌에 부딪히지 않게 하십니다(시 91:11~12). 하나님께서는 우리의 미래도 지켜 주십니다. 우리 눈은 미래를 볼 수 없습니다. 그러나 하나님께서는 내일에 대해 모든 것을 아십니다. 어떤 일이 일어나더라도 문제 되지 않습니다.

은혜의 하나님을 기다리십시오. 아무 질문도 하지 마십시오. 큰 은혜를 기다리십시오. 하나님을 기다리고 기다리는 사람은 이미 복 받은 사람입니다.

069
그리스도인의 기쁨

시 27:14

너는 여호와를 기다릴지어다 강하고 담대하며 여호와를 기다릴지어다.
Wait for the LORD; be strong and take heart and wait for the LORD.

나에게는 기쁨이 있습니다. 꿈도 꾸지 못한 기쁨이 있습니다. 하나님께서 내게 복된 믿음을 주셨으며, 그 믿음이 복된 소망과 기쁨을 낳았습니다. 그러므로 세상이 아무리 좋은 것을 준다 해도 나는 그 기쁨을 바꾸지 않으렵니다.

세상에서 어떤 험한 일을 당한다 해도 나는 그리스도인이 되겠습니다. 왕이나 황제가 되기보다는 가장 낮은 그리스도인이 되겠습니다. 세상의 어떤 기쁨보다 그리스도 안에서의 기쁨, 하나님의 얼굴을 뵙는 기쁨이 훨씬 더 큽니다. 하나님께서 지금까지 나에게 절대적 존재이셨던 것처럼 마지막까지 절대적 존재이실 것을 믿습니다.

그리스도의 십자가가 죄인이 죽기까지 의지해야 할 소망입니다. 십자가가 두려움 없이 무덤까지 갈 수 있게 하는 소망입니다. 그리스도 안에 있으면 죽음의 공포를 이길 수 있으며, 사나운 폭풍 속에서도 기뻐할 수 있습니다.

주님을 믿고 또 믿으십시오. "너는 여호와를 기다릴지어다 강하고 담대하며 여호와를 기다릴지어다."

070
최상의 인도자

시 32:8

내가 네 갈 길을 가르쳐 보이고 너를 주목하여 훈계하리로다.
I will instruct you and teach you in the way you should go; I will counsel you and watch over you.

성도는 자기 일에 합당한 능력을 달라고 하나님께 간구할 수 있습니다. 다윗은 용맹한 전사였습니다. 그래서 그는 하나님께서 전쟁을 위해 그의 손과 손가락을 단련시키셨다고 고백했습니다(시 144:1). 하나님께서는 브살렐에게 지혜와 총명과 지식을 주셔서 금, 은, 동, 보석, 나무로 예술적인 일을 하게 하셨습니다(출 35:30~35). 주어진 일을 더 잘하기 위해 간구하면 하나님께서 도와주십니다. 하나님께서 약속하셨습니다.

"네가 사는 날을 따라서 능력이 있으리로다"(신 33:25).

영리한 것보다 순수한 것이 먼저입니다. 전문가가 되는 것보다 정직하고 진실하고 경건한 것이 더 중요합니다.

평탄한 길로 인도해 달라고 하나님께 간구하십시오(시 27:11). 실족하지 않도록 붙잡아 달라고(17:5), 가야 할 길을 가르쳐 달라고 간구하십시오(32:8). 그러나 일상의 일이 하나님의 부르심에 방해되지 않도록 하십시오. 예수님이라면 어떻게 하실까 생각해 보십시오. 예수님이 최상의 인도자이십니다.

071
나의 갈 길을 아시는 주님

시 32:8

내가 네 갈 길을 가르쳐 보이고 너를 주목하여 훈계하리로다.
I will instruct you and teach you in the way you should go; I will counsel you and watch over you.

하나님께서 베푸신 은혜가 아니었으면 구원받지 못했을 만큼 힘든 적이 있습니다. 가난의 구렁텅이에 빠져서 가족이나 친구도 가까이 오지 않은 적도 있습니다. 하나님께 매달려 몸부림치며 응답을 구했지만 응답을 얻지 못했습니다. 벗어나려고 갖은 노력을 다했으나 어둠이 길을 다시 덮곤 해서 소망마저 사라졌습니다. 괴로움 속에서 이렇게 기도했습니다. "오, 하나님! 만약 이번에 구원해 주신다면 저는 결코 하나님을 의심하지 않겠습니다."

살아온 길을 돌아보십시오. 세상의 방법으로는 구원받을 수 없는 심한 고난이 여러 번 있었을 것입니다. 그때마다 하나님께서 계시다는 사실을 증명할 일들이 일어났습니다. 오직 한 분, 하나님만이 길을 인도해 주셨습니다. 하나님께서는 우리가 가야 할 길을 잘 알고 계십니다.

우리는 놀라운 방법으로 구원받았습니다. 그 구원은 너무나 완벽해서 "주님은 나의 목자이십니다"(시 23:1) 하고 외칠 수밖에 없습니다. 목자이신 하나님께서는 우리를 그분에 뜻에 따라 바른길로 인도하십니다.

072
불순종 뒤에 오는 시련

시 32:9

너희는 무지한 말이나 노새같이 되지 말지어다 그것들은 재갈과 굴레로 단속하지 아니하면 너희에게 가까이 가지 아니하리로다.
Do not be like the horse or the mule, which have no understanding but must be controlled by bit and bridle or they will not come to you.

왕의 총애를 받는 사람도 고통이나 괴로움, 사업상의 실패를 겪습니다. 고난이 찾아온 이유는 분명히 있습니다.

하나님께서 경고하셨습니다. "무지한 말이나 노새같이 되지 말지어다." 하나님의 말씀에 순종하지 않으면 괴로움은 더해집니다. 시편 저자는 순종하지 않을 때 어떻게 되는지 묘사했습니다. "그것들은 재갈과 굴레로 단속하지 아니하면 너희에게 가까이 가지 아니하리로다." 하나님께서는 우리에게 재갈과 굴레를 씌우기 원치 않으십니다. 말씀으로 인도하기를 원하십니다. 하나님의 부드러운 인도에 따르지 않을 때 강한 재갈과 굴레가 찾아옵니다. 어려운 시련이 찾아올 때 순종하지 않는다면 더 강한 시련이 옵니다.

우리는 마치 어린아이와 같습니다. 아버지께서 야단을 치시게 만듭니다. 말씀의 불이 우리 마음에 회개의 불을 지필 수 있도록 아버지 앞에 나아오십시오.

073
기도를 들으시는 하나님

시 34:6

이 곤고한 자가 부르짖으매 여호와께서 들으시고 그의 모든 환난에서 구원하셨도다.
This poor man called, and the LORD heard him; he saved him out of all his troubles.

가련한 사람의 부르짖음을 하나님께서 들으십니다. 영원한 보좌에서 허리를 굽히시고 그 울부짖음에 귀를 기울이십니다.

하나님께서는 기도하는 소리를 듣지 못하는 귀머거리가 아닙니다. 우리의 필요를 보지 못할 만큼 멀리 떨어져 계시지 않습니다. 우리의 기도를 들으시고, 우리의 소원과 요청에 응답해 주십니다. 셀 수 없이 많은 일을 행하고 계시지만, 그분의 얼굴을 찾는 사람들의 울부짖음을 물리치지 않으십니다. 말씀은 언제나 진실입니다. "의인이 부르짖으매 여호와께서 들으시고 그들의 모든 환난에서 건지셨도다"(시 34:17).

얼마나 기쁘고 놀라운 말씀입니까?

여호와의 다른 호칭은 '기도를 들으시는 하나님'입니다. 우리가 기도하는 것이 사실인 것처럼 하나님께서 들으시는 것도 사실입니다. 수많은 응답이 그 증거입니다. 하나님께서 기도를 들으신다는 것은 변치 않는 진실입니다.

074
진정한 위로자

시 34:18

여호와는 마음이 상한 자를 가까이 하시고 중심으로 통회하는 자를 구원하시는도다.
The LORD is close to the brokenhearted and saves those who are crushed in spirit.

　많은 사람들이 상처 받은 마음으로 살고 있습니다. 몸에 난 상처보다 마음에 난 상처가 더 괴롭습니다. 하나님의 말씀을 들은 사람이 상처 받은 사람들을 도우려고 하지만 별 도움이 되지 못한다는 것을 알면 그 마음이 식어 버립니다. 부러진 뼈는 다시 붙지만 상한 마음은 어떻게 고칠 수 있습니까? 사람은 불가능한 것을 시도하기를 싫어하고, 좌절당하는 것을 받아들이지 못하기 때문에 선한 사람이라도 자연스럽게 낙심에 빠진 사람을 피하게 됩니다. 그래서 슬픔에 잠긴 사람은 이렇게 한숨을 쉽니다. "주는 내게서 사랑하는 자와 친구를 멀리 떠나게 하시며 내가 아는 자를 흑암에 두셨나이다"(시 88:18).

　사람들은 낙심에 빠진 사람을 위로할 때 오히려 상처를 주기 쉽습니다. 그 사람이 "너희는 다 재난을 주는 위로자들이로구나"(욥 16:2)라고 울부짖게 만들기도 합니다. 그러나 여호와는 마음이 상한 자를 가까이 하신다는 말씀을 기억하는 사람은 진정한 위로를 경험할 것입니다.

075
한결같은 주님의 자비

시 36:7

하나님이여 주의 인자하심이 어찌 그리 보배로우신지요 사람들이 주의 날개 그늘 아래에 피하나이다.
How priceless is your unfailing love! Both high and low among men find refuge in the shadow of your wings.

하나님은 자신의 백성을 사랑하십니다. 예수 그리스도를 믿고, 하나님의 능력을 믿는 사람을 사랑하십니다. 하나님의 사랑은 우리 것입니다.

하나님의 자비가 눈앞에 있습니다. 하나님의 자비는 잠시도 멈추지 않습니다. 한결같습니다. 우리는 자주 하나님을 잊어버렸지만 하나님께서는 우리를 잊으신 적이 없습니다. 우리는 수없이 하나님을 실망시켜 드렸지만 하나님께서는 우리를 실망시키신 적이 없습니다. 하나님께서 공의로만 대하셨다면 우리는 오래전에 하나님의 마음에서 사라졌을 것입니다. 그러나 하나님의 자비로 인해 지금도 우리는 하나님께 소중한 존재입니다. 하늘과 땅이 없어져도 하나님께 소중한 존재로 남아 있을 것입니다.

하나님의 은혜는 그치지 않습니다. 그러므로 하나님께 감사와 찬양을 드려야 합니다. 건강하거나 병들었거나, 부하거나 가난하거나, 기쁘거나 슬프거나 늘 하나님을 향한 감사의 고백을 멈추지 말아야 합니다.

076
내 손을 놓지 않으시는 주님

시 38:21

여호와여 나를 버리지 마소서 나의 하나님이여 나를 멀리하지 마소서.
O LORD, do not forsake me; be not far from me, O my God.

시험을 받을 때는 누구나 하나님께 버리지 말아 달라고 기도합니다. 그러나 그 기도는 항상 해야 하는 기도입니다. 걸음마를 배우는 아이는 어머니의 손이 반드시 필요합니다. 선장이 없는 배는 표류합니다. 우리는 주님이 붙들어 주시지 않으면 한순간도 살 수 없습니다. 위로부터 오는 도움 없이는 아무것도 할 수 없습니다. 그러므로 이렇게 기도하기를 쉬지 마십시오.

"주님, 저를 버리지 마소서. 그렇지 않으면 저는 대적의 손에 넘어갑니다. 한순간도 저를 멀리하지 마소서. 기쁠 때 버리지 마소서. 그렇지 않으면 저는 기쁨밖에 모르게 됩니다. 슬플 때 버리지 마소서. 그렇지 않으면 저는 주님을 원망하게 됩니다. 회개할 때 버리지 마소서. 그렇지 않으면 저는 용서의 소망을 잃고 절망으로 떨어집니다. 강한 믿음이 있을 때 떠나지 마소서. 그렇지 않으면 제 믿음이 단순한 신념으로 타락합니다. 주님께서 계시지 않으면 약하지만, 주님과 함께하면 강합니다. 나의 구원의 하나님이여, 나를 떠나지 마소서. 아멘."

077
병상에서 붙드시는 손길

시 41:3

여호와께서 그를 병상에서 붙드시고 그가 누워 있을 때마다 그의 병을 고쳐 주시나이다.
The LORD will sustain him on his sickbed and restore him from his bed of illness.

고통 받고 있는 하나님의 자녀가 믿음 가운데 평온을 유지한다면 그 자체가 훌륭한 설교입니다. 하나님께서는 병든 성도를 말솜씨 좋은 설교자보다 더 자주 쓰십니다. 성도가 기쁜 마음으로 하나님의 뜻을 받아들이고, 고통을 잘 참아 내고, 하나님을 찬양하는 것을 보면 사람들은 놀랍니다. 하나님께서 그런 사람을 크게 쓰십니다.

여러 해 동안 병상에 누워 있는 성도들을 방문하면 많은 지혜를 얻습니다. 병상에서도 우리가 할 수 있는 일은 많습니다. 침대에 누워 있더라도 찬양할 수 있습니다. 누워 있는 방을 설교의 장소로 만들 수 있습니다.

진실한 신앙이 자신의 삶이 되게 하십시오. 그러면 자신의 삶이 진실한 신앙이 됩니다.

우리의 일상이 주목받지 못한다 해도 경건하고 담대하십시오. 가만히 기다리는 것도 하나님을 섬기는 것입니다. 큰일을 하지 못한다 하더라도 예수님의 발아래 앉아서 말씀을 듣고 있다면 하나님께서 귀하게 보십니다.

078
은혜를 구하는 기도

시 41:4

여호와여 내게 은혜를 베푸소서 내가 주께 범죄하였사오니 나를 고치소서.
I said, "O LORD, have mercy on me; heal me, for I have sinned against you."

가슴이 떨릴 때, 온몸이 망치로 맞은 듯 괴로울 때, 비명을 지를 만큼 고통스러울 때, 참으려 해도 눈물이 흐를 때 기도하십시오. "주님, 나에게 은혜를 베푸소서."

하나님께 직접 호소하는 것이 좋습니다.

"아버지가 자식을 긍휼히 여김같이 여호와께서는 자기를 경외하는 자를 긍휼히 여기시나니"(시 103:13).

내 경우에는 아버지를 향한 소박한 기도의 응답이 곧바로 나타나 극심한 고통이 누그러진 적이 많이 있었습니다. 이런 경험을 한 성도들이 많을 것입니다.

극심한 육체적 고통이 있을 때는 경건한 마음으로 인내하면서 조용히 "주님, 저에게 은혜를 베푸소서"라고 기도해야 합니다. 이 기도가 뛰어난 의사의 처방보다도 더 효과적인 확실한 처방입니다. 하나님께서 허락하신 기도이고, 하라고 하신 기도입니다. 하나님께서 내려지시는 매가 무거울 때에는 아버지의 얼굴을 우러러보며 외치십시오. "주님, 나에게 은혜를 베푸소서."

079
함께 괴로워하시는 주님

시 42:5

내 영혼아 네가 어찌하여 낙심하며 어찌하여 내 속에서 불안해하는 가 너는 하나님께 소망을 두라 그가 나타나 도우심으로 말미암아 내가 여전히 찬송하리로다.
Why are you downcast, O my soul? Why so disturbed within me? Put your hope in God, for I will yet praise him.

낙심될 때면 나는 내 영혼에게 이렇게 묻습니다. "내 영혼아, 네가 어찌하여 낙심하며 어찌하여 내 속에서 불안해하는가?"

예수님께서는 우리의 시련 때문에 괴로워하십니다. 우리와 같이 괴로워하시고 우리 안에서 괴로워하십니다. 예수님께서 내가 받고 있는 시련 때문에 괴로워하신다는 생각이 들면 나는 주체할 수 없는 기쁨에 사로잡혀 고통을 잊어버립니다.

그분이 우리를 지탱해 주십니다. 믿음으로 그분의 얼굴을 바라보십시오. 다른 사람의 잘못된 행동으로 낙심될 때 그분의 얼굴을 바라보십시오. 예수님께서는 우리가 느끼는 것을 그대로 느끼시고, 우리를 긍휼히 여기십니다.

그분을 위해 십자가를 지고 있습니까? 그렇다면 그분의 영광을 위해 시련을 기꺼이 받아들이십시오. 주님을 잊고 있습니까? 다시 그분을 기억하고 생각하십시오.

080
위로를 주는 말씀

시 42:5

내 영혼아 네가 어찌하여 낙심하며 어찌하여 내 속에서 불안해하는가 너는 하나님께 소망을 두라 그가 나타나 도우심으로 말미암아 내가 여전히 찬송하리로다.
Why are you downcast, O my soul? Why so disturbed within me?
Put your hope in God, for I will yet praise him.

말씀에 매달리면 슬픔이 사라집니다. 욥도 그렇게 했습니다. 욥을 모범으로 삼으십시오. "내가 모태에서 알몸으로 나왔사온즉 또한 알몸이 그리로 돌아가올지라 주신 이도 여호와시오 거두신 이도 여호와시오니 여호와의 이름이 찬송을 받으실지니이다"(욥 1:21).

'나를 위로해 주시겠지' 하고 가만히 기다리지 마십시오. 도움이 될 말씀을 찾아 깊이 묵상하십시오. 분명한 진리를 찾아 굳게 매달리십시오. 거기에서 위로가 옵니다.

다윗은 자신의 영혼을 향해 이렇게 외쳤습니다.

"내 영혼아, 네가 어찌하여 낙심하며 어찌하여 내 속에서 불안해하는가. 너는 하나님께 소망을 두라. 그가 나타나 도우심으로 말미암아 내가 여전히 찬송하리로다."

깊은 슬픔에 빠져 있을 때는 다윗과 같이 말씀으로 자신을 위로할 줄 알아야 합니다. 그렇게 되면 다른 사람을 위로하는 법도 알게 됩니다.

081
그래도 기뻐해야 할 이유

시 42:5

내 영혼아 네가 어찌하여 낙심하며 어찌하여 내 속에서 불안해하는가 너는 하나님께 소망을 두라 그가 나타나 도우심으로 말미암아 내가 여전히 찬송하리로다.
Why are you downcast, O my soul? Why so disturbed within me?
Put your hope in God, for I will yet praise him.

믿는 사람이 위로받지 못하면 믿지 않는 사람처럼 행동하게 됩니다. 그리스도인이 슬픈 일을 당했을 때 위로를 얻지 못한다면 하나님의 이름을 욕되게 하는 셈입니다.

아무리 훌륭한 그리스도인이라도 눈물을 훔칠 때가 있습니다. 강한 믿음과 기쁜 소망도 두려움으로 변하여 소망과 믿음의 불꽃을 살려 나가기가 어려운 때가 있습니다. 그렇게 괴로운 암흑의 시간에도 약속을 붙잡고 주 안에서 기뻐하십시오. 쉽지는 않지만 다윗처럼 외치십시오.

"내 영혼아, 네가 어찌하여 낙심하며 어찌하여 내 속에서 불안해하는가?"

눈물의 이유를 스스로 물으십시오. 이러한 고백이 나올 때까지 따져 보십시오. "너는 하나님께 소망을 두라. 그가 나타나 도우심으로 말미암아 내가 여전히 찬송하리로다."

영혼의 어둠 가운데서도 하나님을 믿을 수 있다면 슬퍼하기보다는 기뻐해야 할 이유가 더 많은 것입니다.

082
실망시키지 않으시는 주님

시 46:1

하나님은 우리의 피난처시요 힘이시니 환난 중에 만날 큰 도움이시라.
God is our refuge and strength, an ever-present help in trouble.

큰 시련이 닥쳐 하나님께 피했을 때 "하나님은 우리의 피난처시요 힘이시니 환난 중에 만날 큰 도움이시라"는 말씀이 진실임을 확인했습니까? 하나님께서는 절대 "다른 데로 가 봐라"고 말씀하지 않으십니다. 하나님께 숨는 것, 하나님과 함께 있는 것이 복입니다.

"그가 너를 그의 깃으로 덮으시리니 네가 그의 날개 아래에 피하리로다 그의 진실함은 방패와 손방패가 되시나니"(시 91:4).

나의 가장 행복했던 시간은 기쁨의 낮이 아니라 슬픔의 밤이었습니다. 모든 물이 쓰디쓸 때 하나님의 위로의 잔은 너무나 달았습니다. 행복은 사업의 성공이나 사람들의 박수에 있지 않습니다. 행복에 필요한 단 한 가지는 하나님께서 보내시는 미소입니다. 내가 낙심에 빠져 있을 때 하나님께서는 최고의 기쁨을 주셨습니다.

하나님을 처음 만난 후 오랜 세월이 지났지만 그분은 한 번도 나를 실망시키지 않으셨습니다. 그분을 아는 것이 복이고 확실한 평안입니다.

083
모두가 하나님의 섭리

시 46:2~3

그러므로 땅이 변하든지 산이 흔들려 바다 가운데에 빠지든지 바닷물이 솟아나고 뛰놀든지 그것이 넘침으로 산이 흔들릴지라도 우리는 두려워하지 아니하리로다. (셀라)
Therefore we will not fear, though the earth give way and the mountains fall into the heart of the sea, though its waters roar and foam and the mountains quake with their surging. Selah.

하나님의 지혜와 지식은 짐작할 수 없을 정도로 넓고 깊습니다. 하나님의 섭리는 큰 태풍 속의 작은 먼지 입자에도 있습니다. 그분은 우주의 거대한 행성도 거느리시고, 성도의 눈에서 흐르는 눈물에도 관계하십니다. 그 어떤 것도 그분의 뜻과 의지로 결정되지 않는 것이 없습니다.

불신자는 벼락 치는 것을 보고 걱정하지만 신자는 모든 것이 하나님의 섭리에 따라 일어나고 있다고 믿고 바라봅니다. 불신자는 바다에서 풍랑을 만나면 크게 낙심합니다. 그러나 신자는 폭풍이 하나님의 손안에 있음을 믿으며 평안을 잃지 않습니다. 무엇이 두렵겠습니까?

우리는 이 세상의 혼란과 일시적인 고통과 위험 가운데서도 침착하고 태연하며 담대하게 말할 수 있습니다.

"하나님이 여기 계신다. 하나님께서는 내가 잘 되도록 모든 것에서 역사하고 계신다."

084
환난 날의 부르짖음

시 50:15

환난 날에 나를 부르라 내가 너를 건지리니 네가 나를 영화롭게 하리로다.
And call upon me in the day of trouble; I will deliver you, and you will honor me.

역경이 닥쳤을 때 하나님께 부르짖으십시오.

"주님, 제 기도를 듣고 계시지요? 견디기 너무 힘드니 제발 특별한 은혜를 베풀어 주십시오. 주님께서 도와주지 않으시면 곧 죽을 것 같습니다."

하나님께서 자신을 부르라고 말씀하신 것은 고난을 해결해 주시겠다는 뜻입니다. 당하고 있는 고난에 더하여 더 큰 실망을 맛보게 하려고 기도하라고 하신 것이 아닙니다. 당하고 있는 고난에 응답 없음으로 인한 낙심을 더해 주려고 말씀하신 것이 아닙니다. 우리가 지고 있는 짐을 더 무겁게 하시려는 것이 아닙니다. 하나님께서 자신을 부르라고 하셨으므로 모든 걱정과 두려움을 버리고 담대하게 주님을 찾아야 합니다.

믿음으로 겸손하게 하나님께 간구하십시오. 고난을 당하면 나는 다윗이나 엘리야나 다니엘처럼 이 말씀의 능력 안에서 기도합니다. "환난 날에 나를 부르라 내가 너를 건지리니 네가 나를 영화롭게 하리로다."

085
걱정은 이방인의 것

시 55:22

네 짐을 여호와께 맡기라 그가 너를 붙드시고 의인의 요동함을 영원히 허락하지 아니하시리로다.
Cast your cares on the LORD and he will sustain you; he will never let the righteous fall.

'무엇을 먹을까? 무엇을 마실까? 무엇을 입을까? 큰 돈을 벌 기회도 없고, 도와줄 친구도 없는데 어떻게 하지?' 이런 걱정은 하나님께 맡겨야 합니다.

우리는 그리스도인입니다. 그러므로 하나님께서 도와주신다는 것을 믿고 부지런함과 인내를 가져야 합니다. 예수님께서 하신 말씀을 잊지 마십시오.

"그러므로 염려하여 이르기를 무엇을 먹을까 무엇을 마실까 무엇을 입을까 하지 말라 이는 다 이방인들이 구하는 것이라 너희 하늘 아버지께서 이 모든 것이 너희에게 있어야 할 줄을 아시느니라"(마 6:31~32).

전심으로 노력하고, 겸손히 하나님의 전능하신 손에 맡기십시오. 하나님의 약속을 신뢰하면서 최선을 다해 땀 흘리며 열심히 일하십시오.

"여호와를 의뢰하고 선을 행하라 땅에 머무는 동안 그의 성실을 먹을거리로 삼을지어다 또 여호와를 기뻐하라 그가 네 마음의 소원을 네게 이루어 주시리로다"(시 37:3~4).

086
짐을 맡아 주시는 주님

시 55:22

네 짐을 여호와께 맡기라 그가 너를 붙드시고 의인의 요동함을 영원히 허락하지 아니하시리로다.
Cast your cares on the LORD and he will sustain you; he will never let the righteous fall.

오늘날에는 거래 기업의 도산, 회수 불능 채권의 발생, 시장의 변화, 재정적 압박과 불황 등 예상치 못한 위험이 많기 때문에 사업을 하기에 어려운 점이 많습니다. 사업이 어려워져서 잠을 이루지 못하기도 합니다. 직원이 횡령하지나 않을까, 운송 중인 화물이 잘못되지나 않을까, 재고품의 가격이 하락하지나 않을까 하는 고민으로 밤을 새기도 합니다. 그러나 최선의 노력을 다했고, 할 수 있는 일을 다 했다면 모든 걱정을 떨쳐 버리십시오. 밤새도록 걱정한다고 가라앉을 배가 가라앉지 않을까요? 그런다고 직원들이 정직해질까요? 그런다고 재고품 가격이 오를까요? '내가 할 일은 다 했어. 이제는 하나님께 맡기는 것밖에 없어'라고 생각하는 것이 사업을 하는 바른 자세이고, 편히 잠을 이룰 수 있는 길입니다.

모든 일에 감사하면서 기도의 손으로 하나님께 아뢰십시오(빌 4:6). 하나님 아버지를 향한 믿음의 손으로 어깨의 짐을 내려 영원하신 하나님께 넘겨 드리십시오.

087
자비와 은혜의 손

시 61:3

주는 나의 피난처시요 원수를 피하는 견고한 망대이심이니이다.
For you have been my refuge, a strong tower against the foe.

사람들은 쉽게 배반합니다. 좋은 옷을 입었을 때는 잘 아는 친구라고 가까이 하지만, 누더기를 입었을 때는 눈을 내리깝니다. 베풀어 줄 때는 친밀한 체하지만, 도움을 청하려고 문을 두드릴 때는 모른 체합니다. 한때는 그토록 아껴 주던 친구도 사정이 달라지면 나를 잊습니다. 재물이 떨어지면 세상의 사랑도 떠납니다. 사는 집이 저택에서 오두막으로 바뀌면 영원까지 약속했던 우정도 갑자기 사라집니다.

그러나 하나님은 다르십니다. 하나님께서는 우리를 결코 저버리지 않으십니다. 가난하다는 이유로 우리를 외면하지 않으십니다. 우리가 부족한 것이 많고, 아무리 노력해도 빠져나오지 못하는 궁핍에 처해 있을지라도 하나님께서는 떠나지 않으십니다. 모든 친구가 등을 돌리고 친척도 가을 낙엽처럼 떨어져 나가도 우리는 하나님의 풍요 안에서 따뜻한 피난처를 찾을 수 있습니다. 다른 손이 다 사라져도 하나님께서는 자비와 은혜의 손을 내미십니다. 도와주고 구원해 주기 위해 손을 내미십니다.

088
약함을 뛰어넘는 믿음

시 62:8

백성들아 시시로 그를 의지하고 그의 앞에 마음을 토하라 하나님은 우리의 피난처시로다. (셀라)
Trust in him at all times, O people; pour out your hearts to him, for God is our refuge. Selah

인간은 연약하기 때문에 쉽게 낙심합니다. 그래서 우울증에 빠지곤 합니다. 과거에는 우울증이 이렇게까지 심각하지는 않았는데, 지금은 우울증이 만연해 국가적인 문제가 되었습니다.

우울증은 덕이 아닙니다. 악입니다. 나 자신이 그렇다는 것에 대해 진심으로 부끄럽게 생각합니다. 나는 하나님을 향한 믿음 외에는 치료 방법이 없다고 생각합니다. 시편 저자도 연약함에 괴로워했습니다.

"내 영혼아 네가 어찌하여 낙심하며 어찌하여 내 속에서 불안해하는가"(시 42:5).

그가 택한 처방은 하나님이었습니다. 하나님을 믿는 것이 해결책이었습니다.

"너는 하나님께 소망을 두라 그가 나타나 도우심으로 말미암아 내가 여전히 찬송하리로다"(42:5).

우울증은 좌절을 가져옵니다. 성도는 하나님께 강한 믿음을 구해야 합니다. 믿음만이 연약함을 뛰어넘습니다.

089
하나님과의 대화

시 63:6

내가 나의 침상에서 주를 기억하며 새벽에 주의 말씀을 작은 소리로 읊조릴 때에 하오리니.
On my bed I remember you; I think of you through the watches of the night.

하나님의 자녀는 문제가 생기면 아버지를 찾습니다. 성도의 마음은 나침반의 바늘 같습니다. 손가락으로 잠시 돌릴 수 있지만 손가락을 떼면 도로 제자리로 갑니다.

묵상은 믿음과 사랑과 은혜를 풍성하게 합니다. 바쁘다는 핑계로 묵상을 게을리 하지 마십시오. 묵상은 하나님의 사랑의 품에 안기는 것이고 그 사랑에 빠지는 것입니다. 묵상을 많이 할수록 더 큰 은혜와 더 많은 기쁨을 맛볼 수 있습니다.

묵상과 기도는 우리 영혼과 하나님 사이의 대화입니다. 하나님께서는 말씀을 통해 우리에게 말씀하시고, 우리는 기도를 통해 하나님께 말씀드립니다. 기도할 일이 없다고 생각될 때는 말씀을 묵상하며 하나님의 음성을 들으십시오. 무엇에 대해 기도해야 할지 떠오를 것입니다. 친구에게 이야기하듯이 하나님께 이야기하십시오. 자신의 생각을 모두 말씀드린 다음에는 하나님께 말씀하실 시간을 드려야 하나님께서 임재하심을 알 수 있습니다.

090
주님께서 준비하신 선물

시 68:10

주의 회중을 그 가운데에 살게 하셨나이다 하나님이여 주께서 가난한 자를 위하여 주의 은택을 준비하셨나이다.
Your people settled in it, and from your bounty, O God, you provided for the poor.

하나님의 선물은 미리 준비되어 있고, 앞으로의 필요를 위해 비축되어 있습니다. 하나님께서는 장래 우리에게 필요한 것을 미리 아시고 풍족히 준비해 두셨습니다. 그러니 그분을 믿으십시오. 하나님께서는 어떤 상황에서든지 "네게 이것이 필요할 줄 알고 있었다"라고 말씀하십니다. 그리고 필요한 때에 주십니다. 마음이 가난한 자에게 준비해 주시는 선하심입니다.

"내 은혜가 네게 족하도다"(고후 12:9).

"네 문빗장은 철과 놋이 될 것이니 네가 사는 날을 따라서 능력이 있으리로다"(신 33:25).

마음이 무겁습니까? 하나님께서는 그것도 미리 알고 계십니다. 아름다운 말씀으로 위로해 주십니다. 가난한 사람에게 필요한 복을 주십니다. 하나님께 약속을 지켜 달라고 간청하십시오. 그러면 이뤄집니다. 하나님께서 도와주시지 못할 상황은 없습니다. 하나님 안에서 모든 일은 미리 알려져 있고, 예정되어 있습니다.

091
약속을 지키시는 하나님

시 77:8

그의 인자하심은 영원히 끝났는가 그의 약속하심도 영구히 폐하였는가.
Has his unfailing love vanished forever? Has his promise failed for all time?

고난을 겪을 때면 하나님의 약속이 정말 이뤄지는지 아닌지 보십시오. 먹을 것이 없을 때는 이 약속의 말씀을 의지하십시오. "그의 양식은 공급되고 그의 물은 끊어지지 아니하리라"(사 33:16). 그리고 하나님께서 약속을 지키시는지 보십시오. 이런 약속도 있습니다. "마귀를 대적하라 그리하면 너희를 피하리라"(약 4:7). 말씀대로 해 보고 약속대로 되었는지 보십시오. 약속대로 되었으면 "이 말씀은 진실이다. 내가 직접 경험해 봤다"라고 증언해야 합니다. 증거는 믿음을 확인시켜 줍니다.

사람들은 증거를 보여 달라고 합니다. 그리스도인도 증거를 원하곤 합니다. 나이를 먹을수록 믿음을 뒷받침해 주는 증거가 더 많아져야 합니다. 나는 하나님께서 약속을 지키신 것에 대해 얼마든지 증언할 수 있습니다. 하나님의 약속 가운데 이뤄지지 않은 것은 하나도 없습니다. 그러므로 나는 "하나님께서는 약속을 지키셨다. 앞으로도 영원히 지키실 것이다"라고 고백하게 됩니다.

092
나를 잊지 않으시는 주님

시 77:9

하나님이 그가 베푸실 은혜를 잊으셨는가 노하심으로 그가 베푸실 긍휼을 그치셨는가 하였나이다. (셀라)
Has God forgotten to be merciful? Has he in anger withheld his compassion? Selah

   시련을 당한 나를 하나님께서 버리신다는 생각이 든 적이 있습니까? 이제 나를 버리시려는 것은 아닌지 묻고 싶은 때가 있습니까? 그렇다면 주님께 여쭈십시오. "하나님, 저를 잊으셨습니까?"

   하나님께서는 우리에게 일어날 모든 일을 아시고, 우리가 할 모든 일을 아십니다. 하나님께 놀라운 일이란 없습니다. 우리가 당할 모든 시련, 우리가 저지를 모든 죄를 하나님께서는 미리 아십니다. 그럼에도 불구하고 우리를 사랑하십니다. 그러니 하나님께서 우리를 잊어버리시리라고는 생각하지 마십시오. 절대 그럴 리가 없습니다.

   기도를 하면서도 하나님의 은혜를 받지 못할까봐 두렵습니까? 당신이 타락의 구덩이에 빠져 있을 때도 당신을 사랑하신 하나님인데, 당신을 천국의 상속자로 삼으신 지금 당신의 기도에 응답하시지 않겠습니까? 마음에 있는 의심과 불신앙을 지우십시오. 하나님께서는 당신을 너무나 사랑하셔서 큰 희생을 치르셨습니다.

093
날마다 공급하시는 하나님

시 84:11

여호와께서 은혜와 영화를 주시며 정직하게 행하는 자에게 좋은 것을 아끼지 아니하실 것임이니이다.
The LORD bestows favor and honor; no good thing does he withhold from those whose walk is blameless.

하나님께서 그릿 시냇가에서 엘리야를 떡과 고기와 물로 먹이신 것같이(왕상 17:3~4) 우리도 먹이실 것입니다. 먹을 것이 떨어져 가고 있습니까? 기름병이 비어 가고 있습니까? 엘리야의 하나님께서는 어디 계신 것일까요? 그분은 지금도 엘리야와 같은 사람들과 함께 계십니다.

하나님의 돌보심이 멈추었다고 생각합니까? 하나님께서 자기 백성에게 더 이상 주실 것이 없다고 생각합니까? 잘못된 생각입니다. 밥그릇은 깨질 것이고, 기름병은 산산조각이 날 것입니다. 믿음을 버리면 하나님으로부터 아무것도 받지 못합니다. 믿음을 굳게 지켜 나가면 하나님께서 모든 것을 예비해 주십니다. 하나님께서는 우리에게 필요한 물건과 음식을 매일 충분하게 공급해 주십니다. 시련 중에 있다면 함께 노래합시다.

"주님은 나의 목자, 나는 부족함이 없네.
그분은 나의 것, 나는 그분의 것,
더 바랄 것이 없네."

094
걱정을 내려놓고

시 94:19

내 속에 근심이 많을 때에 주의 위안이 내 영혼을 즐겁게 하시나이다.
When anxiety was great within me, your consolation brought joy to my soul.

사람은 살아가면서 많은 걱정을 합니다. 어떻게 해야 할지 몰라 우왕좌왕 헤매는 경우가 생깁니다. 계획을 세우고 그것을 최선으로 알고 추진해 왔는데, 이제는 과연 그것이 최선인지 회의에 빠집니다. 하나님의 섭리를 알 수 없습니다. 마치 소용돌이 속에 있는 것 같습니다. 그러나 홍해 앞에 서 있던 이스라엘 백성을 잊지 마십시오. 앞에는 바다가 있고, 뒤에는 애굽 병사가 추격해 오고 있습니다. 모세의 선포를 따라해 보십시오.

"너희는 두려워하지 말고 가만히 서서 여호와께서 오늘 너희를 위하여 행하시는 구원을 보라"(출 14:13).

그래도 불안에 떨고 있다면 하나님께 눈을 돌리십시오. 지금 보이는 것에서 눈을 떼십시오. 보이는 것은 지나가는 것입니다. 믿음으로 영원한 것을 보십시오.

우리의 길은 우리의 선택이 아니라 하나님의 능력에 의해 정해진 것입니다. 그러므로 걱정에 휩싸이지 말고 걱정의 짐을 하나님께 맡기십시오. 그것이 복입니다.

095
만족을 아는 기쁨

시 104:17

새들이 그 속에 깃들임이여 학은 잣나무로 집을 삼는도다.
There the birds make their nests; the stork has its home in the pine trees.

  정도의 차이는 있겠지만 자신의 삶에 만족하지 못하기는 누구나 마찬가지입니다. 대부분의 사람들이 항상 여기저기를 다니며 안정을 찾지 못합니다. 이 나무에서 저 나무로 왔다 갔다 합니다. 이 나무는 색이 마음에 안 들고, 저 나무는 아름답지 않고, 그 나무는 보기 싫다고 합니다. 그래서 평화로운 둥지를 만들지 못합니다.

  루터는 그리스도인이 나무 위에 있는 작은 새처럼 만족할 줄 알아야 한다고 말했습니다. 새는 내일 아침에 어디에서 먹이를 찾을지 알지 못합니다. 그래도 걱정 없이 나무 위에 앉아 있습니다. 그리고 아침에 노래를 부릅니다.

"살아 있는 것은 모두 수고와 슬픔을 그치네.
하나님께서 내일을 예비해 주시네."

  더 바라는 것은 없다고 말하는 사람은 드뭅니다. 끊임없이 더 나은 것을 갈망합니다. 항구에 도착할 수 없는 선원 같고, 과녁에 미칠 수 없는 화살 같습니다. 그러나 참성도는 예수님께서 복 주시고 성령님께서 용기와 힘을 주시기 때문에 만족에 이를 수 있습니다.

096
어둠 속에 빛이 있으니

시 112:4

정직한 자들에게는 흑암 중에 빛이 일어나나니 그는 자비롭고 긍휼이 많으며 의로운 이로다.

Even in darkness light dawns for the upright, for the gracious and compassionate and righteous man.

하나님의 말씀에 따라 바르게 사는 사람도 질병, 슬픔, 가난 등으로 괴로운 날들을 지나야 할 때가 있습니다. 가지고 있던 재물도 없어지고 의로움조차 의심을 받을 때도 있습니다. 그러나 짙은 구름이 둘러싸 있더라도 하나님께서 곧 밝은 빛을 비춰 주실 것이기 때문에 어둠은 오래가지 않습니다.

선한 사람의 태양은 지더라도 곧 다시 떠오릅니다. 낙심 때문에 임한 어둠을 성령님께서 물리쳐 주십니다. 경제적 손실이나 가까운 사람들과의 사별로 인한 슬픔은 그리스도의 임재하심으로 사라집니다. 악한 일을 당했더라도 하나님의 긍휼하심이 그를 지탱해 줍니다.

의로운 사람이 위로를 받는 것은 밤이 지나고 새벽이 오는 것같이 확실합니다. 빛을 기다리십시오. 틀림없이 밝은 빛이 비출 것입니다. 마지막 시간에 하나님 아버지께서 우리를 어둠 속에 눕히신다면, 우리가 깨어날 때는 밝은 아침일 것입니다.

097
천지를 살피시는 주님

시 113:6

스스로 낮추사 천지를 살피시고.
Who stoops down to look on the heavens and the earth?

하나님께서는 하늘보다 높은 곳에 계시기 때문에 하늘에 있는 것들을 보려면 낮추셔야 합니다. 그런 하나님께서 이 땅의 가장 비천한 자까지 돌보셔서 기쁨의 노래를 부르게 하십니다.

"지극히 존귀하며 영원히 거하시며 거룩하다 이름하는 이가 이와 같이 말씀하시되 내가 높고 거룩한 곳에 있으며 또한 통회하고 마음이 겸손한 자와 함께 있나니 이는 겸손한 자의 영을 소생시키며 통회하는 자의 마음을 소생시키려 함이라"(사 57:15).

신앙이 없는 철학자들은 하나님께서 인간 역사의 작은 사건까지 보신다는 것을 믿지 못합니다. 피조물의 필요나 고통에 무관심하신 분으로 생각합니다.

하나님께서는 어떤 신보다도 높으신 분입니다. 그럼에도 불구하고 우리에게 필요한 것을 다 아시는 아버지입니다. 머리카락까지 세시는 보호자입니다. 슬퍼할 때 위로해 주시는 위로자입니다. 자신을 낮추고 세상에 오신 하나님은 찬양받기에 합당하신 분입니다.

098
영원히 찬양하리라

시 115:18

우리는 이제부터 영원까지 여호와를 송축하리로다 할렐루야.
It is we who extol the LORD, both now and forevermore. Praise the LORD.

우리의 찬양은 끝나지 않습니다. '이제부터 영원까지' 은혜 안에서 계속될 것입니다. 그 은혜는 마르지 않고 나날이 새로워질 것입니다. 하나님께서 병상으로 데려가실지라도, 팔다리가 아무리 쑤실지라도, 온몸이 아무리 아플지라도 찬양을 그치지 마십시오. 그분의 이름을 송축하고 찬양하고 찬미하십시오. 죽음도 하나님을 향한 찬양을 막지 못합니다. 오히려 더 크게 찬양하게 만듭니다. 입술에는 막힘이 있으나 영혼에는 막힘이 없습니다. 영혼으로 하나님을 더욱 사랑하고 더욱 찬양하십시오. 하나님의 보좌 앞에서 더욱 고결한 언어로 표현하십시오.

"나의 하나님, 살아 있는 동안 주님을 찬양하겠습니다.
죽어서도 주님을 찬양하겠습니다.
다시 살아나서도 주님을 찬양하겠습니다.
영원까지 찬양하겠습니다.
더 고결하고 감미로운 노래로
주님의 구원의 능력을 노래하겠습니다.
이 가련한 혀가 무덤에 누워 있다 할지라도."

099
환난을 이기는 은혜

시 116:3~4

내가 환난과 슬픔을 만났을 때에 내가 여호와의 이름으로 기도하기를 여호와여 주께 구하오니 내 영혼을 건지소서 하였도다.
I was overcome by trouble and sorrow. Then I called on the name of the LORD: "O LORD, save me!"

누구나 예외 없이 환난을 당합니다. 그러나 성도에게는 어떤 환난도 넉넉히 이길 수 있는 은혜가 있습니다. 환난은 하나님께서 큰 은혜를 머금고 있는 구름입니다.

다윗의 고백을 들어 보십시오. "내가 환난과 슬픔을 만났을 때에 내가 여호와의 이름으로 기도하기를 여호와여 주께 구하오니 내 영혼을 건지소서 하였도다."

죽음으로 인한 슬픔이나 지옥 같은 고통에 휩싸여도 기도하십시오. 환난과 슬픔을 만나더라도 기도하십시오. 구원은 오직 하나님께 달렸습니다(욘 2:9).

어떤 경우에 처하든지 기도하십시오. 지금 다윗과 같은 어려움에 처해 있더라도 안심하십시오. 기도가 구원의 길을 열어 줄 것입니다. 기도는 모든 병을 치유하는 가장 좋은 치료법입니다. 기도는 하나님의 보석함을 열게 하고, 지옥문을 닫게 합니다. 기도는 하늘을 감동케 하고, 하나님의 마음을 움직입니다. 믿음의 사람이여, 하나님의 이름으로 기도하십시오. 그러면 평안의 응답이 옵니다.

100

경건한 자들의 죽음

시 116:15

그의 경건한 자들의 죽음은 여호와께서 보시기에 귀중한 것이로다.
Precious in the sight of the LORD is the death of his saints.

하나님께서는 시편 저자를 죽게 내버려 두지 않으셨습니다. 그의 영혼을 죽음에서 구원하셨습니다. 그렇기 때문에 시편에는 중한 병에서 회복된 사람이 받은 은혜로 유대 사람들을 깨우쳐 주려는 의도가 담겨 있습니다.

하나님께서는 성도의 생명을 소중하게 여기십니다. 다른 사람들은 멸하시더라도 성도는 살려 두십니다. 정하신 때보다 일찍 죽는 일은 없습니다. 우리는 할 일을 다 할 때까지 죽지 않습니다. 죽어야 할 때가 되어서 맞이하는 죽음은 귀중합니다. 하나님께서 옆에 계셔서 고통을 덜어 주시고, 평안을 주시고, 영혼을 받아 주십니다.

예수님의 보혈로 구속받은 사람은 하나님께서 아끼시기 때문에 그 죽음도 귀중합니다. 성도들의 죽음은 교회에도 소중하고 배울 것이 많습니다. 임종을 앞둔 성도의 말씀은 값집니다. 하나님께서는 특별히 아끼시는 사람의 승리의 죽음을 무엇보다 소중하게 보십니다.

살아서 하나님 앞에서 걸었다면, 하나님 앞에서 죽는다 해도 두려워할 것이 없습니다.

101

은혜로 사는 인생

시 119:17

주의 종을 후대하여 살게 하소서 그리하시면 주의 말씀을 지키리이다.
Do good to your servant, and I will live; I will obey your word.

하나님의 종 다윗이 주인이신 하나님께 간청합니다. 은혜를 베풀어 달라는 간청입니다. 은혜는 하나님의 후하심에 달린 것이지 우리가 한 일에 달린 것이 아닙니다.

다윗은 필요한 것이 많았습니다. 그의 작은 땅에서 나는 것은 턱없이 부족했습니다. 그래서 하나님의 큰 은혜를 바랐습니다. 큰 은혜를 간청했습니다. 하나님의 풍성한 은혜가 아니면 다윗은 살 수 없었습니다.

성도가 살려면 하나님의 큰 은혜가 있어야 합니다. 자격이 없는 사람들에게 생명을 주신 것도 하나님의 큰 은혜입니다. 하나님만이 우리를 살리실 수 있으며, 그분의 무한한 사랑만이 우리의 생명을 보존할 수 있습니다.

살기 원하는 것은 잘못이 아닙니다. 살기 위해 기도하는 것도 옳은 일입니다. 그러나 얼마를 사느냐는 하나님께 달렸습니다. 영적인 삶도 하나님이 주셔야 가능합니다. 영적 삶이야말로 하나님의 풍성한 은혜를 잘 나타냅니다. 하나님의 종은 자기 힘으로 그분을 섬길 수 없기 때문입니다. 성도의 모든 삶은 은혜에 달려 있습니다.

102
주님을 생각하는 밤

시 119:55

여호와여 내가 밤에 주의 이름을 기억하고 주의 법을 지켰나이다.
In the night I remember your name, O LORD, and I will keep your law.

밤에 술 마시고 흥청대는 사람의 노랫소리는 하나님의 법을 지키지 않는다는 증거입니다. 은혜에 대한 묵상은 하나님의 이름을 소중하게 생각하고 있다는 증거입니다. 의로운 사람의 노래나 생각은 하나님을 향한 사랑을 나타냅니다. 깊은 밤에 영원한 빛에 대해 생각하고 묵상하는 사람은 복을 받습니다. 죽음의 밤이 찾아왔을 때, 하나님께서 기억하십니다.

밤에 주로 어떤 생각을 합니까? 하나님으로 가득한 빛의 생각입니까? 하나님의 이름이 당연히 생각의 주제가 됩니까? 그렇다면 아침이나 낮에 하는 생각도 마찬가지일 것입니다.

밤에 주로 걱정에 싸여 있거나 세상의 쾌락으로 가득합니까? 그렇다면 하나님이 원하시는 대로 살지 않고 있는 것입니다. 갑자기 경건해지는 사람은 없습니다. 하나님의 이름을 묵상하지 않는다면 그분의 말씀도 기억하지 못합니다. 남모르게 그분을 생각하지 않는 사람은 공공연하게 그분의 말씀에 복종하지 않습니다.

103
믿음으로 가는 고난의 길

시 119:67

고난당하기 전에는 내가 그릇 행하였더니 이제는 주의 말씀을 지키나이다.
Before I was afflicted I went astray, but now I obey your word.

강한 믿음은 일반적으로 고난이라는 험한 길에 놓여 있습니다. 믿음은 시험을 받아 봐야 확인됩니다. 평안할 때 받은 은혜는 거의 기억나지 않습니다. 그러나 슬픔이나 고통 중에 받은 은혜는 생생하게 기억납니다. 오늘의 나는 그동안 겪었던 여러 가지 혹독한 시련의 결과입니다. 고난은 우리 집에 있는 가장 좋은 가구입니다. 목사의 책장에 꽂혀 있는 가장 좋은 책입니다. 시련 가운데 기뻐해야 합니다. 믿음의 시련이 인내를 만들어 내기 때문입니다(약 1:2~3).

고난으로 인해 평안이 깨지면 본성이 나옵니다. 숨어 있던 믿음이 나타나고 비밀스러운 곳에 있던 사랑이 뛰쳐나옵니다. 평안할 때에는 믿음이 보이지 않습니다. 시련의 겨울이 가지를 앙상하게 만들어 믿음을 드러나게 합니다.

다윗은 고백합니다. "고난당하기 전에는 내가 그릇 행하였더니 이제는 주의 말씀을 지키나이다."

시련은 우리를 하나님의 말씀을 지키고 순종하는 바른 믿음으로 이끌어 줍니다.

104
고난이 주는 유익

시 119:71

고난당한 것이 내게 유익이라 이로 말미암아 내가 주의 율례들을 배우게 되었나이다.
It was good for me to be afflicted so that I might learn your decrees.

말로 배우는 것은 경험으로 배우는 것만 못합니다. 성도는 특히 고난이라는 선생님에게 배워야 합니다. 고난의 학교에서 교훈을 배워야 합니다.

"고난당한 것이 내게 유익이라 이로 말미암아 내가 주의 율례들을 배우게 되었나이다."

고난을 당할 때 우리는 하나님의 위로를 받습니다. 시련을 겪는 자녀들에게는 예수님의 입맞춤이 있습니다. 시련을 겪지 않는 사람들에게는 다정한 입맞춤이 없습니다.

"그는 목자같이 양 떼를 먹이시며 어린 양을 그 팔로 모아 품에 안으시며 젖 먹이는 암컷들을 온순히 인도하시리로다"(사 40:11).

하나님께서 우리로 하여금 고난의 지하실로 들어가게 하실 때는 그 지하실에 좋은 포도주를 준비해 두신 것입니다. 가장 깊은 고난의 지하실에 집어넣으실 때는 더 좋은 위로의 포도주를 많이 준비해 두신 것입니다. 시련이 있기 때문에 천국의 기쁨은 더 큽니다.

105
고난 중에 받는 위로

시 119:92

주의 법이 나의 즐거움이 되지 아니하였더면 내가 내 고난 중에 멸망하였으리이다.
If your law had not been my delight, I would have perished in my affliction.

고난당하고 있는 하나님의 자녀에게 시편 저자는 고통을 달래 주고 영혼을 붙잡아 주는 처방전을 소개합니다.
"주의 법이 나의 즐거움이 되지 아니하였더면 내가 내 고난 중에 멸망하였으리이다 내가 주의 법도들을 영원히 잊지 아니하오니 주께서 이것들 때문에 나를 살게 하심이니이다"(시 119:92~93).

다윗은 고통 중에 하나님의 말씀으로부터 받은 위로와 기쁨이 없었으면 멸망했으리라는 것을 깨달았습니다.

우리는 살아가면서 겪는 고난으로 인해 심리적으로나 영적으로 좌절을 경험합니다. 천국으로 가는 길에는 수렁이 많이 있습니다. 같은 길을 걸어온 시편 저자에게 열심히 물어보는 것은 현명한 일입니다. 나는 성도가 어떻게 하나님의 위로를 받았는지 듣고 싶습니다. 나에게도 위로가 될 것이기 때문입니다. 족쇄에서 풀린 죄수의 이야기도 듣고 싶습니다. 신실한 사람의 입에서 나오는 감사의 노래를 기쁨으로 함께 부르고 싶습니다.

106
어디에나 계시는 주님

시 121:3

여호와께서 너를 실족하지 아니하게 하시며 너를 지키시는 이가 졸지 아니하시리로다.
He will not let your foot slip — he who watches over you will not slumber.

하나님께서는 어디에나 계십니다. 하나님께서는 눈을 감지 않으십니다. 하나님의 손은 쉬지 않습니다. 어느 곳에서나 하나님의 발자국 소리가 들립니다. 매 순간 하나님의 임재를 느낄 수 있습니다.

시련 속에서도 하나님의 임재를 느낄 수 있습니다. 시련 중에 하나님을 알아본다는 것은 큰 위안입니다. 시련의 때를 나쁜 때라고 하지 마십시오. 하나님께서 함께 계시다면 나쁜 때는 없습니다. 나쁜 일이 일어났다고 생각하지 마십시오. 나쁘게 보이는 구름이 복을 가져옵니다.

"함께 계시는 하나님!" 이보다 더 용기를 주는 말이 어디 있습니까? 하찮은 존재를 통해 하나님을 보는 것은 참으로 힘이 되고 위로가 됩니다. 큰 것에서만 하나님을 찾을 수 있고 작은 것에서는 하나님을 볼 수 없다면 얼마나 딱한 일이겠습니까? 그러므로 하나님께서는 찬송을 받으셔야 합니다. 하나님께서는 어디에나 계십니다. 아무리 힘겨운 순간이라도 그 속에 계신 하나님을 만나 보십시오.

107
내 편이신 주님

시 124:1

이스라엘은 이제 말하기를 여호와께서 우리 편에 계시지 아니하셨더라면 우리가 어떻게 하였으랴.
If the LORD had not been on our side — let Israel say.

진정한 하나님의 자녀라면 뼛속까지 시리게 만드는 시련의 깊은 물을 건너야 합니다. 시련이 급류처럼 몰아쳐 모든 것을 휩쓸어 갈지도 모릅니다. 한차례 시련을 견뎠다고 안도하지 마십시오. 다른 어려움이 밀려옵니다. 물이 아니라 뜨거운 불일 수도 있습니다.

하나님께서 함께하시지 않으면 시련이 우리를 파멸시킬 것입니다. "여호와께서 홍수 때에 좌정하셨음이여 여호와께서 영원하도록 왕으로 좌정하시도다"(시 29:10)라는 말씀이 진실이 아니었다면, 오래전에 강물에 휩쓸려 내려갔을 것입니다. "네가 불 가운데로 지날 때에 타지도 아니할 것이요 불꽃이 너를 사르지도 못하리라"(사 43:2)는 말씀이 진실이 아니었다면, 벌써 타 죽었을 것입니다.

천국까지 가는 동안 하나님께서 도와주시지 않으면 살아남을 수 없는 무서운 시련을 만날 것을 예상해야 합니다. 그러나 결국에는 다윗처럼 노래할 것입니다.

"여호와께서 우리 편에 계시지 아니하셨더라면 우리가 어떻게 하였으랴."

108
응답하시는 주님

시 138:3

내가 간구하는 날에 주께서 응답하시고 내 영혼에 힘을 주어 나를 강하게 하셨나이다.
When I called, you answered me; you made me bold and stouthearted.

경험만큼 확실한 증거는 없습니다. 기도 응답을 받은 뒤에 기도의 능력을 의심하는 사람은 없습니다. 하나님께서 자기 백성의 탄원을 듣고 응답해 주신다는 사실은 하나님께서 살아 계신다는 분명한 증거입니다. 하나님께서는 기도를 들으시고 대답하시는 분입니다.

다윗이 보통 때보다 더욱 열렬히 하나님께 울부짖은 날이 있었습니다. 상처 받고 불안하고 지친 날이었습니다. 다윗은 어린아이처럼 아버지께 울부짖었습니다. 거짓 없고 간절한 그의 기도에 하나님께서 응답하셨습니다.

우리의 울부짖음이 하늘로 올라가면 응답은 곧바로 내려옵니다. 기도가 하늘로 올라가는 속도가 빠른 것처럼 응답도 빠른 속도로 내려옵니다.

기도가 응답되었다면 담대하게 선포해야 합니다. "내가 간구하는 날에 주께서 응답하시고 내 영혼에 힘을 주어 나를 강하게 하셨나이다." 하나님께서 우리 기도를 들어주십니다. 그래서 우리는 하나님을 떠날 수 없습니다.

109
내 모든 행실을 아시는 주

시 139:3

나의 모든 길과 내가 눕는 것을 살펴보셨으므로 나의 모든 행위를 익히 아시오니.
You discern my going out and my lying down; you are familiar with all my ways.

성경에서 고통 받는 사람들의 이야기, 슬픔의 노래, 낙심한 사람들에게 주는 약속, 비탄에 잠긴 사람들에게 주는 말씀을 빼면 별로 남는 것이 없습니다. 하나님께서 가련하고 궁핍한 사람들을 보고 계시며, 성령님께서 그들의 행실을 기록하고 계십니다. 예수님께서는 그들을 위로해 주십니다.

예수님께서는 어부와 농부들 가운데 사셨으며 가난한 사람들을 제자로 부르셨습니다.

"하나님께서 세상의 미련한 것들을 택하사 지혜 있는 자들을 부끄럽게 하려 하시고 세상의 약한 것들을 택하사 강한 것들을 부끄럽게 하려 하시며 하나님께서 세상의 천한 것들과 멸시받는 것들과 없는 것들을 택하사 있는 것들을 폐하려 하시나니"(고전 1:27~28).

우리의 상황이 하늘에 기록된다면 가난, 멸시, 슬픔 등이 좋지 않겠습니까? 하나님의 영광을 더욱 빛낼 수 있을 테니 말입니다.

110

하나님의 눈

시 139:9~10

내가 새벽 날개를 치며 바다 끝에 가서 거주할지라도 거기서도 주의 손이 나를 인도하시며 주의 오른손이 나를 붙드시리이다.
If I rise on the wings of the dawn, if I settle on the far side of the sea, even there your hand will guide me, your right hand will hold me fast.

    내가 어디 있더라도 하나님께서 보고 계십니다. 하나님께서는 이 세상에 나밖에 다른 존재는 없는 것처럼 나를 보고 계십니다. 하나님의 눈은 늘 나에게 고정되어 있습니다. 누구도 나를 주님에게서 떼어 놓을 수 없습니다. 내가 지구 끝으로 간다 해도 하나님의 눈은 내 위에 머무를 것이며, 풀 한 포기 없는 사막에 버려진다 해도 하나님께서는 내 옆에서 용기를 주실 것입니다. 바다의 폭풍 가운데 있어도 주님의 눈은 바로 내 위에 있을 것입니다.
    "내가 새벽 날개를 치며 바다 끝에 가서 거주할지라도 거기서도 주의 손이 나를 인도하시며 주의 오른손이 나를 붙드시리이다."
    하나님의 눈은 어디에나 있습니다. 하나님의 눈은 멀리 떨어져 있는 나와 내 가족을 동시에 보십니다. 우리가 어디에 있든, 무엇을 하든 하나님께서는 늘 함께 계십니다. 이 세상 어느 곳에서도 하나님의 손은 항상 역사합니다.

III
고치고 싸매시는 주님

시 147:3

상심한 자들을 고치시며 그들의 상처를 싸매시는도다.
He heals the brokenhearted and binds up their wounds.

하나님께서는 고치시는 분입니다. 낙담하고 있는 사람의 마음을 일으키십니다. 세상의 지도자와는 달리 하나님께서는 낮춤으로 위대해지셨습니다. 가장 높으신 분이 병든 사람, 가련한 사람, 불쌍한 사람, 상처 받은 사람과 교제를 나누셨습니다. 하나님께서는 치유하는 의사로 세상이라는 병원에 계십니다. 슬퍼하는 사람들에게 연민을 가지시는 것이 하나님께서 선하시다는 확실한 증표입니다.

낙심하고 있는 사람과 가깝게 지내려는 사람이 어디 있습니까? 그러나 하나님께서는 그들의 친구가 되셔서 은혜로 치유를 마치실 때까지 함께 계십니다. 마음이 상한 자를 어루만져 주고 치유해 주십니다. 은혜의 연고를 바르시고 사랑의 붕대로 싸매십니다.

하나님께서는 언제나 고치고 싸매 주십니다. 새로운 일이 아닙니다. 오래전부터 해 오신 일입니다. 지금도 고치고 싸매고 계십니다. 마음에 상처가 있다면 고치지 못하는 병이 없는 위대한 의사께 가십시오. 싸매고 고쳐 주실 하나님께 상처를 보여 드리십시오.

112
고난으로 얻는 지혜

잠 3:11

내 아들아 여호와의 징계를 경히 여기지 말라 그 꾸지람을 싫어하지 말라.
My son, do not despise the LORD's discipline and do not resent his rebuke.

하나님께서 주시는 고난에는 많은 지혜가 숨겨 있습니다. 하나님께서는 치밀한 계획 아래 그분의 자녀에게 고통을 주십니다. 즉흥적인 것이 아닙니다. 하나님께서는 놀라운 솜씨로 징계하십니다. 그래서 그분의 징계를 경히 여기지 말고 그 꾸지람을 싫어하지 말아야 합니다.

고통으로부터 당장 어떤 유익도 받지 못하는 경우가 있습니다. 그러나 젊어서 받은 고통의 열매는 늙어서 받습니다. 오늘의 고통이 지금 당장은 의미가 없을지 모르지만 50년 뒤에는 의미가 있습니다. 주님께 시간을 드리십시오. 서두르지 마십시오.

"주의 목전에는 천 년이 지나간 어제 같으며 밤의 한순간 같을 뿐임이니이다"(시 90:4).

전능하신 하나님의 큰 계획이 이루어지려면 시간이 걸립니다. 그러므로 기꺼이 고난의 깊은 바다에 그 열매를 남겨 두십시오. 하나님께서 우리의 영적 성장을 위해 꺼내실 때까지 가만 놔두십시오.

113
평안으로 가는 길

잠 3:17

그 길은 즐거운 길이요 그의 지름길은 다 평강이니라.
Her ways are pleasant ways, and all her paths are peace.

기쁨이 없더라도, 엄청난 고통에 시달리고 있더라도, 가난에 찌들어 있더라도 하나님께 감사해야 합니다. 어떤 형편에서라도 이렇게 말할 수 있어야 합니다.

"그가 나를 죽이시리니 내가 희망이 없노라 그러나 그의 앞에서 내 행위를 아뢰리라"(욥 13:15).

하나님 안에서 최악인 것이 세상에서 최선인 것보다 낫습니다. 하나님의 뜻에 맞게 살면서 가난한 것이 옳지 않은 부유함보다 낫습니다. 신실한 사람의 병이 죄인의 건강보다 낫습니다. 성도의 낙심이 세상의 명예보다 낫습니다. 죄악의 쾌락에 빠지는 것보다 죽음에 버금가는 고통을 받는 편이 낫습니다.

하나님의 사람은 노래합니다.

"그 길은 즐거운 길이요 그의 지름길은 다 평강이니라."

우리의 즐거운 노래는 그치지 않습니다. 어둠에 어둠이 더하고 마음이 짓눌려도 우리의 노래는 그치지 않습니다. 슬프지만 기쁩니다. 이런 역설을 들어 봤습니까? 믿음의 선조들은 이 역설을 터득한 사람들이었습니다.

114
재물의 시험

잠 11:4

재물은 진노하시는 날에 무익하나 공의는 죽음에서 건지느니라.
Wealth is worthless in the day of wrath, but righteousness delivers from death.

성도가 부자가 된다면 그것은 시험입니다. 가장 어려운 시험 가운데 하나입니다. 가난 때문에 잘못된 길에 빠지는 사람이 1명이라면 재물 때문에 잘못된 길로 가는 사람은 50명은 됩니다. 오랫동안 부를 누린 사람은 다른 성도들에게 실족하지 않도록 기도해 달라고 부탁하십시오. 재물에 집착하지 않는다면 재물은 사람을 해치지 않습니다. 그러나 돈에는 자석처럼 끌어당기는 강한 힘이 있습니다.

부자가 아닌 사람도 일상생활에서 시험을 받습니다. 세상의 안락함 때문입니다. 보이는 것에 얽매여서 믿음으로 살지 못하는 것입니다(고후 5:7). 걱정이 너무 없는 것도 자만에 빠지게 하고 하나님으로부터 멀어지게 합니다.

캄캄한 어둠 속에 있는 것이 믿음을 위해서는 좋습니다. 그래야 육신의 눈이 아니라 믿음의 눈으로 봐야 한다는 것이 확실해집니다. 구름 아래 있는 것이 시험인 것은 틀림없지만 항상 세상의 빛 아래 있는 것만큼 큰 시험이 되지는 않습니다. 우리가 흔히 저지르는 잘못은 세속적인 안락의 빛을 하나님의 빛으로 착각하는 것입니다.

115
마음을 연단하시는 주님

잠 17:3

도가니는 은을, 풀무는 금을 연단하거니와 여호와는 마음을 연단하시느니라.
The crucible for silver and the furnace for gold, but the LORD tests the heart.

하나님께서는 보석을 다듬기 위해 가장 예리한 도구를 사용하십니다. 하나님의 이름의 영광을 반사시키기 위해 보석에 많은 면을 만드십니다.

하나님께서 큰 기적을 보여 주시지 않아서 나에게 마음을 쓰시지 않는 것은 아닌지 의심할 때가 있습니다. 가난은 더 심해지고, 몸도 더 고통스러워집니다. 간절히 바라는 기적은 일어나지 않습니다. 그러나 하나님께서는 괴로움에 빠져 있는 믿음의 사람을 그대로 두시고서 이후에 더 큰 기적을 행하신다는 진리를 잊지 말아야 합니다.

의심은 다른 형태로도 나타납니다. 나는 영혼을 북돋아 주시고 약속을 지켜 주시기를 하나님께 간구합니다. 일시적인 고난이 영원하고 크나큰 영광으로 덮이기를 바랍니다(고후 4:17). 그러나 시험은 더 무거워집니다.

하나님의 역사는 우리가 가장 낮은 지점에 도달했을 때 비로소 시작됩니다. 썰물이 끝날 때 밀물로 바뀝니다. 믿으십시오. 믿음의 사람이여, 용기를 내십시오.

116
하나님께서 정하신 계획

잠 21:1

왕의 마음이 여호와의 손에 있음이 마치 봇물과 같아서 그가 임의로 인도하시느니라.
The king's heart is in the hand of the LORD; he directs it like a watercourse wherever he pleases.

사람은 어떤 계획을 세웠다가도 더 나아 보이는 계획이 떠오르면 곧 바꿉니다. 그러나 하나님의 계획은 변경되지 않습니다. 하나님의 판단은 흠이 없어서 변경할 필요가 없습니다. 언제나 본래 계획대로 추진됩니다.

하나님의 큰 계획이 하나 있고 그 안에 작은 계획들이 있는데, 그것들도 모두 하나님께서 정하신 것입니다. 인간의 자유선택권을 부인하지 않으시지만 수시로 변하는 인간의 마음을 미리 아시고, 모든 것 위에 하나님의 목적을 두신 것입니다. 하나님께서는 인간의 성향과 계획을 아시고, 모두 하나님의 계획 안에 수용하셨습니다.

하나님의 뜻은 반드시 이뤄집니다. 하나님께서는 모든 일을 원하는 대로 이루십니다.

"영원하신 하나님이 네 처소가 되시니 그의 영원하신 팔이 네 아래에 있도다"(신 33:27).

하나님께서는 영원하신 뜻에 따라 우리를 저버리지 않으십니다. 그러므로 낙심하지 마십시오.

117
하나님의 징계

잠 22:15

아이의 마음에는 미련한 것이 얽혔으나 징계하는 채찍이 이를 멀리 쫓아내리라.
Folly is bound up in the heart of a child, but the rod of discipline will drive it far from him.

하나님의 섭리가 우리를 당황하게 하는 경우가 있습니다. 하나님께서 우리 머리카락 하나도 다치지 않게 하겠다는 약속을 지키시는 것은 틀림없지만, 하나님께서는 우리가 타고 있는 배를 난파시키기도 하십니다. 그렇더라도 겁내지 마십시오. 하나님을 믿는 믿음만 있으면 그분께서 우리를 안전하게 해변으로 데려가십니다.

하나님께서는 안으로는 양심의 채찍을, 밖으로는 고난의 채찍을 쓰십니다. 두 채찍으로 오만한 마음을 겸손하게 만들어 예수님의 발아래로 데려가십니다. 솔로몬이 어린아이에 대해 말한 것이 그것입니다.

"아이의 마음에는 미련한 것이 얽혔으나 징계하는 채찍이 이를 멀리 쫓아내리라."

"상하게 때리는 것이 악을 없이 하나니 매는 사람 속에 깊이 들어가느니라"(잠 20:30).

하나님께서는 채찍을 통해 우리 마음속에 있는 어리석음과 악을 없애 버리십니다.

118
주님께 가는 사람들

잠 25:11

경우에 합당한 말은 아로새긴 은쟁반에 금사과니라.
A word aptly spoken is like apples of gold in settings of silver.

많은 친구들이 떠나갑니다. 점점 외로워집니다. 형제, 동료, 친구들이 좋은 나라로 떠나갑니다. 하나님 안에서 아름답고 좋은 관계를 가졌고, 하나님을 위한 싸움에서 어깨를 나란히 하며 싸운 사람들입니다. 그러나 이제 그들은 사라지고 없습니다. 한 명씩 떠나갔고, 앞으로도 떠나갈 것입니다. 그들을 본 것은 잠시입니다. 어느덧 보이지 않습니다. 그들은 하나님과 함께 영원히 살기 위해 올라갔으며, 슬픔은 남은 사람들의 몫입니다.

하나님을 위한 싸움은 어려운데, 왜 일꾼은 줄어드는 것일까요? 왜 훌륭한 일꾼들이 없어지는 것일까요? 슬픈 일입니다. 그러나 나는 마음을 가다듬고 올바로 보려고 노력합니다. 하나님께서는 잘 익은 과일을 모으십니다. 그분께서 금사과를 은쟁반에 두십니다.

하나님께서 그들을 옆에 두려고 데려가셨다는 것(요 17:24)을 깨닫고 나면 눈물은 그치고 기쁨이 솟아납니다. 왜 소중하고 선한 사람이 먼저 본향으로 가는지 그 이유를 알고 나면 더 이상 슬프지 않습니다.

119
마지막 날을 꿈꾸며

잠 27:1

너는 내일 일을 자랑하지 말라 하루 동안에 무슨 일이 일어날는지 네가 알 수 없음이니라.
Do not boast about tomorrow, for you do not know what a day may bring forth.

그리스도인은 기쁨으로 내일을 바라볼 수 있습니다. 내일은 행복입니다. 내일은 영광에 한 단계 더 가까이 가는 날이고, 천국에 더 가까이 이르는 날이며, 어려움이 많은 인생의 바다를 하룻길 더 항해하는 날입니다. 내일은 성취될 약속을 표시하는 등불입니다. 그리스도인이라면 주님께서 오실지도 모를 내일을 큰 기쁨으로 바라봅니다.

"이러므로 너희도 준비하고 있으라 생각하지 않은 때에 인자가 오리라"(마 24:44).

나는 내일 천국에 있을지도 모릅니다. 예수님의 품에 기대어 있을지도 모릅니다. 내일, 아니면 그보다 빨리 머리에 면류관을 쓰고(약 1:12), 팔로 종려가지를 흔들고(계 7:9), 입술로 노래를 부르고(5:13), 발로 순금으로 된 거리를 걸을지도 모릅니다(21:18).

내일로 위로를 받으십시오. 좋지 않은 내일은 없습니다. 당신의 인생에서 가장 좋은 날일지도 모릅니다. 내일이 이 세상에서 마지막 날일지도 모르기 때문입니다.

120

가난하거나 부하거나

잠 30:9

혹 내가 배불러서 하나님을 모른다 여호와가 누구냐 할까 하오며 혹 내가 가난하여 도둑질하고 내 하나님의 이름을 욕되게 할까 두려워함이니이다.
Otherwise, I may have too much and disown you and say, "Who is the LORD" Or I may become poor and steal, and so dishonor the name of my God.

어려움이 닥쳐옵니다. 일이 잘못되어 갑니다. 근사한 집을 포기하고 작은 집으로 옮겨야 합니다. 씀씀이도 줄여야 합니다. 수입이 많이 줄어 가족을 어떻게 부양해야 할지 막막하기만 합니다. 그럴 땐 기도하십시오.

"나를 붙들어 살게 하시고 내 소망이 부끄럽지 않게 하소서 나를 붙드소서 그리하시면 내가 구원을 얻고 주의 율례들에 항상 주의하리이다"(시 119:116~117).

아굴의 잠언을 따라하십시오.

"나를 가난하게도 마옵시고 부하게도 마옵시고 오직 필요한 양식으로 나를 먹이시옵소서 혹 내가 배불러서 하나님을 모른다 여호와가 누구냐 할까 하오며 혹 내가 가난하여 도둑질하고 내 하나님의 이름을 욕되게 할까 두려워함이니이다"(잠 30:8~9).

부유할 때 가까이 계셨던 하나님께서 가난해졌다고 멀리 가시겠습니까?

121
헛되고 헛된 인생

전 1:2

전도자가 이르되 헛되고 헛되며 헛되고 헛되니 모든 것이 헛되도다.
"Meaningless! Meaningless!" says the Teacher. "Utterly meaningless! Everything is meaningless."

천국은 이 세상과 다릅니다. 천국의 관점에서 보지 않으면 인생은 의미가 없습니다. 기껏해야 시들어 가는 가련한 존재일 뿐입니다. 나뭇잎처럼 사라져 갑니다. 다음 세상의 관점에서 살지 않는다면 무슨 의미를 찾을 수 있겠습니까? 이 세상에서 입고 있는 낡은 옷을 천국에서도 입기 원하는 그리스도인이 있겠습니까?

인생이 초라해도 너무 실망하지 마십시오. 이 모든 것이 결국은 잠깐 보이다가 없어지는 안개에 지나지 않습니다(약 4:14). 안개 같은 슬픔 때문에 눈물을 흘릴 것도 없고, 안개 같은 기쁨 때문에 웃을 것도 없습니다. 현명한 사람은 인생에서 일어나는 일에 크게 마음을 쓰지 않습니다.

전도자는 모든 것이 헛되다고 말합니다. 눈앞에서 타고 있는 희미한 빛에 마음을 빼앗기지 마십시오. 곧 꺼집니다. 영원한 것을 단단히 붙잡고, 일시적인 것에 매달리지 말아야 합니다. 인생의 일들은 아이들이 꺾어 가는 들판의 꽃과 같습니다. 집으로 가져가는 동안 손에서 시들어 버리고 맙니다.

122

떠나야 할 때

전 3:2

날 때가 있고 죽을 때가 있으며 심을 때가 있고 심은 것을 뽑을 때가 있으며.
A time to be born and a time to die, a time to plant and a time to uproot.

   하나님께서는 우리가 죽을 때를 정하셨습니다(욥 7:1). 이 세상에서 영원히 사는 것은 헛된 꿈입니다. 떠나야 할 시간은 반드시 옵니다. 그러나 할 일을 다 할 때까지는 죽지 않습니다. 할 일을 다 하고 나서야 집으로 오라는 주님의 부르심을 받습니다.

   위험한 일이라고 할 일을 주저해서는 안 됩니다. 성도는 하나님께서 결정하신 때에 죽지, 빗나간 죽음의 화살로 죽지 않습니다. 죽음은 우연히 일어나지 않습니다. 하나님의 자비로우신 뜻으로 결정됩니다. 그러니 죽음을 두려워하지 마십시오.

   하나님께서 추수하실 때를 정하셨습니다. 어떤 과실은 이른 봄에도 답니다. 그래서 이른 봄에 거두십니다. 여름 과실은 여름에, 가을 과실은 가을에 거두십니다. 분명한 것은 과실을 계절에 따라 거두신다는 것입니다. 하나님께서는 우리 육신에 대해서도 시작할 때, 있을 때, 그리고 마감할 때를 미리 정하셨습니다.

123
죽음이 두렵지 않은 이유

전 7:2

초상집에 가는 것이 잔칫집에 가는 것보다 나으니 모든 사람의 끝이 이와 같이 됨이라 산 자는 이것을 그의 마음에 둘지어다.
It is better to go to a house of mourning than to go to a house of feasting, for death is the destiny of every man; the living should take this to heart.

지난주에는 하루에도 몇 번씩 장례식이 있었습니다. 어떤 분들은 한탄합니다. "우리처럼 어렵게 사는 사람도 없을 거야." 그렇지 않습니다. 슬픔의 길을 걸은 사람들은 아주 많습니다. 당신만 힘든 것이 아닙니다.

초상집에 가는 이유는 어려움을 당한 사람들을 위로하기 위해서입니다. 나는 초상집에 가면 상주와 같은 슬픔을 느낍니다. 요즘은 한 성도의 임종을 보고는 바로 다른 성도의 임종을 보러 가곤 합니다. 즐거운 일은 아니지만 보람 있는 일입니다. 초상집에 가기를 두려워하지 마십시오. 가서 상처 받은 사람들을 위로하십시오. 성도가 상처 받은 사람을 찾아가는 것은 중요한 일입니다. 가서 괴로워하는 사람들을 도와주고 위로해 주십시오. 초상집에 가는 것이 잔칫집에 가는 것보다 낫습니다.

얼마 있지 않아 우리에게도 죽음이 찾아옵니다. 그러나 하나님의 자녀는 죽음을 두려워하지 않습니다.

124
인내로 얻을 복

전 7:8

일의 끝이 시작보다 낫고 참는 마음이 교만한 마음보다 나으니.
The end of a matter is better than its beginning, and patience is better than pride.

십자가를 지지 않으면 '영광의 관'(벧전 5:4)을 받지 못합니다. 진흙탕 속을 걷지 않으면 맑은 유리 같은 정금의 거리(계 21:21)를 걷지 못합니다. 힘을 내십시오. 일의 끝이 시작보다 낫다는 말씀에서 위안을 찾으십시오.

우리는 죽음 이후의 세계가 어떠한지 알지 못합니다. 우리가 아는 것은 이것뿐입니다.

"우리가 지금은 하나님의 자녀라 장래에 어떻게 될지는 아직 나타나지 아니하였으나 그가 나타나시면 우리가 그와 같을 줄을 아는 것은 그의 참모습 그대로 볼 것이기 때문이니"(요일 3:2).

다이아몬드 원석을 가공하는 과정을 생각해 보십시오. 원석을 잘라 내고 깎아 냅니다. 그렇게 세공된 다이아몬드가 찬란한 광채를 발합니다. 그리스도인은 하나님의 보석입니다. 지금은 하나님께서 우리를 세공하시는 시간입니다. 참고 용기를 내십시오.

"만군의 여호와가 이르노라 나는 내가 정한 날에 그들을 나의 특별한 소유로 삼을 것이요"(말 3:17).

125
현재의 중요성

전 9:10

네 손이 일을 얻는 대로 힘을 다하여 할지어다.
Whatever your hand finds to do, do it with all your might.

야고보 사도가 어리석은 사람들에 대해 묘사한 말씀을 보십시오. "오늘이나 내일이나 우리가 어떤 도시에 가서 거기서 일 년을 머물며 장사하여 이익을 보리라"(약 4:13).

그들은 시간이 많다고 생각합니다. 아무 도시나 방문해서 1년을 머물러도 좋다고 판단합니다. 자기들이 그렇게 할 수 있다고 믿습니다. 장사를 하려고 갑니다. 장사를 해서 이익을 낼 것을 의심하지 않습니다. 물건 가격은 자기들의 예상 이하로 떨어지지 않을 것이고, 받지 못할 돈도 없을 것이고, 손해를 보는 일이 없을 것이라고 믿습니다.

그들은 자수성가한 사람들입니다. 그래서 마지막으로 더 벌고 싶어 합니다. 재산을 모으겠다는 소망도 있습니다. 그러나 어리석은 그들은 무덤으로 가고 있습니다. 무덤이 유일한 부동산이 될 것이며, 수의가 유일한 소유물이 될 것입니다.

미래에 무엇을 하겠다는 말을 하지 마십시오. 현재 주어진 일을 잘 해야 합니다. 현재는 확실한 것이며, 그것으로 충분합니다.

126
하나님께 의지하는 복

아 2:4

그가 나를 인도하여 잔칫집에 들어갔으니 그 사랑은 내 위에 깃발이로구나.
He has taken me to the banquet hall, and his banner over me is love.

사랑의 하나님께 의지할 수 있는 것은 복입니다. 믿음의 사람은 거절당하지 않을 것을 압니다. 이것이 고통을 당하면서도 만족할 수 있는 길입니다. 예수님께서 병상을 지켜 주시면 고통을 견딜 수 있습니다. 그러나 우리가 사랑의 하나님께 기대지 않으면 도와주실 수 없습니다.

어떤 일에 있어서나 하나님께 의지하지 않으면 어려움을 당합니다. 그러나 일상의 걱정, 가족 간의 문제, 질병, 상실, 그리고 자신의 십자가를 예수님께 가져가면 모든 것이 편안하고 행복해집니다. 하나님의 사랑에 안기면 용광로의 불이 아무리 뜨겁더라도 왕의 연회장에 있는 것처럼 시원하고 안락합니다.

하나님께 의지하도록 더욱 노력하십시오. 자신의 힘으로 하려고 하지 마십시오. 발이 허약해서 넘어질 뿐인데, 그래도 혼자 서려고 합니까? 그만두십시오. 어머니 팔에 안긴 아기처럼 되십시오. 우리의 힘은 우리를 받쳐 주고 계신 하나님의 사랑에 있다는 것을 잊지 마십시오.

127
죽음 이후

아 2:11

겨울은 지나고 비도 그쳤고.
See! The winter is past; the rains are over and gone.

때가 다가오고 있습니다. 임종의 시간이 멀지 않았습니다. 얼마나 기다리던 날입니까? 그리스도인에게 가장 좋은 일은 죽어서 그리스도와 함께 있는 것입니다. 이는 육신의 삶보다 훨씬 더 좋은 것입니다(빌 1:23). 삶을 마무리하는 임종의 순간에, 겨울이 영원히 끝났음을 기억합니다. 시련과 어려움은 더 이상 없습니다. 겨울은 지나고 비도 그쳤기 때문입니다.

향기로운 꽃밭에 있습니다. 언덕 위에 성스러운 도시가 보입니다. 죽음의 좁은 강을 건넌 곳입니다. 천사의 노래가 병실에서 들립니다. 영혼이 노래하고 적막한 무덤 입구는 밝아집니다. "내가 사망의 음침한 골짜기로 다닐지라도 해를 두려워하지 않을 것은 주께서 나와 함께 하심이라 주의 지팡이와 막대기가 나를 안위하시나이다"(시 23:4). 요단 강가의 숲에서 지저귀는 새들의 노랫말입니다. 영혼은 조용한 가운데 평화롭게 안식합니다.

그리스도를 믿는 사람은 기쁨으로 죽음을 바라봅니다. 이제 겨울은 영원히 다시 오지 않습니다.

128
천국으로 이끄는 아이들

사 11:6

그때에 이리가 어린양과 함께 살며 표범이 어린 염소와 함께 누우며 송아지와 어린 사자와 살진 짐승이 함께 있어 어린아이에게 끌리며.
The wolf will live with the lamb, the leopard will lie down with the goat, the calf and the lion and the yearling together; and a little child will lead them.

깊은 바다에서 헤어 나오지 못할 때, 먹을 양식이 없을 때, 몸이 병들었을 때, 특히 자식이 고통을 당할 때 하나님을 생각합니다. 그와 같은 하나님의 징계는 복입니다.

요한복음에 괴로워하는 왕의 신하 이야기가 나옵니다. 사랑하는 아들이 중병에 걸렸습니다. 약이란 약은 다 써 봤고, 유명하다는 의사도 다 불러 봤으나 효험이 없었습니다. 그러던 중 예수님에 대한 소문을 듣고 간절한 소망으로 예수님을 찾았습니다. 죽어 가는 아들이 아니었으면 예수님을 찾았을까요?

자식은 우리에게 심장과 같습니다. 그래서 자식이 아프면 괴로움이 큽니다. 자식 때문에 갖게 되는 괴로움이 첫 기도가 됩니다. 왕의 신하도 그랬습니다. 자식 때문에 생긴 괴로움이 그를 예수님께 데려갔습니다. 많은 경우에 어린아이들이 천사보다 더 많은 일을 합니다. 부모를 주님께 인도합니다.

129
믿음의 가장 큰 적

사 24:9

노래하면서 포도주를 마시지 못하고 독주는 그 마시는 자에게 쓰게 될 것이라.
No longer do they drink wine with a song; the beer is bitter to its drinkers.

　세상의 안락은 믿음의 가장 큰 적입니다. 만약 "영혼아, 여러 해 쓸 물건을 많이 쌓아 두었으니 평안히 쉬고 먹고 마시고 즐거워하자"(눅 12:19)라고 말한다면 믿음의 길에 바리케이드를 치는 것입니다. 창고에 불이 나서 여러 해 쓸 물건이 없어져야 믿음의 길이 열립니다. 슬픔의 도끼가 축복이 되어 세상의 안락이라는 굵은 나무를 베어 버려야 하나님께 가는 길이 열립니다.

　줄이 끊어지지 않으면 풍선이 날아오르지 못하는 것처럼 고통은 세상과 영혼 사이를 끊는 역할을 해서 영혼을 날아오르게 합니다. 밀알은 타작을 해서 밖으로 나와야 진정한 가치를 나타냅니다.

　세상의 우물은 달지만 독이 있습니다. 세상의 우물가에 천막을 치고 물을 마시다 보면 베들레헴의 우물은 잊어버리게 됩니다. 마라의 물처럼 쓰디쓴 세상의 물을 마시고는 병들고 지칩니다. 그러면 고통이 우리를 다시 하나님께로 인도할 것입니다.

130
신실하신 주님

사 26:4

너희는 여호와를 영원히 신뢰하라 주 여호와는 영원한 반석이심이로다.
Trust in the LORD forever, for the LORD, the LORD, is the Rock eternal.

어떤 사람은 깊은 물을 빠지지 않고 건너왔습니다. 어떤 사람은 광야에서 40년을 지내고도 살았습니다. 그렇다면 하나님의 신실하심을 알 만도 한데 아직도 낙심하고 실망하니 얼마나 부끄러운 일입니까? 지난날 어려움에서 지켜 주신 하나님께서 지금도 우리를 저버리지 않으실 것을 왜 믿지 못합니까?

하나님께서는 이제까지 충분하셨습니다. 그런데 무슨 이유로 하나님께서 끝까지 친구가 되지 않으실 수도 있다고 의심하는 것입니까? 하나님의 신실하심 위에 산다는 것은 큰 위안입니다. 이 놀라운 진리를 꽉 붙잡도록 성령님께서 도와주시기를 기도합시다.

약속을 지키시는 하나님을 기뻐하십시오. 우리는 가난하지 않습니다. 아버지께서 부자이시기 때문입니다. 우리는 버림 받지 않았습니다. 하나님께서 함께 계시기 때문입니다. 우리와 함께하시는 하나님을 볼 수 있다면 얼마나 큰 복이겠습니까? 하나님은 우리를 돕고 계십니다.

131
잠잠히 신뢰함

사 30:15

너희가 돌이켜 조용히 있어야 구원을 얻을 것이요 잠잠하고 신뢰하여야 힘을 얻을 것이거늘 너희가 원하지 아니하고.
In repentance and rest is your salvation, in quietness and trust is your strength, but you would have none of it.

잠잠히 그리스도를 믿으면 힘을 얻을 것이라는 말씀은 인생의 모든 시련과 고난을 이기는 진리입니다. 사업상 어려움을 겪을 때 마음이 흔들리는 것도 무리는 아닙니다. 그러나 이차적인 문제에 쉽게 떠밀리지 마십시오. 세상일에 주목하지 말고 보이지 않는 하나님을 굳게 잡으십시오. 조용하고 잠잠하십시오.

비록 병을 앓고 있다 해도 잠잠히 믿는 것보다 더 좋은 것은 없습니다. 걱정은 아무 도움도 되지 못합니다. 오히려 병을 오래 지속시킵니다. 치유에 도움이 되는 것은 잠잠히 하나님을 신뢰하는 마음입니다.

친구를 잃었습니까? 큰 슬픔이 있습니까? 사랑하는 사람이 세상을 떠났습니까? 그렇다면 그 사람을 다시 오게 할 수 없습니다. 어쩔 수 없는 것은 받아들여야 합니다. 주님의 뜻에 맡기십시오. 받아들일 수 있는 은혜를 구하고 주님을 신뢰하십시오. 여기 하나님의 약속이 있습니다. "잠잠하고 신뢰하여야 힘을 얻을 것이니라."

132
마른땅에 냇물 같은 은혜

사 32:2

또 그 사람은 광풍을 피하는 곳, 폭우를 가리는 곳 같을 것이며 마른땅에 냇물 같을 것이며 곤비한 땅에 큰 바위 그늘 같으리니.
Each man will be like a shelter from the wind and a refuge from the storm, like streams of water in the desert and the shadow of a great rock in a thirsty land.

부자입니까? 부자의 세계는 화강암 언덕처럼 메말라 있습니다. 황금과 복음은 잘 맞지 않습니다. 가난합니까? 믿음이 없는 사람에게 가난은 마른땅입니다.

그리스도의 넘치는 사랑을 언제든지 느낄 수 있다면 얼마나 좋겠습니까? 진정한 믿음이란 손해를 봤을 때, 수표가 결제되지 않을 때, 은행이 파산했을 때 흔들리지 않는 믿음입니다. 실직했을 때, 아내가 아플 때, 소중한 자녀를 잃었을 때, 머리가 깨질 것 같을 때, 가난에 처했을 때 그리스도 안에서 기뻐할 수 있는 것이 우리의 바람입니다.

시련의 쓴맛을 알아야 그리스도의 단맛을 압니다. 우리의 부족함을 알아야 주님의 온전하심을 압니다. 우리가 내려가야 주님께서 올라가시는 것을 깨달으십시오. 하나님을 떠나면 가난해지고, 하나님 안에 있으면 부유해진다는 진리를 깨달으십시오. 예수 그리스도께서 '마른땅에 냇물'이 되십니다.

133
모든 일이 하나님 손안에

사 40:12

누가 손바닥으로 바닷물을 헤아렸으며 뼘으로 하늘을 쟀으며,
Who has measured the waters in the hollow of his hand, or with the breadth of his hand marked off the heavens?

걱정과 상실과 고난을 겪고 있습니까? 내일이 두렵습니까? 사업이 잘 안 됩니까? 중요한 것을 잃어버릴 것 같습니까? 작은 관에 누워 있는 소중한 아이 때문에 슬픕니까? 아내가 병들었습니까? 손해가 자꾸 늘어납니까? 성도에게 일어나는 일은 모두 하나님의 섭리에 따른 것이라는 진리를 기억해야 합니다. 하늘에 계신 하나님께서 미리 보신 것이며, 미리 아신 것이며, 미리 정하신 것입니다. 우리가 마셔야 할 약은 씁니다. 그러나 위대하신 의사께서 가장 적절한 효능을 내도록 배합하신 약입니다.

우연히 일어나는 일은 없습니다. 하나님께서는 손바닥으로 바닷물을 헤아리셨으며, 뼘으로 하늘을 재셨으며, 땅의 티끌도 세셨습니다. 구름으로 병거를 만드시고, 바람 날개로 다니십니다(시 104:3). 머리카락을 세시는 자상함으로 우리를 돌보십니다(마 10:30). 성도들의 눈물을 병에 담으십니다(시 56:8). 그러므로 모든 것이 하나님의 영원하신 계획과 뜻에 따른 것임을 인정하고 받아들여야 합니다. 하나님의 약속이 우리의 고통을 잊게 할 것입니다.

134
하나님의 임재

사 41:10

두려워하지 말라 내가 너와 함께함이라 놀라지 말라 나는 네 하나님이 됨이라.
So do not fear, for I am with you; do not be dismayed, for I am your God.

고난의 때에도 하나님께서는 언제나 가까이 계십니다. 겟세마네 동산과 같은 상황이거나 쓴잔을 마셔야 할 상황일 때 하나님께서 언제나 우리와 함께 계십니다. 하나님의 임재하심이 우리에게 용기를 줍니다. 그래서 "나의 원대로 마시옵고 아버지의 원대로 하옵소서"(마 26:39)라고 말할 수 있게 하십니다.

병들고 지쳐서 더 이상 어쩔 수 없을 것 같은 지경에 이르렀습니까? 예수님도 우리와 똑같은 시험을 당하셨습니다. 하나님께서 함께 계시면 이겨 낼 수 있습니다.

친구들은 하나씩 죽어 가고, 세상의 위로도 가을 낙엽처럼 사라져 가겠지요. 그러나 하나님 안에 있으면 기쁨이 충만합니다. 예수님의 얼굴을 상상하는 것만으로도 천국에 있는 것과 같습니다. 하나님의 영원하신 사랑 안에 넘치는 복이 있습니다. 그러므로 낙심할 필요 없습니다. 맹렬한 불꽃 가운데서도 하나님을 찬양하는 노래를 부를 수 있을 것입니다.

135
약한 나를 강하게

사 41:10

내가 너를 굳세게 하리라 참으로 너를 도와주리라 참으로 나의 의로운 오른손으로 너를 붙들리라.
I will strengthen you and help you; I will uphold you with my righteous right hand.

고통을 당해 보면 자신이 생각보다 약하다는 사실을 깨닫습니다. 고통을 이겨 낼 힘이 없다는 것을 절실하게 깨닫게 됩니다. 그러나 낙심하지 마십시오. 우리가 의지할 수 있는 약속의 말씀이 있습니다. 전능하신 하나님께서 힘을 주시겠다는 약속입니다. 하나님께서 주시는 힘은 무한합니다. 우리의 연약함은 더 이상 문제가 되지 않습니다.

고통을 당했을 때 스스로도 놀랄 만한 특별한 힘을 받았던 경험이 있습니까? 위험 가운데서도 의연하고, 가족의 죽음 앞에서도 이성을 잃지 않고, 모함을 받으면서도 분내지 않고, 병 가운데서도 두려워하지 않았던 경험이 있습니까? 특별한 힘이 필요한 경우에 하나님께서는 특별한 힘을 주십니다. 하나님께서 강하게 해 주십니다. 우리는 연약함 때문에 움츠러들지만 하나님의 약속이 우리를 용감하게 만듭니다. 용기를 가지고 이렇게 고백하십시오.

"주님, 약속에 따라 나를 굳세게 만들어 주십시오."

136
도움의 약속

사 41:10

내가 너를 굳세게 하리라 참으로 너를 도와주리라 참으로 나의 의로운 오른손으로 너를 붙들리라.
I will strengthen you and help you; I will uphold you with my righteous right hand.

어제의 약속이 오늘의 힘이 됩니다. 하나님께서 약속하셨습니다. "너를 도와주리라." 하나님께서 주시는 힘이 우리의 힘을 보충해 줍니다. 하나님께서 합당하다고 판단하시면 전쟁에서 우리를 도와줄 우군을 세우십니다. 그렇지 않으면 친히 오셔서 싸워 주십니다. 하나님께서는 수천의 군사보다 능력 있는 분이십니다.

하나님의 도움은 필요한 때에 옵니다. 환난 중에 만나는 현존하는 도움(시 46:1)입니다. 하나님의 도움은 틀림이 없습니다. 언제, 어떻게 도와주는 것이 가장 좋은지를 하나님께서 아시기 때문입니다. 친구의 도움은 불확실하지만 하나님의 도움은 확실합니다. 하나님께서는 무거운 짐은 모두 가져가시고, 필요한 것은 무엇이나 주십니다.

"주는 나를 돕는 이시니 내가 무서워하지 아니하겠노라 사람이 내게 어찌하리요"(히 13:6).

과거에도 하나님께서는 큰 도움이셨습니다. 현재와 미래에도 도와주실 것을 확실히 믿을 수 있습니다.

137
나는 하나님의 것

사 43:1

너는 두려워하지 말라 내가 너를 구속하였고 내가 너를 지명하여 불렀나니 너는 내 것이라.
"Fear not, for I have redeemed you; I have summoned you by name; you are mine."

하나님 외에 그 누구를 의지하겠습니까? 하나님 외에 그 누가 필요한 것을 공급해 줄 수 있겠습니까? 하나님 외에 그 누가 우리를 인도하고 지켜 주겠습니까? 하나님 외에 그 누가 우리를 파멸에서 구해 줄 수 있겠습니까? 하나님 외에 그 누가 우리를 도와줄 수 있겠습니까?

은혜의 언약 안에 부가 있습니다. 은혜의 언약 안에서는 모든 것이 우리의 것입니다. 하나님의 선물은 언제나 부족함이 없습니다.

하나님께 의지해서 실패한 적이 있었습니까? 하나님을 향한 믿음이 헛된 적이 있었습니까? 하나님의 약속이 거짓인 적이 있었습니까? 홀로 깊은 물에 남겨진 적이 있었습니까? 우리가 어려움을 당할 때 하나님께서 우리를 저버리신 적이 있었습니까?

하나님께서는 우리에게 복을 주셨으며 복을 주고 계십니다. 끊임없이 주시는 복입니다. 신실하신 하나님께서는 우리에게 필요한 것을 충분히 공급하십니다.

138
시험 중에도 함께하시는 주님

사 43:2

네가 물 가운데로 지날 때에 내가 너와 함께할 것이라 강을 건널 때에 물이 너를 침몰하지 못할 것이며.
When you pass through the waters, I will be with you; and when you pass through the rivers, they will not sweep over you.

하나님께서 우리와 함께 계십니다. 비통함이 마음을 찢고, 고통이 몸을 가를 때에도 그분은 함께 계십니다. 가난해서 괴롭습니까? 예수님께서 말씀하셨습니다. "여우도 굴이 있고 공중의 새도 거처가 있으되 인자는 머리 둘 곳이 없다"(마 8:20). 슬픕니까? 나사로의 무덤에서 예수님께서도 우셨습니다(요 11:35). 모함으로 상처 받은 일이 있습니까? 시편 저자도 "비방이 나의 마음을 상하게 하여 근심이 충만"(시 69:20)하다고 탄식했습니다. 배신을 당한 일이 있습니까? 예수님께도 배신한 친구가 있었던 것을 기억하십시오(마 26:15).

당신이 타고 있는 배를 덮치는 폭풍은 예수님께서 타신 배를 흔들었던 폭풍입니다. 당신이 당하고 있는 고난은 예수님께서도 겪으신 고난입니다. 불에서나 물에서나 또 차가운 밤이나 뜨거운 낮이나 주님께서는 외치십니다.

"내가 너와 함께할 것이다. 아무리 심한 시험이 네 앞에 있다 해도 내 은혜가 족할 것이다."

139
고난의 물을 건너 천국으로

사 43:2

네가 물 가운데로 지날 때에 내가 너와 함께할 것이라 강을 건널 때에 물이 너를 침몰하지 못할 것이며.
When you pass through the waters, I will be with you; and when you pass through the rivers, they will not sweep over you.

성경은 우리가 언제 꽃길이나 푸른 언덕에서 쉬게 될지 말해 주지 않습니다. 다만 하나님께서 함께하실 것이라고만 말합니다. 하지만 이보다 더 소중한 말씀이 어디 있겠습니까? 하나님께서는 "네가 물 가운데로 지날 때에 내가 너와 함께할 것이라"고 말씀하셨습니다. 고난을 당한 자녀에게는 이렇게 말씀하십니다.

"너는 두려워하지 말라 내가 너를 구속하였고 내가 너를 지명하여 불렀나니 너는 내 것이라"(사 43:1).

천국으로 가는 길에는 물이 있습니다. 그 물을 건너야 합니다. 하나님께서는 아무리 큰 고난이라도, 아무리 무서운 핍박이라도 영원한 기쁨으로 가는 영혼의 행진을 막지 못하도록 미리 정하셨습니다.

강이 깊고 물살이 빨라 모든 것을 휩쓸어 간다 해도 우리는 건너갈 것입니다. 아무것도 우리를 멈추게 하지 못합니다. 하나님께서 약속하셨기 때문입니다.

"강을 건널 때에 물이 너를 침몰하지 못할 것이라."

140
고난의 불을 지나 천국으로

사 43:2

네가 불 가운데로 지날 때에 타지도 아니할 것이요 불꽃이 너를 사르지도 못하리니.
When you walk through the fire, you will not be burned; the flames will not set you ablaze.

하나님께서 말씀하십니다. "네가 불 가운데로 지날 때에 타지도 아니할 것이요 불꽃이 너를 사르지도 못하리라." 성도는 불속을 지나가더라도 평안하고 조용하고 안전하다는 말씀입니다. 그러므로 평소의 자세를 흐트러뜨릴 필요가 없습니다.

"내가 사망의 음침한 골짜기로 다닐지라도 해를 두려워하지 않을 것이라"(시 23:4).

"이 모든 일에 우리를 사랑하시는 이로 말미암아 우리가 넉넉히 이기느니라 내가 확신하노니 사망이나 생명이나 천사들이나 권세자들이나 현재 일이나 장래 일이나 능력이나 높음이나 깊음이나 다른 어떤 피조물이라도 우리를 우리 주 그리스도 예수 안에 있는 하나님의 사랑에서 끊을 수 없으리라"(롬 8:37~39).

어떤 고난이나 시련도 천국으로 가는 우리 걸음을 막을 수 없습니다. 하나님의 은혜가 있기 때문에 우리는 불 가운데라 할지라도 두려워하지 않고 걸어갈 것입니다.

141
백발이 되도록 변치 않는 은혜

사 46:4

너희가 노년에 이르기까지 내가 그리하겠고 백발이 되기까지 내가 너희를 품을 것이라.
Even to your old age and gray hairs I am he, I am he who will sustain you.

많은 사람들이 다가올 노년에 대해 걱정합니다. '나이가 들면 어떻게 하지? 친구들은 다 없어지고 나를 부양할 사람도 없을 텐데, 이마엔 주름만 늘고 일도 못할 텐데 어떻게 하지?' 성경을 보십시오.

"여호와께 감사하라 그는 선하시며 그 인자하심이 영원함이로다"(시 136:1).

하나님의 은혜는 우리가 나이 들어도 멈추지 않습니다. 하나님의 인자하심은 언제나 우리를 품어 줍니다.

얼마 전에 양로원을 방문했는데 여러 해 동안 침대에 누워 지내는 분들을 봤습니다. 그렇게 사느니 죽는 편이 낫겠다고 생각할 수도 있겠지요. 그러나 하나님께서 그 침대를 솜털로 만든 베개처럼 부드럽게 만드시고 그 곁에 함께하신다면 양로원에도 영광이 있지 않겠습니까?

쇠약한 날이 다가오더라도 하나님을 믿고 두려워하지 마십시오. 하나님께서는 우리를 저버리지 않으십니다. 하나님께서는 우리를 배신하지 않으십니다.

142
하나님께서 정하신 일

사 46:10

내가 시초부터 종말을 알리며 아직 이루지 아니한 일을 옛적부터 보이고 이르기를 나의 뜻이 설 것이니 내가 나의 모든 기뻐하는 것을 이루리라.
I make known the end from the beginning, from ancient times, what is still to come. I say: My purpose will stand, and I will do all that I please.

하나님께서 주관하지 않으시는 일은 하나도 없습니다. 그분은 바위에 부딪쳐 생기는 물방울의 방향을 정하시고, 수많은 별들의 길을 이끄십니다. 모든 것의 시작과 끝을 정하십니다.

하나님께서는 전쟁 때나 평화로운 때나 여전하십니다. 기근 때나 풍년 때에도 여전하십니다. 그분의 뜻대로, 그분이 기뻐하시는 대로 행하십니다.

폭풍이 사나울 수 있습니다. 그러나 폭풍의 주인이 하나님이시기 때문에 걱정할 필요가 없습니다. 갈릴리 바다의 파도 위를 걸으신 분이 배의 키를 잡고 계십니다. 그분의 명령이면 바람과 파도가 잠잠해집니다.

힘을 내십시오. 하나님께서 슬픔과 고통의 끝을 정하셨습니다. 그분이 정하신 때가 되면 모두 물러갈 것입니다. 그러니 그분이 정하신 대로 맡겨 두십시오.

143
고난의 풀무에서 택하신 주님

사 48:10

보라 내가 너를 연단하였으나 은처럼 하지 아니하고 너를 고난의 풀무불에서 택하였노라.
See, I have refined you, though not as silver; I have tested you in the furnace of affliction.

그리스도인은 예수님께서 그러하셨듯이 세상의 반대에 부딪힙니다. 하나님을 따르면 슬픔과 눈물이 있습니다.

천국에 들어갈 만큼 거룩해지고 싶습니까? 나는 그런 경지에 이른 사람들을 알고 있습니다. 시험을 받은 사람들입니다. 그 가운데 많은 사람들은 환자입니다. 우리는 하나님께서 도마 위에 올려놓고 망치로 단련하시기 전까지는 그분이 원하시는 모습과 거리가 멉니다. 그러므로 하나님께서 단련하실 때 불평하지 마십시오. 약속의 속삭임이 지탱해 줄 것입니다.

힘든 상황에서 벗어나려고 발버둥을 쳤는데도 벗어나지 못했습니까? 그렇다고 낙담하지 마십시오. 부르심 가운데 만족하며 하나님께서 하신 말씀을 기억하십시오.

"내가 너를 고난의 풀무불에서 택하였노라."

외롭습니까? 이젠 그만 우십시오. 아무도 사랑해 주지 않아도 하나님께서 사랑해 주십니다. 그리고 이렇게 말씀하십니다. "내가 너를 고난의 풀무불에서 택하였노라."

144
잊지 않으신다는 약속

사 49:15

여인이 어찌 그 젖 먹는 자식을 잊겠으며 자기 태에서 난 아들을 긍휼히 여기지 않겠느냐 그들은 혹시 잊을지라도 나는 너를 잊지 아니할 것이라
Can a mother forget the baby at her breast and have no compassion on the child she has borne? Though she may forget, I will not forget you!

하나님께서 우리를 잊으실 수 있을까요? 변함없는 사랑을 가진 분이 우리를 잊으실 수 있을까요? 극심한 고난에 빠져 있을 때는 그렇게 생각합니다. 자비를 간구했지만 어디에도 자비는 없습니다. 평안을 찾았지만 어디에도 평안은 없습니다. 하나님의 돌보심을 받을 때로 돌아가고 싶지만 잘 되지 않습니다. 슬픔 때문에 숨을 쉬는 것도 어렵습니다. 하나님께서 잊으셨다고 생각하게 됩니다.

적어도 외형상으로는 그렇게 보입니다. 그러나 하나님께서 성도를 잊는 일은 결코 없습니다. 하나님께서 잊으셨다고 생각하는 때에도 우리는 그분이 주시는 양식과 은혜로 하루하루 살아갑니다.

하나님께서는 "그들은 혹시 잊을지라도 나는 너를 잊지 아니할 것이라"고 말씀하십니다. 이 위대한 진리를 붙잡으십시오. 하나님께서는 우리를 잊으실 수 없습니다.

145
한결같은 사랑

사 49:16

내가 너를 내 손바닥에 새겼고 너의 성벽이 항상 내 앞에 있나니.
See, I have engraved you on the palms of my hands; your walls are ever before me.

하나님의 아들 예수 그리스도께서 그 백성을 잊으신 적이 있을까요? 없습니다. 십자가에서 돌아가신 그분의 얼굴을 바라보십시오. 예수님께서 우리를 잠시라도 잊으실 것이라고 상상할 수 있습니까?

예수님께서는 우리가 겪는 시련에 무관심한 적이 없습니다. 우리를 구원하시려고 이 세상에 오신 분이 우리에게 무관심할 수 있습니까? 우리를 위해 이 세상에서 30년 동안 사시며 고난의 시간을 보내신 분인데, 우리를 위해 겟세마네 동산에서 핏방울 같은 땀을 흘리신 분인데, 지금 우리 걱정을 하지 않고 계신다고 생각할 수 있습니까? 우리를 위해 하나님의 진노를 담당하신 분이 지금 우리를 구원하는 일이 사소한 일이라고 생각하시겠습니까? 무덤에 묻히셨다가 살아나신 분(마 28:6)이고, 휘장을 찢고 들어가(히 10:20) 하나님 앞에서 우리를 변호하신 분인데 우리를 향한 진실한 사랑이 없을 거라고 생각합니까? 그리스도께서 우리를 위해 하신 일을 보고도 그분의 한결같은 사랑을 믿지 못한다면 어떻게 해야 믿겠습니까?

146
주님께 배우는 순종

사 54:13

네 모든 자녀는 여호와의 교훈을 받을 것이니.
All your sons will be taught by the LORD, and great will be your children's peace.

하나님의 자녀는 하나님께 교육을 받습니다. 과목은 최고의 덕목인 순종입니다. 우리는 그리스도께 가기 위해, 그리스도와 함께 있기 위해 교육을 받습니다. 그래서 그분이 자애로운 대제사장이라는 사실을 알게 됩니다.

순종은 하나님의 뜻에 순복함으로써 배웁니다. 하나님께 끝까지 순종한다는 것의 의미를 알고 있습니까? 극심한 고통 가운데서 자신의 의지를 버릴 때까지는 그 의미를 알 수 없습니다. 사랑하는 자녀의 생명을 간구했는데도 자녀의 죽음을 보게 될 때 우리는 순종을 배웁니다.

"주신 이도 여호와시요 거두신 이도 여호와시오니 여호와의 이름이 찬송을 받으실지니이다"(욥 1:21).

인간으로 오신 예수님께서 십자가의 고난을 받으심으로 완전한 순종이 어떤 의미인지 알려 주셨습니다. 순종에 대해 실질적이고 구체적으로 알려 주셨습니다. 그렇게 하심으로 우리에게 가까이 오셨습니다. 우리는 인생의 거친 길을 그분과 함께 기쁨으로 걸어야 합니다. 그 길을 자세히 아시는 그분의 팔에 편안히 기대야 합니다.

147
내 길이 아닌 주님의 길로

사 55:8

내 생각이 너희의 생각과 다르며 내 길은 너희의 길과 다름이니라.
For my thoughts are not your thoughts, neither are your ways my ways.

하나님께서는 우리가 정한 시간표에 따라 구원해 주겠다고 약속하시지 않았습니다. 기도가 응답되지 않는 것처럼 보이더라도 불신의 마음을 갖지 마십시오. 믿음 가운데 기다리는 것이 바른 섬김입니다.

하나님께서는 종들의 믿음을 보시고 구원해 주십니다. 믿음이 없는 사람은 천국에 들어갈 수 없습니다. 믿음은 천국에서 사는 사람의 재산입니다. 하나님께서는 우리 믿음이 확고해질 때까지 믿음의 시험을 계속 하십니다. 무화과 열매는 흠이 있어야 달다고 합니다. 믿음의 진리도 마찬가지입니다. 하나님께서는 우리를 반드시 구원해 주시지만 인간의 생각대로는 아닙니다. 그렇게 해서는 우리의 믿음이 자라지 않기 때문입니다. 하나님께는 그분의 길이 있습니다.

"가만히 서서 하나님의 오묘한 일을 깨달으라"(욥 37:14).

유한한 피조물에 불과한 우리가 창조주께서 하실 일을 계획하려 드는 것은 어리석은 일입니다. 그저 하나님께 맡기고 순종하십시오.

148
환난 중에 보시는 주님

사 63:9

그들의 모든 환난에 동참하사 자기 앞의 사자로 하여금 그들을 구원하시며 그의 사랑과 그의 자비로 그들을 구원하시고
In all their distress he too was distressed, and the angel of his presence saved them. In his love and mercy he redeemed them.

성도가 환난을 당할 때 예수님께서 함께 계십니다. 사드락, 메삭, 아벳느고도 맹렬히 타는 풀무불에 던져지기 전까지는 하나님의 아들이 함께 계신다는 것을 깨닫지 못했습니다(단 3:20). 그것이 너무나 분명해서 믿음이 없는 왕조차 "내가 보니 결박되지 아니한 네 사람이 불 가운데로 다니는데 상하지도 아니하였고 그 넷째의 모양은 신들의 아들과 같도다"(3:25)라고 말할 정도였습니다.

건강할 때는 어머니의 특별한 사랑을 받지 못합니다. 그러나 병이 나면 어머니의 사랑이 집중됩니다. 위로가 필요한 사람에게 하나님께서 말씀하십니다.

"어머니가 자식을 위로함같이 내가 너희를 위로할 것인즉 너희가 예루살렘에서 위로를 받으리니"(사 66:13).

하나님께서는 고난 중에 있는 성도들을 사랑으로 보살피십니다. 이 생각만으로도 괴로움과 고통을 잊을 수 있지 않습니까? 용기를 내십시오. 여기서 머무는 것은 불과 하룻밤입니다. 이후에는 영원한 집에 있을 것입니다.

149
시험을 견디는 믿음

렘 4:30

멸망을 당한 자여 네가 어떻게 하려느냐.
What are you doing, O devastated one?

갑자기 어려움을 당한다면 하나님께서 사랑과 믿음을 시험하시는 것으로 봐야 합니다. 하나님을 사랑한다고 생각합니까? 그렇다면 고난을 받는 중에도 그 사랑이 변치 않을 것이라고 생각합니까? 벌을 받는 중에도 하나님을 사랑 많은 아버지라고 고백할 수 있습니까?

하나님께서 좋은 것을 주실 때는 기뻐하고, 매를 주실 때는 거부해서야 되겠습니까? 하나님의 참된 자녀라면 그분의 회초리에도 입 맞출 수 있어야 합니다. 여름에 믿음을 말했다면, 긴 겨울밤에도 믿음을 지켜야 합니다.

시험을 견디지 못하는 믿음은 믿음이 아닙니다. 자녀의 죽음이나 잃어버린 재물이나 병 같은 것 때문에 하나님을 의심한다면 죽음이 다가올 때는 어떻게 할 것입니까? 작은 시험에도 어쩔 줄 모른다면, 시야에서 모든 것이 사라지는 마지막 날에는 어떻게 할 것입니까?

시험을 받고 있을 때 오히려 하나님께 가까이 나아갈 수 있습니다. 고난으로 인해 하나님의 얼굴이 분명해지고 영원한 햇빛을 볼 수 있다면 오히려 감사해야 합니다.

150
고생으로 배우는 인생

렘 12:5

만일 네가 보행자와 함께 달려도 피곤하면 어찌 능히 말과 경주하겠느냐.
If you have raced with men on foot and they have worn you out, how can you compete with horses?

스파르타의 젊은이들이 엄격한 훈련을 통해 전투에 대비했던 것처럼 하나님의 종은 고난을 통해 영적 싸움에 대비합니다. 정원사들은 따듯한 온실에서 자란 꽃은 옥외에서 살지 못한다는 사실을 압니다. 그래서 온실 온도를 높게 하지 않습니다. 그러다가 단계적으로 낮추어 결국 옥외에서 살 수 있게 합니다. 하나님께서도 종들을 온실에만 있게 하지 않으십니다. 시험을 받게 하십니다. 그래서 시험에 어떻게 대응해야 하는지를 배우게 하십니다.

자녀를 망치려면 어려움을 모르게 하십시오. 쓸모없는 사람이 되게 하려면 힘든 일을 시키지 마십시오. 그러면 나중에 틀림없이 자녀 때문에 마음 아파할 것입니다. 고난과 위험을 겪어 봐야 제대로 살 능력을 갖춥니다.

하나님께서는 자녀가 혼자 뛰어야 할 때에 요람에 가둬 두지 않으십니다. 달리기 시작하면 더 이상 붙잡아 주지 않으십니다. 넘어지게도 하시고, 무릎이 상하게도 하십니다. 그러면서 우리는 믿음으로 걷고 뛰는 법을 배웁니다.

151
참자유의 날

렘 12:5

네가 평안한 땅에서는 무사하려니와 요단강 물이 넘칠 때에는 어찌하겠느냐.
If you stumble in safe country, how will you manage in the thickets by the Jordan?

요단 강 물이 넘친 땅에서 우리는 상처를 잊고 "주께서 자기를 사랑하는 자들에게 약속하신 생명의 면류관"(약 1:12)을 생각할 것입니다. 사랑하는 사람들에게 작별 인사를 할 때, 우리는 기뻐할 것입니다.

우리는 죽음의 침대를 왕좌로 만들고 거기 앉아서 그리스도와 함께 다스릴 것입니다. 하늘의 바람에 실려 오는 천사의 노랫소리를 들을 것입니다.

요단 강 물이 넘친 땅에서 우리는 세상 옷을 벗어 던지고 하늘의 옷을 입고, 추방당한 사람이 사면을 갈망하듯, 노 젓는 노예가 자유를 갈망하듯 영광과 영원을 위해 자유롭게 되기를 애타게 기다릴 것입니다.

"예수님께서 나의 소유이기 때문에
옷 벗는 것을 두려워하지 않네.
기꺼이 진흙으로 된 옷을 벗어 버리네.
주님 안에서 죽는 것이 위로이며 축복이라네.
죽음을 통해 영광의 문으로 들어갈 것이기 때문이라네."

152
여호와를 의지하는 사람

렘 17:7

그러나 무릇 여호와를 의지하며 여호와를 의뢰하는 그 사람은 복을 받을 것이라.
But blessed is the man who trusts in the LORD, whose confidence is in him.

옛 성도들이 어떻게 하나님 안에서 위로를 얻었는가를 알아보는 것은 즐거운 일입니다. 고통스러운 일이 닥쳐왔을 때, 친구가 떠났을 때, 즐거움이 사라졌을 때 그들은 주님만 의지했습니다. 그들에게 하나님은 현존하시는 실체였습니다. 피난처요, 지켜 주시는 분이요, 환난 중에 만날 큰 도움(시 46:1)이었습니다. 우리가 배워야 할 소중한 교훈입니다. 정신과 육체가 쇠약할 때, 하나님께 매달리십시오. 그분은 우리를 도우시려고 준비하고 계십니다.

하나님께서 살아 계심을 감사해야 합니다. 우리가 요나같이 박 넝쿨이 시들어 괴로운 상황에 빠져도(욘 4:7) 하나님께서는 살아 계십니다. 욥같이 재산을 약탈당해도(욥 1:15) 하나님께서는 여전히 우리를 지켜 주십니다. 강물이 말랐습니까? 바다는 충만합니다. 구름이 별을 가렸습니까? 태양은 구름 속에서 여전히 빛나고 있습니다. 우리가 받은 약속은 반드시 지켜질 것입니다. 우리의 보호자는 변하지 않으시는 하나님입니다.

153
영원하신 하나님

렘 31:3

옛적에 여호와께서 나에게 나타나사 내가 영원한 사랑으로 너를 사랑하기에 인자함으로 너를 이끌었다 하였노라.
The LORD appeared to us in the past, saying: "I have loved you with an everlasting love; I have drawn you with loving-kindness."

하늘에 계신 아버지는 선하시며 그분의 인자하심은 영원합니다(시 136:1). 그분은 변치 않는 분이십니다.

하나님께서 그분의 자녀에게 무관심하실 수 있습니까? 누구나 자녀가 아플 때 대신 아팠으면 좋겠다고 생각해 봤을 것입니다. 보잘것없고 타락한 존재인 인간조차 자녀를 향한 사랑과 긍휼의 마음이 있는데, 하물며 하늘에 계신 하나님께 그런 마음이 없겠습니까?

"이것을 내가 내 마음에 담아 두었더니 그것이 오히려 나의 소망이 되었사옴은 여호와의 인자와 긍휼이 무궁하시므로 우리가 진멸되지 아니함이니이다 이것들이 아침마다 새로우니 주의 성실하심이 크시도소이다"(애 3:21~23).

이 말씀을 기억하십시오. 하나님께서 우리의 안위를 돌보신다는 진리를 잊지 마십시오. 영원하신 하나님께서 우리를 사랑하시고 창세전에 우리를 택하셨습니다(엡 1:4). 우리를 하나님의 것으로 선택하셨습니다.

154
주님의 성실하심

애 3:23

이것들이 아침마다 새로우니 주의 성실하심이 크시도소이다.
They are new every morning; great is your faithfulness.

하나님의 성실하심은 예외가 없습니다. 하나님께서는 참으로 오랜 시간 동안 셀 수 없이 많은 사람들을 성실하게 다뤄 오셨습니다. 하나님의 약속 목록 가운데 지켜지지 않은 것은 하나도 없습니다. 하나님께서는 모든 약속을 지키셨습니다. 하나님께서는 큰일에 있어서만 신실하신 것이 아니라 작은 일에 있어서도 신실하십니다. 아주 작은 하나님의 말씀도 굳게 섭니다.

하나님의 신실하심이 영광스러운 이유는 우리 죄에도 불구하고 우리를 향해 신실하시기 때문입니다. 우리가 그분의 약속을 믿지 않는 때에도 하나님께서는 신실하셨습니다. 하나님의 자녀가 하나님으로부터 멀리 떨어진 곳에서 방황하기 때문에 매를 맞는 일도 있습니다. 그럼에도 불구하고 하나님께서는 이렇게 말씀하십니다.

"그러나 나의 인자함을 그에게서 다 거두지는 아니하며 나의 성실함도 폐하지 아니하며 내 언약을 깨뜨리지 아니하고 내 입술에서 낸 것은 변하지 아니하리로다"(시 89:33~34).

155
주님은 나의 기업

애 3:24

내 심령에 이르기를 여호와는 나의 기업이시니 그러므로 내가 그를 바라리라 하도다.
I say to myself, "The LORD is my portion; therefore I will wait for him."

무엇이 하나님의 존재를 흔들겠습니까? 누가 하나님의 목적에 반대하겠습니까? 무엇이 하나님의 능력을 약화시키겠습니까? 무엇이 하나님의 눈을 어둡게 하겠습니까? 무엇이 하나님의 사랑을 식게 만들겠습니까? 무엇이 하나님의 판단의 지혜를 빼앗겠습니까?

하나님께서는 자신의 마음을 이렇게 나타내셨습니다. "내가 결코 너희를 버리지 아니하고 너희를 떠나지 아니하리라"(히 13:5).

끔찍한 일을 당했더라도 하늘에 아버지가 계십니다. 비록 재물을 잃을지라도, 땅을 잃을지라도 하나님을 잃지는 않습니다. 최악의 상황에서 일시적으로 하나님께 버림 받은 것처럼 느껴질지라도 하나님을 잃은 것은 아닙니다.

주님은 우리의 기업이십니다. 세상의 그 무엇도 하나님으로부터 우리를 떼어 놓을 수 없습니다. 하나님께서는 살아 계십니다. 지금도 다스리고 계십니다. 죽음에 이를 때까지 우리를 인도해 주십니다.

156
슬픔 중에 잊지 말아야 할 약속

애 3:32

그가 비록 근심하게 하시나 그의 풍부한 인자하심에 따라 긍휼히 여기실 것임이라.
Though he brings grief, he will show compassion, so great is his unfailing love.

슬픔 때문에 어쩔 줄 모르는 상태에 있다 보면 최상의 위안을 잊어버립니다. 징계를 받을 때 아픈 것은 기억하지만 치유의 약속은 잊어버립니다.

이스라엘 백성은 하나님께서 주시는 고난을 받을 때 그분의 약속을 기억하지 못했습니다. 슬픔과 낙심이 너무 컸기 때문입니다. 슬픔 때문에 귀가 어두워졌습니까? 마음이 너무 무거워 하나님의 약속을 잊었습니까? 슬픔의 어두움이 하늘로부터 오는 빛을 가렸습니까?

하나님께서는 그분의 자녀와 하신 약속을 지키십니다. 혹 슬픔에 빠지게 하시더라도 그 크신 사랑을 베푸실 것입니다. 하나님께서는 말씀을 틀림없이 지키십니다.

"우리가 알거니와 하나님을 사랑하는 자 곧 그의 뜻대로 부르심을 입은 자들에게는 모든 것이 합력하여 선을 이루느니라"(롬 8:28).

하나님을 의지하십시오. 하나님께서 우리를 붙잡아 주시고, 우리 마음을 굳게 세우십니다.

157
홀로 남겨질 때

겔 9:8

그들이 칠 때에 내가 홀로 있었는지라 엎드려 부르짖어 이르되 아하 주 여호와여 예루살렘을 향하여 분노를 쏟으시오니 이스라엘의 남은 자를 모두 멸하려 하시나이까.
While they were killing and I was left alone, I fell facedown, crying out, "Ah, Sovereign LORD! Are you going to destroy the entire remnant of Israel in this outpouring of your wrath on Jerusalem?"

성도들이 세상의 굴레에서 벗어났을 때, 뒤에 남은 사람들은 어떤 마음을 가져야 할지 생각해 보고 싶습니다. 죽음의 파도가 넘실거릴 때, 많은 사람들이 사라졌음에도 불구하고 생명의 바위에 매달려 남아 있는 사람들은 어떤 마음을 가져야 할까요?

그리스도인은 항상 이렇게 물어야 합니다. "왜 저 홀로 남겨졌습니까? 왜 하늘에 있는 집으로 데려가지 않으셨습니까? 왜 저는 지금 안식을 취할 수 없습니까?"

질병으로 많은 사람들이 사망할 때는 더욱 그렇습니다. "왜 저만 남겨졌습니까? 하나님께 어떤 뜻이 있는 것입니까? 제가 할 일을 마치지 못했기 때문에 죽음의 슬픔을 피하게 하신 것입니까? 제가 할 일은 무엇입니까? 저에게 원하시는 일이 무엇인지 가르쳐 주십시오. 그리고 그 일을 감당할 수 있는 은혜와 능력을 주십시오."

158
죽음을 이기고 생명으로

겔 18:32

죽을 자가 죽는 것도 내가 기뻐하지 아니하노니 너희는 스스로 돌이키고 살지니라.
For I take no pleasure in the death of anyone, declares the Sovereign LORD. Repent and live!

오래지 않아 우리는 무덤에 있을 것입니다. 죽음은 무덤을 봉인하고 자기 것이라고 표시합니다.

아침이 옵니다. 그리스도께서 오십니다. 승리의 트럼펫 소리가 들립니다. "일어나라! 일어나라!" 무덤에서 의로운 사람들이 일어나고, 죽음은 자기 왕국에 남은 영혼이 없어 속절없이 웁니다.

사랑하는 사람을 잃은 사람들이 그려 봐야 할 모습입니다. 슬픔으로 울고 있는 사람들은 구원을 받은 그들이 다시 사는 것을 상상해 봐야 합니다. 죽음의 손에 잡혔던 그들의 손은 하나님 손에 잡힐 것이고, 눈물을 흘리며 잠들었던 눈은 잠에서 깨어 행복을 볼 것이고, 무덤에 묻혔던 육신은 썩지 않을 몸으로 살아납니다(고전 15:52).

죽음은 의인의 뼈 한 조각도 갖지 못하고, 한 점의 티끌이나 한 가닥의 머리카락도 갖지 못합니다. 그리스도께서 우리 몸의 모든 지체를 사셨습니다. 죽었던 몸은 영광의 영혼과 결합한 다음 영원히 천국에서 살 것입니다.

159
내 마음의 멍에

겔 34:27

내가 그들의 멍에의 나무를 꺾고 그들을 종으로 삼은 자의 손에서
그들을 건져 낸 후에 내가 여호와인 줄을 그들이 알겠고.
They will know that I am the LORD, when I break the bars of
their yoke and rescue them from the hands of those who enslaved
them.

    같이 예배를 드리고 있는 옆 사람이 겉으로는 밝고 행복해 보여도 속으로는 어떤 짐을 지고 있는지 알 수 없습니다. 어려운 상황에 처한 사업가일지도 모릅니다. 하나님께서 그에게 아름다운 약속의 말씀을 전하십니다.

    힘든 처지에 놓인 가정주부가 있을지 모릅니다. 한 아이는 몸이 성치 않고 다른 아이는 병들었습니다. 남편의 행실 때문에도 마음이 아픕니다. 집안 사정도 좋지 않습니다. 하나님의 말씀이 그녀를 위로합니다.

    우리는 어쩔 수 없이 무거운 멍에를 지고 살아갑니다. 그러나 하나님께서 어느 날 홀연히 멍에를 꺾으십니다. 그제야 그분이 주님이심을 알게 됩니다(겔 34:30).

    시련은 큰 축복입니다. 고난이 없다면 우리가 배우는 것이 많지 않습니다. 환난에 빠져 있을 때 하나님께서 나타나 멍에를 벗겨 주시면, 우리는 그분의 놀라운 은혜와 구원의 사랑을 큰 소리로 노래할 것입니다.

160

해를 입지 않으리

단 3:27

이 사람들을 본즉 불이 능히 그들의 몸을 해하지 못하였고 머리털도 그을리지 아니하였고 겉옷 빛도 변하지 아니하였고 불탄 냄새도 없었더라.
They saw that the fire had not harmed their bodies, nor was a hair of their heads singed; their robes were not scorched, and there was no smell of fire on them.

    그리스도를 소중하게 생각하면 세상 것들은 하찮게 보입니다. 잃는다 해도 심각하게 느껴지지 않습니다. 잃어버린 것이 심각하게 느껴지고, 시련이 너무 무거워 하나님도 구원할 수 없을 거라고 생각한다면, 세상을 소중하게 보고 하나님을 가볍게 보고 있는 것입니다.

    시련 때문에 낙심하고 기뻐하지 못한다면, 예수님을 사랑하고 있지 않는 것입니다. 하나님에 대해 기쁜 마음을 가지면 조약돌 하나를 잃고 다이아몬드는 간직하고 있다고 느낍니다. 하나님의 소중함을 깊이 깨달으면 큰 고난 가운데서도 기뻐합니다. 깊은 상처를 입었더라도 그리스도의 지극한 사랑이 곧 치유해 주신다는 것을 믿게 됩니다. 예수님께서 우리 안에 계시면 풀무불에 던져져도 좋다고 고백하게 됩니다. 예수님께서 타는 불 가운데 함께 계시면 머리털도 그을리지 않을 것입니다.

161

고난을 감당하는 믿음

단 5:27

데겔은 왕을 저울에 달아 보니 부족함이 보였다 함이요.
Tekel: You have been weighed on the scales and found wanting.

어두운 한밤중에 있는 사람들이 있습니다. 사업은 안 되고 집에는 환자가 있습니다. 괴로워하는 아내 때문에 눈물짓습니다. 신실한 사람들은 그것이 하나님께서 주시는 시험이라는 것을 압니다. 하나님께서는 우리가 좋은 시절의 믿음만으로는 충분하지 않다는 것을 알기를 원하십니다. 시련과 고난에도 굳게 서는 믿음을 원하십니다. 욥을 기억합니까? 그가 감당했던 고난의 무게는 얼마였습니까? 고난에 고난을 당했지만 그는 감당해 냈습니다.

"주신 이도 여호와시요 거두신 이도 여호와시오니 여호와의 이름이 찬송을 받으실지니이다"(욥 1:21).

작은 시련에도 올바로 서지 못하는 신앙이라면, 그런 신앙은 없는 편이 낫습니다. 차라리 신앙이 없다면 현재의 상황을 올바르게 보고 죄인으로서 하나님을 찾을 수도 있습니다. 작은 일에도 어쩔 줄 모르고 슬퍼한다면 폭풍이 다가올 때는 어떻게 하겠습니까? 시련과 고난에 어떻게 대응할지 생각해 보십시오. 고난의 검은 구름 안에서도 밝은 빛을 볼 수 있는 믿음이 있어야 합니다.

162
하나님의 때

단 8:19

진노하시는 때가 마친 후에 될 일을 내가 네게 알게 하리니 이 환상은 정한 때 끝에 관한 것임이라.
I am going to tell you what will happen later in the time of wrath, because the vision concerns the appointed time of the end.

생활이 매우 어렵습니다. 직장을 오래전에 잃었고, 할 일을 찾아 거리를 헤맨 지도 오래됩니다. 가족의 얼굴을 보면 걱정이 앞섭니다. 지금 지고 있는 짐을 하나님께 맡기십시오. 정한 때에 시련의 끝이 올 것입니다. 인내심을 가지고 정한 때를 기다리십시오.

지금 시험을 받고 있는 것입니다. 마음의 쓰라림은 말할 수 없겠지요. 하나님께 도움을 간구했으나 도움은 오지 않습니다. 타고 있는 배가 거의 침몰할 지경인데도 하늘에 계신 아버지의 은혜의 구조선은 오지 않습니다. 그러나 정한 때에 끝이 옵니다. 때는 사람이 정하는 것이 아닙니다. 선물을 주시는 분이 줄 때를 정하는 법입니다. 하나님께서 구원의 때를 정하셨습니다. 무슨 일이 있더라도 구원은 하나님이 정하신 때에 옵니다.

"그러므로 내 사랑하는 형제들아 견실하며 흔들리지 말고 항상 주의 일에 더욱 힘쓰는 자들이 되라 이는 너희 수고가 주 안에서 헛되지 않은 줄 앎이라"(고전 15:58).

163
만족할 줄 아는 삶

단 10:13

바사 왕국의 군주가 이십일 일 동안 나를 막았으므로 내가 거기 바사 왕국의 왕들과 함께 머물러 있더니 가장 높은 군주 중 하나인 미가엘이 와서 나를 도와주므로
But the prince of the Persian kingdom resisted me twenty-one days. Then Michael, one of the chief princes, came to help me, because I was detained there with the king of Persia.

우리가 "이 문제에서 어떻게 벗어나지?"라고 묻는 순간에 하나님께서는 이미 문제를 해결해 놓고 계십니다. 하나님께서 이미 해결하신 문제를 가지고 불평하지 마십시오. 간단하게 해결하시는 하나님의 솜씨에 놀라지 마십시오.

고난을 당해서 하나님을 볼 수 없다면 믿음을 잃지 않도록 도와 달라고 하나님께 기도하십시오. 하나님의 뜻을 받아들이도록 도와 달라고 기도하십시오. 하나님의 뜻이 당신의 뜻이 되도록 하십시오. 어떤 형편에서든지 자족하는 법을 배워야 합니다(빌 4:11). 그것이 진정한 행복의 근원입니다.

하나님께서 언제 구원해 주실지 우리는 모릅니다. 하나님께서 알고 계시는 것으로 충분합니다. 구원이 늦어진다면 그것은 더 큰 복이 온다는 뜻입니다. 바다에 오래 머문 배가 수확이 더 많은 법입니다.

164
변치 않는 그분의 마음

호 2:15

거기서 비로소 그의 포도원을 그에게 주고 아골 골짜기로 소망의 문을 삼아 주리니 그가 거기서 응대하기를 어렸을 때와 애굽 땅에서 올라오던 날과 같이 하리라.
There I will give her back her vineyards, and will make the Valley of Achor a door of hope. There she will sing as in the days of her youth, as in the day she came up out of Egypt.

고난은 우리의 처지를 바꿉니다. 그러나 우리를 향한 하나님의 마음은 바뀌지 않습니다.

전에는 큰 집과 정원이 있었지만 이제는 단칸방에서 삽니다. 전에는 신체가 건장했지만 이제는 늙어서 힘이 없습니다. 전에는 누구나 이야기하고 싶어 하는 사람이었지만 지금은 알아주는 사람이 없습니다. 정답게 지내던 사람도 떠나고 친구도 멀어집니다. 전과 다름없이 사랑으로 돌보시는 분이 계시지 않다면 주저앉아 울었을 것입니다. 하나님께서는 지금도 전과 같이 우리를 사랑하십니다.

인생의 내리막길로 간다고 두려워하지 마십시오. 하나님의 사랑이 함께 갑니다. 우리 형편이 어떻든 하나님의 사랑은 변하지 않습니다.

하나님께서 고난에 빠진 우리 영혼을 아시고 '아골 골짜기로 소망의 문'을 삼아 주실 것입니다.

165
끝이 정해진 고난

호 6:1

오라 우리가 여호와께로 돌아가자 여호와께서 우리를 찢으셨으나
도로 낫게 하실 것이요 우리를 치셨으나 싸매어 주실 것임이라.
Come, let us return to the LORD. He has torn us to pieces but he
will heal us; he has injured us but he will bind up our wounds.

하나님께서 우리가 당하는 고난의 양과 한계를 정하시고 끝도 정하십니다. 우리의 고난에는 하나님의 은혜로운 설계가 있습니다. 하나님께서 필요 없는 고난을 그 자녀에게 주시겠습니까?

"주께서 인생으로 고생하게 하시며 근심하게 하심은 본심이 아니시로다"(애 3:33).

지난날 많은 고난에서 하나님께서 구원해 주셨습니다. 그러므로 현재의 고난에서도 구원해 주실 것입니다.

"여섯 가지 환난에서 너를 구원하시며 일곱 가지 환난이라도 그 재앙이 네게 미치지 않게 하시며"(욥 5:19).

우리가 물에 빠져 허우적거리고 있을 때 하나님께서 약속하셨습니다.

"네가 물 가운데로 지날 때에 내가 너와 함께할 것이라 강을 건널 때에 물이 너를 침몰하지 못할 것이며"(사 43:2).

어두운 구름 아래 있더라도 믿음을 잃지 않도록 은혜를 구하십시오. 그 구름 속에 복이 감춰져 있습니다.

166
주님의 징계도 즐거움

호 10:10

내가 원하는 때에 그들을 징계하리니.
When I please, I will punish them.

우리는 노래하는 순례자입니다. 고통의 재 가운데서도 성령의 숨결이 불면 타오를 기쁨의 불꽃이 있습니다.

한번은 고통이 심해서 서 있기도 힘들 때 어떤 부유한 사람을 만났습니다. 그는 "고통이 심하시겠어요. 그러나 당신의 하나님은 사랑하는 자를 징계하신다니까 당신도 예상한 일이겠지요?" 하고 조롱조로 말했습니다. 그리고 이렇게 덧붙였습니다. "그런 하나님은 당신이나 믿으세요. 나는 안 믿겠어요. 그런 하나님은 없는 편이 나아요."

내 눈에서 뜨거운 눈물이 흘렀습니다. 고통은 참을 수 있지만 하나님에 대해 나쁘게 말하는 것은 견딜 수 없었습니다. 나는 큰 소리로 말했습니다. "내 다리뿐 아니라 온몸이 아프더라도 당신의 건강이나 재력을 부러워하지 않겠소. 하나님이 사랑으로 주시는 것은 무엇이라도 달게 받겠소. 하나님의 징계는 이 세상이 주는 어떤 즐거움보다 좋다는 것을 아시오."

성도는 깊은 고통 가운데서도 하나님 없는 사람들의 환락보다 고난이 있는 믿음의 길을 훨씬 더 좋아합니다.

167
본향으로 가는 길

호 13:14

내가 그들을 스올의 권세에서 속량하며 사망에서 구속하리니 사망아 네 재앙이 어디 있느냐 스올아 네 멸망이 어디 있느냐 뉘우침이 내 눈앞에서 숨으리라.
I will ransom them from the power of the grave; I will redeem them from death. Where, O death, are your plagues? Where, O grave, is your destruction? I will have no compassion,

성도들도 예수님께서 오시기 전에 죽는다면 무덤에 묻혀 썩을 것입니다. 나는 내 시신이 비싼 관에 안치되기를 바라지 않습니다. 흙으로 돌아가는 시간만 지체될 뿐입니다. 육신이 빨리 흙으로 돌아가는 것이 더 좋습니다.

우리 육신은 예수님처럼 영광 가운데 다시 살아날 것입니다(살전 4:13~18). 작별 인사를 한 육신이 다시 살아납니다. 감겼던 눈이 온전하신 왕을 봅니다. 듣지 못하던 귀가 영원한 멜로디를 듣습니다. 차갑게 식었던 심장이 새 생명을 얻고 다시 힘차게 뜁니다. 본향에 돌아온 기쁨으로 고동칩니다.

죽음을 두려워하지 마십시오. 무덤은 영원하신 영광의 왕과 포옹하기 위해 향료로 몸을 정결하게 하는 목욕통입니다. 죽음은 깨끗하고 성스러운 옷으로 갈아입기 위해 헌 옷을 잠시 벗어 놓는 옷장입니다.

168
모든 것이 정해진 자리에

욜 2:8

> 피차에 부딪치지 아니하고 각기 자기의 길로 나아가며 무기를 돌파하고 나아가나 상하지 아니하며.
> They do not jostle each other; each marches straight ahead. They plunge through defenses without breaking ranks.

하나님의 자녀도 때로는 괴로움에 탄식할 때가 있습니다. "왜 나에게 이런 십자가가 있단 말인가? 왜 내가 이토록 많은 고난을 당해야 한단 말인가?" 당장은 그 답을 알 수 없지만 머지않아 알게 됩니다. 그때까지 믿음 가운데 굳게 서십시오.

고난은 우리 삶을 더 풍요롭게 합니다. 잃는 것도 잃는 것이 아닙니다. 오히려 진정한 부를 가져다줍니다. 어린 아이와 같이 순수한 믿음으로 기다리면 하나님의 큰 복이 있을 것입니다. 뒤죽박죽이라고 생각했던 내 인생에 하나님의 특별한 뜻이 있었음을 깨닫고 놀랄 날이 옵니다. 몰인정하다고 생각했던 것이 사랑이었고, 가혹하다고 생각했던 것이 관대함이었고, 하나님을 의심하게 만드신 것이 하나님의 지혜였음을 깨닫게 될 것입니다.

우리 인생은 하나님의 뜻 안에서 잘 진행되고 있음을 믿으십시오. 좋은 일과 나쁜 일, 기쁨과 슬픔이 모두 있을 자리에 있다는 사실을 인정하고 고백하십시오.

169
슬픔을 갚아 주실 주님

욜 2:25

내가 전에 너희에게 보낸 큰 군대 곧 메뚜기와 느치와 황충과 팥중이가 먹은 햇수대로 너희에게 갚아 주리니.
I will repay you for the years the locusts have eaten—the great locust and the young locust, the other locusts and the locust swarm—my great army that I sent among you.

잃어버린 세월을 돌려받을 수는 없습니다. 메뚜기가 먹어 치우는 것은 세월이 아니라 세월의 과실입니다. 하나님께서는 비상하고 놀라운 방법으로 지난 세월에 맺지 못한 과실을 돌려주십니다.

모든 일 위에는 위대한 이적을 행할 수 있는 능력이 존재합니다. 메뚜기가 먹어 치운 것을 보상해 줄 수 있는 분이 누구겠습니까? 하나님뿐입니다. 불가능해 보이는 일을 할 수 있는 분은 하나님뿐입니다. 이것이 하나님의 은혜의 약속입니다. 하나님께서는 슬픔의 세월을 갚아 주십니다. 어두운 밤에 햇빛을 내리시고, 고통의 소용돌이에 은혜의 빛을 비추십니다. 과거의 슬픔에 대해 하나님께 감사할 날이 반드시 옵니다.

하나님의 소중한 자녀가 수십 년 동안 괴로움을 당하는 경우도 있습니다. 그러나 정한 시간이 되면 하나님의 약속은 완벽하게 이뤄집니다. 주님께서 다 갚아 주십니다.

170
하나님 만날 날을 준비하며

암 4:12

그러므로 이스라엘아 내가 이와 같이 네게 행하리라 내가 이것을 네게 행하리니 이스라엘아 네 하나님 만나기를 준비하라.
Therefore this is what I will do to you, Israel, and because I will do this to you, prepare to meet your God, O Israel.

주위 사람의 갑작스러운 죽음은 엄중한 경고입니다. 나이 든 사람들의 죽음은 그리 놀랍지 않습니다. 그러나 젊은 사람들의 죽음을 보면 비로소 놀랍니다. 한순간에 자신의 삶도 떨어질 수 있음을 알게 되기 때문입니다. 한순간에 힘이 약해지고 아름다움이 사라질 수 있습니다. 그 때 준엄한 음성으로 하나님께서 말씀하십니다. "내가 이것을 네게 행하리니 네 하나님 만나기를 준비하라."

누구도 죽음을 막지 못합니다. 인생의 즐거움을 모두 누리고 있어도 생명은 사그라집니다. 사람들에게 사랑을 많이 받고 있어도 죽음은 개의치 않습니다.

"한번 죽는 것은 사람에게 정해진 것이요 그 후에는 심판이 있으리니"(히 9:27).

인생의 싸움에는 제대가 없습니다. 깊이 간직해야 할 진리가 여기에 있습니다.

"여호와여 나의 종말과 연한이 언제까지인지 알게 하사 내가 나의 연약함을 알게 하소서"(시 39:4).

171
성공이라는 시험

암 9:9

보라 내가 명령하여 이스라엘 족속을 만국 중에서 체질하기를 체로 체질함같이 하려니와 그 한 알갱이도 땅에 떨어지지 아니하리라.
For I will give the command, and I will shake the house of Israel among all the nations as grain is shaken in a sieve, and not a pebble will reach the ground.

이기기 힘든 시험을 겪을 때가 있습니다. 특히 성공했을 때의 시험은 무섭습니다. 고난으로 패망하는 사람이 한 명이라면 부로 인해 파멸하는 사람은 만 명은 됩니다. 체로 칠 때 부유한 사람이 살아남기는 어렵습니다. 부유해지면 하나님의 진리를 잊어버리기 쉽습니다. 교회에 기둥이 되어야 할 사람들이 오히려 교회의 적이 됩니다. 그러나 영원히 성공하는 사람은 없다는 진리를 기억해야 합니다. 사치의 계곡에서 사람은 타락하기 때문입니다.

"나를 가난하게도 마옵시고 부하게도 마옵시고 오직 필요한 양식으로 나를 먹이시옵소서"(잠 30:8).

이는 참으로 지혜로운 말씀입니다. 부유하든 가난하든 현재의 처지가 하나님께서 주시는 시험입니다. 진실로 그리스도 안에 굳게 서 있는지, 아니면 외형상으로는 믿는 사람처럼 살고 있으나 실제로는 죽은 것인지 알게 하시려는 하나님의 시험입니다.

172
당당해야 할 이유

옵 1:17

오직 시온 산에서 피할 자가 있으리니 그 산이 거룩할 것이요 야곱 족속은 자기 기업을 누릴 것이며.
But on Mount Zion will be deliverance; it will be holy, and the house of Jacob will possess its inheritance.

우리는 그리스도께서 우리의 것이라고 말은 하면서도 그리스도의 소유가 모두 우리의 것이라는 진리는 깨닫지 못합니다. 그리스도는 우리의 보석함입니다. 그런데 우리는 보석함 안에 있는 보석을 꺼내지 않습니다. 우리는 하나님의 복된 약속을 압니다. 그러나 약속에 의지해 영혼의 만족을 얻지는 않습니다. 우리에게는 하나님께서 계시는 은혜의 자리에 갈 수 있는 특권이 있습니다. 우리는 진정으로 그 특권을 사용하고 있습니까?

우리는 큰 기업을 가질 수 있는데도 가난하게 삽니다. 해야 할 일을 하지 않기 때문입니다. 모든 것이 우리의 것인데(고전 3:21) 아무것도 가지지 못한 채 삽니다. 예수님께서 자기의 살을 먹게 하시고, 자기의 피를 마시게 하셨는데 왜 배고프고 목마릅니까? 하나님께서 사랑하시는데 왜 고개를 숙이고 있습니까? 왜 낙심합니까? 여호와께서 힘이고 노래이십니다. 이렇게 기도합시다. "주님께서 은혜로 주신 모든 것을 남김없이 누리게 하소서."

173
가장 필요할 때 오는 은혜

욘 4:6

하나님 여호와께서 박 넝쿨을 예비하사 요나를 가리게 하셨으니 이는 그의 머리를 위하여 그늘이 지게 하며 그의 괴로움을 면하게 하려 하심이었더라 요나가 박 넝쿨로 말미암아 크게 기뻐하였더니.
Then the LORD God provided a vine and made it grow up over Jonah to give shade for his head to ease his discomfort, and Jonah was very happy about the vine.

은혜는 필요한 때 옵니다. 그런데 그 필요한 때를 누가 압니까? 하나님만 아십니다. 모든 것을 한눈에 보시는 하나님만이 줄 때를 아시고, 가져갈 때를 아십니다. 하나님께서 정하신 때가 있습니다.

이런 질문은 하지 마십시오. "왜 여기는 희고, 저기는 검습니까? 왜 태양의 빛이 있고, 폭풍의 소용돌이가 있습니까? 왜 결혼이 있고, 장례가 있습니까? 왜 하프를 연주할 때가 있고, 트럼펫을 연주할 때가 있습니까?" 모든 것을 하나님의 손에 맡기는 것이 가장 큰 복입니다.

박 넝쿨이 밤에 자란다 해도 좋고, 아침에 시든다 해도 좋습니다. 하나님의 손안에 있기만 하면 어떻게 되어도 잘 되는 것입니다. 은혜 속에서 하나님을 알아봐야 합니다. 가장 필요한 때에 임하는 은혜 속에서 하나님을 분명히 깨달아야 합니다.

174
전적으로 의지하는 믿음

미 3:11

여호와를 의뢰하여 이르기를 여호와께서 우리 중에 계시지 아니하냐 재앙이 우리에게 임하지 아니하리라 하는도다.
Yet they lean upon the LORD and say, "Is not the LORD among us? No disaster will come upon us."

크게 낙심될 때 하나님을 의지하면 말할 수 없이 큰 기쁨을 느낍니다. 주님만 의지하는 기쁨을 어떻게 표현해야 할지 모르겠습니다. 하나님께 매달릴 때 천국의 평안을 얻습니다.

상황이 어렵더라도 하나님만 의지하면 모든 것이 잘될 것입니다. 하나님이 외면하실 리가 없으니 어떤 경우라도 그분만을 의지하십시오. 하나님께서 말씀하셨습니다. "네 입을 크게 열라 내가 채우리라"(시 81:10).

인색하게 믿지 마십시오. 근심의 일부만 맡기지 마십시오. 시련의 일부만 의지하지 마십시오. 전적으로 의지하십시오. 작은 것이나 큰 것이나 모두 하나님께 맡기십시오. 하나님께서는 자신을 전적으로 믿는 사람을 사랑하십니다. 머리나 마음에 아무리 큰 짐이 있어도 주님께 맡기고 기쁨으로 사십시오. 주님께 철저히 의지하십시오.

"너희 염려를 다 주께 맡기라 이는 그가 너희를 돌보심이라"(벧전 5:7).

175
내 말을 들어 주시는 분

미 7:7

오직 나는 여호와를 우러러보며 나를 구원하시는 하나님을 바라보나니 나의 하나님이 나에게 귀를 기울이시리로다.
But as for me, I watch in hope for the LORD, I wait for God my Savior; my God will hear me.

"하나님이 나에게 귀를 기울이시리로다"라는 약속의 말씀을 잊지 마십시오. 이 말씀을 지팡이 삼아 걸어가면 어디를 가든지 길이 열릴 것입니다. 먼 나라에 가서 복음을 전하려 한다면 걱정이 앞서겠지요. 하나님께 마음을 향하십시오. 하나님께서는 우리의 말을 들으십니다.

소중한 가족이 병에 시달리기도 하고 먼저 떠나기도 합니다. 그러나 우리는 견뎌 낼 것입니다. "하나님이 나에게 귀를 기울이시리로다"라는 말씀 때문입니다.

불치의 병이 들어 곧 죽게 되었을 때 들을 질문이 있습니다. "요단 강 물이 넘칠 때에는 어찌하겠느냐"(렘 12:5). 그러면 우리는 행복하게 대답할 것입니다. "하나님이 나에게 귀를 기울이시리로다."

우리가 무덤에 누워 있다 해도 하나님께서는 우리를 기억하십니다. 나팔 소리로 깨우시고 다시 살리십니다(살전 4:16). 하나님께서는 옥좌 앞에서 부르는 우리의 찬양을 들으시고 영원토록 우리의 말을 들어 주십니다.

176
질투하시는 하나님

나 1:2

여호와는 질투하시며 보복하시는 하나님이시니라.
The LORD is a jealous and avenging God.

하나님께서는 성도의 다른 사랑을 질투하십니다. 성도가 다른 신을 섬기는 것을 용납하지 못하십니다. 하나님께서는 우리가 죽는 것보다 자신이 죽는 것이 좋다는 지고한 사랑으로 우리를 사랑하십니다. 그렇기 때문에 하나님과 우리 사이의 어떤 사랑도 견디지 못하십니다.

우리가 하나님께 의지하면 그분은 기뻐하십니다. 우리가 다른 것에 의지하면 싫어하십니다. 특히 우리가 어떤 일을 자기 힘으로 했다고 믿는 것을 언짢아하십니다. 하나님께서는 성도가 누구와 같이 있느냐에 대해서도 질투하십니다.

하나님 안에서 사는 것이 진정한 사랑입니다. 세상을 따라 살고, 세상에서 위로를 찾는 것은 하나님께 고통스러운 것입니다. 하나님께서 주시는 시련은 대부분 우리 마음을 다른 것으로부터 그분께로 돌리기 위한 것입니다.

하나님의 질투는 우리에게 큰 위로입니다. 하나님께서 질투하실 만큼 우리를 사랑하신다면 우리를 해할 수 있는 것은 아무것도 없기 때문입니다.

177
미리 부르는 찬양

합 3:18

나는 여호와로 말미암아 즐거워하며 나의 구원의 하나님으로 말미암아 기뻐하리로다.
Yet I will rejoice in the LORD, I will be joyful in God my Savior.

우리는 구원받기 전에 찬양해야 합니다. 올 것에 대해 하나님을 찬양해야 합니다. 하나님께서 하실 일을 미리 찬미해야 합니다. 아직 받지 않은 은혜를 찬양하고, 아직 오지 않았으나 받을 것이 확실한 응답을 찬양하는 노래보다 하나님 귀에 더 좋은 노래는 없습니다.

과거의 일에 대한 감사의 찬송은 아름답습니다. 그러나 앞으로 일어날 일이 잘될 것이라는 확신의 찬송은 더 아름답습니다. 그러니 버드나무에서 수금을 내려 시온의 노래를 부르십시오(시 137:2~4).

수입이 없고 궁핍해도 주님을 찬양하십시오. 전능하신 하나님께서 오래지 않아 필요를 채워 주실 것입니다. 어려움을 당하고 있을 때 부르는 노래는 하나님의 귀에 더 아름답습니다.

하나님의 이름을 부르십시오. 어려운 상황을 조용히, 그리고 현명하게 맞이하십시오. 자신을 하나님께 전적으로 맡기십시오. 그것이 구원을 얻는 길입니다. 하나님을 믿고 찬양하기만 하면 참으로 놀라운 일을 보게 됩니다.

178
두려움 없는 인생

습 3:16

그날에 사람이 예루살렘에 이르기를 두려워하지 말라 시온아 네 손을 늘어뜨리지 말라.
On that day they will say to Jerusalem, "Do not fear, O Zion; do not let your hands hang limp."

"조금도 두려워하지 말라."
"어느 정도는 불가피하지 않습니까?"
"아니, 조금도 두려워하지 말라."
이 말씀의 리본을 불신앙의 목에 단단히 매어 두십시오. 오늘도 두려워하지 말고, 내일도 두려워하지 말고, 살아 있는 동안에는 언제나 두려워하지 마십시오. 두려움이 오면 쫓아 버리고 들어올 여지를 두지 마십시오.

날씨가 사나워져도 배에 탄 승객은 선장의 침착한 태도에 안도합니다. 승객들은 말합니다. "걱정하지 않아도 돼요. 선장이 휘파람 부는 소리를 들었거든요." 선장이 동요하지 않으면 승객들은 평안합니다.

하나님께서 노래를 부르시며 배의 키를 잡고 계시기 때문에 우리는 두려워할 필요가 없습니다.

"굳세어라 두려워하지 말라 보라 너희 하나님이 오사 보복하시며 갚아 주실 것이라 하나님이 오사 너희를 구하시리라"(사 35:4).

179
오늘부터 주실 복

학 2:19

포도나무, 무화과나무, 석류나무, 감람나무에 열매가 맺지 못하였느니라 그러나 오늘부터는 내가 너희에게 복을 주리라.
Until now, the vine and the fig tree, the pomegranate and the olive tree have not borne fruit. From this day on I will bless you.

미래는 감춰져 있습니다. 그러나 미래의 날들을 볼 수 있는 안경이 있습니다. "오늘부터는 내가 너희에게 복을 주리라"는 말씀이 그것입니다. '오늘부터'라는 표현의 의미를 생각해 보십시오.

죄로 인해 흉년이 들었습니다. 그런데 징계받은 이들이 말씀에 순종하고 성전을 짓기 시작했습니다. 그래서 하나님께서 말씀하셨습니다. "성전의 기초가 놓인 날부터, 그 날부터 앞으로는 내가 너희에게 복을 주리라."

죄 가운데 살아온 우리는 성령님의 인도로 깨끗해졌습니다. 하나님의 영, 하나님의 은혜, 하나님의 진리가 더 큰 복을 증명해 줍니다. 성도는 믿음 때문에 세상의 핍박을 받겠지만, 하나님께 더 가까이 가고 하나님 안에서 살아야 한다는 진리는 더욱 분명해집니다.

하나님의 말씀과 가르침을 따르기로 결심하십시오. 그리고 이렇게 기도하십시오. "이제로부터 영원히 저의 삶에 복을 더하여 주옵소서. 아멘."

180
주님의 영원한 약속

슥 2:5

여호와의 말씀에 내가 불로 둘러싼 성곽이 되며 그 가운데에서 영광이 되리라.

"And I myself will be a wall of fire around it," declares the LORD, "and I will be its glory within."

하나님의 자녀는 대적의 세력에 넘겨지지 않습니다. 구원받았다는 것은 '불로 둘러싼 성곽' 안에 산다는 것입니다. 그곳은 천사가 지킵니다. 우리는 누구도 당할 수 없는 지혜로 인도받습니다. 모든 것에 풍성하신 하나님께서 우리의 보물창고가 되십니다.

"여호와께서 은혜와 영화를 주시며 정직하게 행하는 자에게 좋은 것을 아끼지 아니하실 것임이니이다"(시 84:11).

성도를 위한 왕의 섭리를 보십시오.

"우리가 알거니와 하나님을 사랑하는 자 곧 그의 뜻대로 부르심을 입은 자들에게는 모든 것이 합력하여 선을 이루느니라"(롬 8:28).

얼마나 놀랍습니까? 모든 일이 우리를 위해 준비되어 있습니다. 하나님을 두려워하는 사람들은 아무도 빼앗아 갈 수 없는 선을 쌓아 가고 있는 것입니다. 하나님의 자녀는 왕국을 소유할 것입니다. 하나님의 영원하신 약속이 담보되어 있습니다.

181

고난의 열매

숙 13:9

나는 말하기를 이는 내 백성이라 할 것이요 그들은 말하기를 여호와는 내 하나님이시라 하리라.
I will say, "They are my people," and they will say, "The LORD is our God."

집이나 사업이나 심지어 교회에서도 어려운 일을 당하는 경우가 있습니다. 그때 최소한 "왜 저를 징계하십니까?"라는 질문은 하지 말아야 합니다. 잊지 말아야 할 말씀이 여기 있습니다. "무릇 내가 사랑하는 자를 책망하여 징계하노니"(계 3:19).

징계가 기쁠 수는 없겠지만 아름다운 의의 열매를 맺게 해 줍니다. 그러니 기꺼이 참으십시오. 하나님께서 내리시는 징계는 우리를 위한 것입니다. 하나님께서는 언제나 우리에게 가장 좋은 것을 주고 싶어 하십니다.

"너를 고난의 풀무불에서 택하였노라 나는 나를 위하며 나를 위하여 이를 이룰 것이라"(사 48:10~11).

"내가 그 삼분의 일을 불 가운데에 던져 은같이 연단하며 금같이 시험할 것이라 그들이 내 이름을 부르리니 내가 들을 것이며 나는 말하기를 이는 내 백성이라 할 것이요 그들은 말하기를 여호와는 내 하나님이시라 하리라"(숙 13:9).

182
어둠을 밝힐 빛

슥 14:7

여호와께서 아시는 한 날이 있으리니 낮도 아니요 밤도 아니라 어두워 갈 때에 빛이 있으리로다.
It will be a unique day, without daytime or nighttime — a day known to the LORD. When evening comes, there will be light.

만사가 순조로워 아무 문제가 없을 때는 이렇게 말했을 것입니다. "걱정거리가 없습니다. 하나님께서 보호해 주시고 보전해 주시고 살아가게 해 주십니다. 하나님을 사랑하는 자들에게는 모든 것이 합력하여 선을 이룬다고 하신 말씀이 그대로 이뤄지고 있습니다."

그러나 석양이 옵니다. 문제가 생기기도 하고, 집안에 환자가 생기기도 하고, 흉년이 들기도 하고, 수입이 줄기도 합니다. 자신이 어떻게 될지도 모릅니다. 가난의 바위로 인해 배를 운항할 재력도 없습니다. 노력하면 할수록 오히려 상황은 악화됩니다. 인생의 밤은 영원한 어둠으로 가득 차서 절망 가운데 죽음을 생각하게 됩니다.

그러나 걱정하지 마십시오. 슬픔을 주시면 인내도 주십니다. 우리가 크게 낙심할 때가 하나님께서 역사하실 때입니다. 썰물의 때가 있으면 밀물의 때가 있고, 겨울이 있으면 여름이 있고, 해 질 때가 있으면 해 뜰 때가 있습니다. 어두워질 때 구원의 빛이 더 밝게 비출 것입니다.

183
믿음을 위한 시련

말 3:3

그가 은을 연단하여 깨끗하게 하는 자같이 앉아서 레위 자손을 깨끗하게 하되 금, 은같이 그들을 연단하리니 그들이 공의로운 제물을 나 여호와께 바칠 것이라.
He will sit as a refiner and purifier of silver; he will purify the Levites and refine them like gold and silver. Then the LORD will have men who will bring offerings in righteousness.

고난이나 역경이 없으면 용기를 보일 기회가 없습니다. 그래서 시련을 기뻐해야 합니다. 시련은 믿음을 드러내고 가장 높으신 분의 이름을 영광스럽게 할 기회입니다.

대적은 나를 넘어뜨리려고 치지만, 하나님께서는 대적을 사용하셔서 내가 넘어지지 않도록 징계하십니다. 대적은 악으로 나를 치지만, 하나님께서는 내 영혼을 사랑하셔서 그를 통해 역사하십니다.

대적이 하나님과 같은 능력이 있다고 생각해서 그 세력 아래 살지 마십시오. 그는 피조물이고, 넘어진 존재이며, 하나님의 뜻에 따라 움직일 뿐입니다. 그의 힘은 그의 것이 아닙니다. 전능하신 하나님의 허락 아래 사용할 뿐입니다. 대적의 사악함은 스스로의 것이나 그의 존재는 스스로의 것이 아닙니다. 그러므로 대적으로 인한 시험은 하나님께서 우리를 위해 보내신 것입니다.

184
주님의 특별한 소유

말 3:17

만군의 여호와가 이르노라 나는 내가 정한 날에 그들을 나의 특별한 소유로 삼을 것이요 또 사람이 자기를 섬기는 아들을 아낌같이 내가 그들을 아끼리니.
"They will be mine," says the LORD Almighty, "in the day when I make up my treasured possession. I will spare them, just as in compassion a man spares his son who serves him."

목자가 양을 지킨다고 할 때 '지킨다'는 말의 의미는 심오합니다. 먹이고, 모든 위험으로부터 보호해 주고, 필요한 모든 것을 마련해 준다는 뜻입니다. 위대한 목자이신 예수님께서는 큰 능력으로 하나님의 양을 지키십니다.

예수님께서는 왕이 보석을 지키듯 우리를 지키십니다. 왕은 보석을 절대로 잃어버리지 않도록 만반의 조치를 취합니다. 안전한 금고에 넣어 두고 신임하는 종에게 지키게 합니다. 예수님께서도 자기 백성을 그렇게 지키십니다. 주님께서는 우리를 위해 더할 수 없는 값을 치르셨습니다. 주님께서는 능력의 금고에 우리를 감춰 두고 주님의 모든 지혜와 능력으로 보호하십니다. 우리는 주님의 보석입니다. 주님의 특별한 소유입니다.

"나는 내가 정한 날에 그들을 나의 특별한 소유로 삼을 것이라."

185
언제나 주님과 함께

마 1:23

보라 처녀가 잉태하여 아들을 낳을 것이요 그의 이름은 임마누엘이라 하리라 하셨으니 이를 번역한즉 하나님이 우리와 함께 계시다 함이라.

"The virgin will be with child and will give birth to a son, and they will call him Immanuel"—which means, "God with us."

삶의 마지막에 이르면 한 가지 분명한 진리를 깨닫습니다. 임마누엘, 즉 하나님께서 우리와 함께 계셨다는 것입니다. 예수님의 마지막 순간을 상상해 보십시오. 죽음의 고통과 타는 듯한 갈증을 느끼셨습니다. 마지막 순간에 큰 소리로 외치셨습니다. "아버지, 내 영혼을 아버지 손에 부탁하나이다"(눅 23:46). 우리도 그럴 수 있어야 합니다.

부활이 흙침대에서 우리를 부를 때까지도 예수님께서는 우리와 함께 계시는 하나님입니다. 새 생명으로 다시 태어나도 예수님께서는 우리와 함께 계시는 하나님입니다. 우리가 눈을 뜨자마자 보게 될 분은 사람의 모습을 하신 하나님입니다.

아무리 세월이 흘러도 예수님께서는 우리와 함께 계시는 하나님입니다. 예수님께서는 우리 안에 사시고, 우리 가운데 걸으시며, 우리를 생명의 샘으로 인도하십니다.

"그리하여 우리가 항상 주와 함께 있으리라"(살전 4:17).

186
말씀을 사랑하는 믿음

마 4:4

사람이 떡으로만 살 것이 아니요 하나님의 입으로부터 나오는 모든 말씀으로 살 것이라.
Man does not live on bread alone, but on every word that comes from the mouth of God.

고난에 빠지면 성경이 더욱 소중해집니다. 비슷한 상황에 빠진 성도들이 어떻게 살았는지를 성경이 말해 주기 때문입니다. 시험을 받고 있는 성도들은 성경에 나오는 옛 성도들처럼 살아야 합니다. 여름날에는 찬양의 합창에서 기쁨을 찾습니다. 그러나 겨울의 찬바람 속에서는 시편을 읽습니다. 시편은 놀라운 책입니다. 다윗은 고난 속에서 어떻게 살아야 하는지 그 모범을 보여 주기 위해 살았던 사람처럼 보입니다. 그의 노래는 우리가 기도할 내용을 성령의 도움으로 표현한 최상의 언어입니다.

나는 말씀을 사랑하는 믿음을 달라고 기도합니다. 진실한 믿음은 말씀을 사랑합니다. 진실한 믿음은 말씀에서 나옵니다. "믿음은 들음에서 나며 들음은 그리스도의 말씀으로 말미암았느니라"(롬 10:17).

말씀을 비판하기 시작하면 모든 것을 의심하게 됩니다. 하나님의 마음에 합한 사람은 무엇보다 그분의 말씀을 소중히 여기며 마음속 깊이 간직합니다.

187
하나님 자녀의 특권

마 6:8

그러므로 그들을 본받지 말라 구하기 전에 너희에게 있어야 할 것을 하나님, 너희 아버지께서 아시느니라.
Do not be like them, for your Father knows what you need before you ask him.

하나님의 자녀는 많은 특권을 갖습니다. 탕자가 돌아왔을 때 그 아버지가 말했습니다. "제일 좋은 옷을 내어다가 입히고 손에 가락지를 끼우고 발에 신을 신기라"(눅 15:22).

우리는 하나님의 자녀이기 때문에 하나님께서 먹이십니다. 공중의 새를 먹이시는 분이 자기 자녀를 굶기시겠습니까? 들에 있는 백합을 입히시는 아버지께서(마 6:28) 우리를 벌거벗고 다니도록 내버려 두시겠습니까? 하나님께서는 그렇게 하지 않으십니다. 우리가 달라고 하기 전에 있어야 할 것을 아시고 필요한 모든 것을 주십니다.

우리는 하나님의 자녀이기 때문에 그분의 마음 한 자리를 차지하고 있으며, 하늘에 내 몫이 있습니다.

"성령이 친히 우리의 영과 더불어 우리가 하나님의 자녀인 것을 증언하시나니 자녀이면 또한 상속자 곧 하나님의 상속자요 그리스도와 함께한 상속자니 우리가 그와 함께 영광을 받기 위하여 고난도 함께 받아야 할 것이니라"(롬 8:16~17).

188
헛된 세상의 보물

마 6:19

너희를 위하여 보물을 땅에 쌓아 두지 말라 거기는 좀과 동록이 해하며 도둑이 구멍을 뚫고 도둑질하느니라.
Do not store up for yourselves treasures on earth, where moth and rust destroy, and where thieves break in and steal.

하나님을 섬긴다고 세상의 상을 기대하지 마십시오. 세상에서는 상보다 오해나 의심, 또는 모욕을 받습니다. 악한 세상이 경건한 사람을 호의적으로 대할 리 없습니다. 좋은 과일은 새에게 시달리고, 높은 산은 심한 바람을 맞습니다. 마찬가지로 믿음의 사람은 세상에서 공격을 당합니다. 놀림감이 되고, 어리석은 사람으로 취급받기 일쑤입니다.

하나님을 섬김으로 이 세상에서 얻는 관(冠)에는 사파이어가 아니라 못이 있고, 다이아몬드가 아니라 가시가 있습니다. 못이 있는 관을 쓰기를 사모하십시오. 가시가 있는 관을 쓰면 주님같이 될 것으로 여기고 기뻐하십시오. 그리고 이렇게 외치십시오.

"이 불명예는 불명예가 아니다. 세상이 나에게 수치스러운 짓을 하더라도 나는 수치스럽지 않다. 사람들이 내 품위를 손상시키더라도 내 품위는 손상되지 않는다. 사람들이 나에게 치욕을 주더라도 나는 당당하다."

189
약속의 땅

마 9:2

예수께서 그들의 믿음을 보시고 중풍병자에게 이르시되 작은 자야 안심하라 네 죄 사함을 받았느니라.
When Jesus saw their faith, he said to the paralytic, "Take heart, son; your sins are forgiven."

인생이라는 바다를 항해하면서 폭풍을 만나지 않을 수 없습니다. 하나님의 자녀도 험악한 날씨의 시달림을 겪습니다. 그러나 진정한 믿음의 사람은 위험이 크면 그만큼 특별한 하나님의 보호를 받게 된다는 진리를 압니다.

"의인은 고난이 많으나 여호와께서 그의 모든 고난에서 건지시는도다"(시 34:19).

요단 강에 가까이 가서 더 좋은 땅으로 들어갈 때에 하나님의 군대가 우리와 함께할 것입니다. 우리가 죽는 순간 하나님께서 우리를 맞이하실 것입니다.

죽어 가는 사람들의 입술에서 하나님을 찾았다는 소리를 듣습니다. 그런 간증은 너무나 많기 때문에 거짓일 수 없습니다. 눈이 감기면 새로운 광경이 나타납니다. 어둠이 지나고 영광이 나타나면 빛나는 천국의 상속자들이 우리를 맞이하고, 천사들이 앞길을 안내할 것입니다.

기운을 내십시오. 지금 하나님의 군대를 보지 못한다면 요단 강에서 약속의 땅으로 건너갈 때 볼 것입니다.

190
믿음대로 되리라는 약속

마 9:29

이에 예수께서 그들의 눈을 만지시며 이르시되 너희 믿음대로 되라 하시니.

Then he touched their eyes and said, "According to your faith will it be done to you."

"너희 믿음대로 되라." 이것이 왕국의 규칙입니다. 그러나 이것은 정확한 표현이 아닙니다. 하나님께서는 우리 믿음보다 많이 주시기 때문입니다. 나는 하나님께서 우리 믿음보다 수백 배 더 주시는 경우는 흔히 봤지만, 믿음보다 조금이라도 덜 주시는 경우는 보지 못했습니다.

고난을 당하면 하나님께 도와 달라고 구하십시오. 도와주실 것을 믿고 구하십시오. 의심과 불신으로 성령님을 슬프게 해 드리지 말아야 합니다. 그것은 자신의 영혼을 향해 불화살을 쏘는 것입니다. 싸움이 아무리 어렵고 시련이 아무리 힘들어도 확신을 갖고 주님을 찾으십시오. 의심하기 시작하면 기도가 제대로 되지 않습니다. 믿음은 아킬레스건 같아서 끊어지면 하나님과 씨름을 할 수 없습니다.

말로 고백할 수 없는 상황이라면 하나님 앞에 나아가 마음을 그대로 보여 드리십시오. 하나님께서는 고난에서 나오는 진실한 기도에 응답하십니다.

191
모든 것이 하나님의 뜻

마 10:29

참새 두 마리가 한 앗사리온에 팔리지 않느냐 그러나 너희 아버지께서 허락하지 아니하시면 그 하나도 땅에 떨어지지 아니하리라.
Are not two sparrows sold for a penny? Yet not one of them will fall to the ground apart from the will of your Father.

모든 것이 하나님의 섭리 아래 있습니다. 데이지 꽃도 영원한 목적에 따라 핍니다. 습지에서 우는 개구리나 떡갈나무에서 떨어지는 잎이나 모두 영원한 하나님의 계획 안에 있습니다. 제비가 철따라 움직이는 것도 예정된 것입니다. 하나님의 뜻이 아니면 참새 한 마리도 땅에 떨어지지 않습니다.

그렇지만 하나님께서 세상을 통치하는 일에 바빠서 우리를 잊어버리셨다고 생각하지 마십시오. 그러실 리가 없습니다. 하나님께서는 우리의 모든 슬픔, 연약함, 고뇌를 보고 계십니다. 모든 사람이 떠나도 예수님은 남으셔서 우리가 누워 있는 자리를 보살피십니다.

주님께 매달리십시오. 하나님은 자기 자녀 가운데 어느 한 사람도 잊어버리지 않으십니다. "아버지가 자식을 긍휼히 여김같이 여호와께서는 자기를 경외하는 자를 긍휼히 여기시나니 이는 그가 우리의 체질을 아시며 우리가 단지 먼지뿐임을 기억하심이로다"(시 103:13~14).

192
위대하신 주님의 손

마 10:30

너희에게는 머리털까지 다 세신바 되었나니.
And even the very hairs of your head are all numbered.

　작은 문제 때문에 정말 힘들 때가 있습니다. 때로는 작은 사고가 친구를 잃어버리는 것보다 더 괴롭습니다. 구두 안에 작은 돌이 있으면 걸을 때마다 절뚝거립니다.
　가장 작은 일도 하나님께서 정하셨습니다. 작은 문제를 당할 때 하나님을 기억하십시오. 하나님으로부터 온 일이기 때문입니다. 자녀의 작은 걱정거리가 하나님께는 작은 일이 아닙니다. 우리의 걱정거리가 아무리 작아도 하나님께서는 그냥 지나치지 않으십니다. 작은 괴로움이라도 하나님께 가져가 기도하십시오. 참새도 아버지의 뜻이 아니면 땅에 떨어지지 않는데(마 10:29), 우리에게 일어나는 일은 무엇이든 하나님이 하시는 일임을 믿어야 하지 않겠습니까? 모든 일을 기쁨으로 받아들이고 하나님을 의지해야 합니다. 그럴 때 고통이 사라지고, 걷잡을 수 없는 마음이 진정되고, 불안한 영혼이 달콤한 안식을 얻습니다.
　미래가 두렵기는 하지만 미래에 일어날 모든 일을 하나님께서 정하셨다는 것을 생각하면 두렵지 않습니다. 기뻐하십시오. 모든 것이 위대하신 왕의 손에 있습니다.

193
내가 편히 쉴 곳

마 11:28

수고하고 무거운 짐 진 자들아 다 내게로 오라 내가 너희를 쉬게 하리라.
Come to me, all you who are weary and burdened, and I will give you rest.

세상의 즐거움, 헛된 영화, 인생의 거짓에 지쳐 있습니까? 진정한 기쁨을 찾으십시오. 헛된 욕망에 지치고, 낙심에 빠져 괴롭고, 믿던 사람에게 배신을 당해 쓰라린 분들은 예수님께 털어놓으십시오. 그분이 우리의 안식처이십니다.

피곤하고 곤고합니까? 여기 쉴 곳이 있습니다. 여기 원기를 북돋아 주는 곳이 있습니다. 예수님께서 분명하게 말씀하셨습니다.

"수고하고 무거운 짐 진 자들아 다 내게로 오라 내가 너희를 쉬게 하리라 나는 마음이 온유하고 겸손하니 나의 멍에를 메고 내게 배우라 그리하면 너희 마음이 쉼을 얻으리니 이는 내 멍에는 쉽고 내 짐은 가벼움이라"(마 11:28~30).

등이 부러질 것처럼 힘이 들거나 부질없는 기대와 기다림으로 앞이 보이지 않을 때는 주님께 가십시오. 그분이 안식처가 되어 주십니다.

194
그리스도의 집

마 13:30

> 추수 때에 내가 추수꾼들에게 말하기를 가라지는 먼저 거두어 불사르게 단으로 묶고 곡식은 모아 내 곳간에 넣으라.
> At that time I will tell the harvesters: First collect the weeds and tie them in bundles to be burned; then gather the wheat and bring it into my barn.

성도가 천국에 들어가는 것을 추수에 비유할 수 있습니다. 하나님께서 성도들을 한 사람씩 천국 창고로 들이십니다. 성도들이 기쁨 가운데 천국으로 떠났다는 이야기를 종종 듣습니다. 그런 말을 들으면 기쁩니다. 승리의 죽음은 믿음의 증거입니다.

언젠가는 주님께서 우리도 그 곳간으로 부르실 것이기에 다른 성도가 그곳으로 갔다는 소식을 들어도 고통스럽지 않습니다. 밭에서 자라는 곡식의 최종 목적지는 곳간입니다. 곳간에는 병에 걸리는 일도 없고, 서리나 더위나 가뭄이나 습기도 없습니다. 곳간에 들어가기만 하면 밭에 있었던 위험은 모두 지난 일이 됩니다.

나는 천국을 아버지의 곳간이라고 생각하며 기뻐합니다. 안전하고 영원한 안식이 있는 그리스도의 집은 우리가 장차 들어갈 목적지입니다. 곳간으로 들어가는 것은 축제의 시간이고 기쁨의 시간입니다.

195
영혼에서 나오는 기도

마 14:30

바람을 보고 무서워 빠져 가는지라 소리 질러 이르되 주여 나를 구원하소서 하니.
But when he saw the wind, he was afraid and, beginning to sink, cried out, "Lord, save me!"

본능적인 기도는 중요합니다. 베드로는 물에 가라앉기 시작하자마자 자동적으로 이렇게 부르짖었습니다. "주님, 살려 주십시오." 베드로의 믿음은 살아 있는 믿음이었습니다. 비록 물 위를 계속 걷지는 못했지만 언제든지 기도할 수 있는 믿음이 있었습니다.

믿는다고 해도 언제나 기쁠 수는 없습니다. 믿음이 예수님의 소중한 피를 믿게 한다면, 그것으로 충분합니다. 믿음이 영원을 향한 길을 계속 걸을 수 있게 한다면, 그것만으로 하나님을 찬양할 충분한 이유가 됩니다.

물 위를 걷는 것은 믿음의 본질이 아닙니다. 가라앉기 시작할 때 기도하는 것이 믿음의 본질입니다. 어려움에 빠졌을 때 하나님을 향하는 마음이 은혜의 증거입니다.

베드로의 기도는 미사여구로 멋을 부린 기도가 아니었습니다. 그의 기도는 마음에서 우러나온 기도였습니다. 훌륭한 기도란 영혼에서 솟아나 입술로 흘러나오는 것입니다. 영혼이 혀를 움직이지 않을 수 없게 하는 것입니다.

196
믿음으로 걷는 길

마 14:31

예수께서 즉시 손을 내밀어 그를 붙잡으시며 이르시되 믿음이 작은 자여 왜 의심하였느냐 하시고.
Immediately Jesus reached out his hand and caught him. "You of little faith," he said, "why did you doubt?"

믿음으로 걸어가는 성도의 삶이야말로 정말 특별한 기적입니다. 베드로처럼 물 위를 걷는 것이 성도의 삶입니다. 구름 위에 걸려 있는 사다리를 올라가는 삶입니다.

오랫동안 많은 사람이 1센티미터 앞도 볼 수 없는데도 불구하고 믿음으로 사다리를 올라갔습니다. 때로는 "다음엔 뭐가 있지?" 하고 물었습니다. 그러나 구름이라고 생각한 것은 바위였습니다. 어둠이라고 생각한 것은 빛이었고, 미끄럽다고 생각한 곳은 안전한 곳이었습니다. 이제는 계단 위에 서서 이렇게 말합니다. "내가 어떻게 여기까지 왔지?" 믿음으로 그곳에 이른 것입니다. 믿음으로 보이지 않는 것을 보게 되었고, 영원을 얻게 되었습니다.

어둠의 골짜기로 들어가는 것같이 느끼고 있습니까? 큰 손실을 봐서 마음이 가라앉고 크게 낙심됩니까? 베드로처럼 영혼이 파도에 가라앉습니까? 걱정하지 마십시오. 한 손이 구하려고 오고 있습니다. 천국의 아버지의 손이 가까이 있는 한 절대로 물에 빠지지 않습니다.

197
내가 져야 할 십자가

마 16:24

누구든지 나를 따라오려거든 자기를 부인하고 자기 십자가를 지고 나를 따를 것이니라.
If anyone would come after me, he must deny himself and take up his cross and follow me.

시몬은 예수님의 십자가를 대신 진 덕분에 예수님께 가까이 갈 수 있었습니다. 그렇지 않았더라면 그는 가던 길을 갔거나 군중 속에 휩싸였을 것입니다.

병사들이 시몬의 어깨에서 십자가를 내렸을 때, 그는 예수님을 볼 수 있었습니다. 가시관을 봤고, 피와 땀을 봤고, 찢긴 자국과 상처를 봤습니다. 말로 표현할 수 없는 그 얼굴에서 존귀함과 처절함, 순결과 고뇌, 사랑과 슬픔을 봤습니다. 십자가를 지지 않았다면 시몬이 예수님의 모습을 그렇게 가까이에서 볼 수 있었겠습니까? 고난을 당하거나 사명의 짐을 짊어질 때에야 비로소 예수님을 바로 볼 수 있습니다.

또한 십자가가 시몬을 예수님의 걸음에 맞춰 걷게 했습니다. 만약 예수님께서 십자가의 앞부분을 지고 가시고 시몬이 뒷부분을 지고 따라갔다면 그의 발은 예수님의 발자국을 따라갔겠지요. 십자가는 주님의 길에 우리를 잡아두는 놀라운 도구입니다.

198
시련으로 강해진 믿음

마 17:20

진실로 너희에게 이르노니 만일 너희에게 믿음이 겨자씨 한 알 만큼만 있어도 이 산을 명하여 여기서 저기로 옮겨지라 하면 옮겨질 것이요 또 너희가 못할 것이 없으리라.
I tell you the truth, if you have faith as small as a mustard seed, you can say to this mountain, "Move from here to there" and it will move. Nothing will be impossible for you.

믿음은 시련을 거쳐서 경험이 되고, 경험은 믿음을 실제로 만듭니다. 용서해 보지 않으면 용서의 감동을 알 수 없습니다. 하나님의 기적을 체험하지 않고서는 그분이 얼마나 강한지 알 수 없습니다. 직접 경험해 보지 않고 신앙을 이야기하는 것은 공허한 이론에 그칠 위험이 큽니다.

목회를 시작한 지 얼마 되지 않았을 때, 시련 중에 역사하시는 하나님의 신실하심에 대해 설교한 적이 있습니다. 그때 강단 뒤에 앉아 계시던 할아버지께서 갑자기 앞으로 나오시더니 이렇게 말씀하셨습니다.

"내 손자는 이론에 근거해서 설교하고 있습니다. 그러나 나는 깊은 바다에서 일하며 겪은 일을 말씀드리겠습니다. 나는 주님이 행하신 일들과 기이한 일들을 봤습니다."

어려운 시련을 거친 분의 간증에는 축적된 힘이 있습니다. 믿음은 시련을 거치면서 견고해지고 강해집니다.

199
기도로 맞서는 믿음

마 19:26

예수께서 그들을 보시며 이르시되 사람으로는 할 수 없으나 하나님으로서는 다 하실 수 있느니라.
Jesus looked at them and said, "With man this is impossible, but with God all things are possible."

큰 어려움에 처했습니까? 당신만 그런 것이 아닙니다. 모세를 보십시오. 애굽에서 이스라엘 백성을 데리고 나와야 했지만 가야 할 길이 처음부터 험난했습니다. 모세는 바로에게 가서 하나님의 명령을 전했습니다. "내 백성을 보내라"(출 5:1). 오만한 왕은 모세를 돌려보냈습니다. 모세는 하나님의 말씀을 가지고 다시 찾아갔습니다. "내 백성을 보내라 그들이 나를 섬길 것이니라"(9:13). 그런데 이것은 모세가 맡은 사명의 시작이었습니다. 그의 생애는 비스가 산 꼭대기에 오를 때까지 고난의 연속이었습니다.

반대에 부딪치면 기도로 맞서십시오. 그리고 더 큰 믿음을 보이십시오. 반대자들은 그리스도 안에 있는 우리를 막을 수 없습니다. 하나님께 영혼을 강철처럼 강하게 해 달라고 간구하십시오. 마음을 깨지지 않는 돌처럼 단단하게 해 달라고 간구하십시오. 그러면 주님의 도우심 가운데 어떤 산이라도 헤쳐 나갈 수 있습니다. 담대하십시오. 하나님의 능력 안에서 앞으로 나아가십시오.

200
나를 위해 예비된 나라

마 25:34

내 아버지께 복 받을 자들이여 나아와 창세로부터 너희를 위하여 예비된 나라를 상속받으라.
"Come, you who are blessed by my Father; take your inheritance, the kingdom prepared for you since the creation of the world."

주님께서 다시 오시지 않는다면 죽음이 우리를 집으로 데려갈 것이기 때문에 아무것도 두려워할 필요 없습니다. 하나님께서는 그분의 과일을 생각 없이 따지 않으십니다. 성도들은 세상을 떠나기 전에 준비합니다. 임종이 가까운 우리 교회 성도들을 방문해 보면, 죽는 것에 대해 조금이라도 불안해하거나 두려워하는 분이 없었습니다. 은혜 가운데 마지막 시간의 연약함을 극복했습니다. 주 예수께서 고통과 죽음에 대한 승리를 주셨습니다. 그분들은 무덤이 아니라 결혼식에 가는 것처럼 떠났습니다.

육신을 떠난 영혼은 주님 품에서 온전한 행복을 누리고, 부활의 날이 밝으면 육신도 충만한 영광 가운데 다시 일어나 영혼과 결합하여 부활하신 주님처럼 됩니다. 우리는 천사의 세상에 소개되고, 그토록 오래 사모하던 분을 뵐 것입니다. 그때 주님께서 이렇게 말씀하실 것입니다.

"내 아버지께 복 받을 자들이여 나아와 창세로부터 너희를 위하여 예비된 나라를 상속받으라."

201
아버지의 원대로

마 26:42

내 아버지여 만일 내가 마시지 않고는 이 잔이 내게서 지나갈 수 없거든 아버지의 원대로 되기를 원하나이다.
My Father, if it is not possible for this cup to be taken away unless I drink it, may your will be done.

하늘 아버지께서 계시다는 것을 잊지 마십시오. 모든 것이 지나가고 없어져도 우리가 "내 아버지여!" 하고 부를 수 있는 분이 계십니다. 이 복된 말씀에 매달리십시오.
"내가 결코 너희를 버리지 아니하고 너희를 떠나지 아니하리라"(히 13:5).

우리에게는 불안할 때 의지할 수 있는 아버지가 계십니다. 겟세마네 동산의 예수님처럼 기도하십시오. "내 아버지여!" 이것이 칼이나 방패보다 좋은 방어 수단입니다. 예수님께서는 마음을 다한 기도로 승리하셨습니다.

성령님의 인도하심을 받으면 하나님의 뜻에 어긋나지 않는 기도를 할 수 있습니다. 자신의 뜻을 주장해서는 안 됩니다. 설사 산을 움직이는 믿음이 있다 해도 이렇게 말하는 것이 현명합니다. "아버지의 원대로 하옵소서."

기도는 언제나 열려 있는 문입니다. 어떤 고난에도 기도할 수 있습니다. 요나처럼 바다 가운데 던져져도 기도할 수 있습니다. 하나님만 바라보십시오.

202
시련도 주님의 뜻

막 4:38

선생님이여 우리가 죽게 된 것을 돌보지 아니하시나이까.
Teacher, don't you care if we drown?

하나님께서 우리를 고통 가운데 내버려 두시는 경우가 있습니다. 기도와 간구를 듣지 않으시는 듯 상황은 점점 나빠지기만 합니다. 그러면 우리는 울부짖습니다. "우리가 죽게 된 것을 돌보지 아니하시나이까?"

자연은 스스로 어떤 일도 할 수 없습니다. 모든 힘은 하나님에게서 나오기 때문입니다. 사람이 병으로 죽는 것은 병 자체에 있는 힘 때문이 아니라 하나님께서 병에게 부여하신 힘 때문입니다. 외형적으로는 하나님께서도 자연법칙에 따라 움직이시는 것처럼 보입니다. 그러나 사실은 하나님께서 그 법칙으로 역사하시는 것입니다.

이 진리는 사물을 다른 각도에서 보게 합니다. 만약 하나님께서 시련을 주신다면 그분의 뜻에 따라야 하고 불평해서는 안 됩니다. 하나님께서 슬픔을 주신다면 특별한 뜻이 있는 것이라고 믿어야 합니다. 왜 나를 돌보시지 않느냐고 울부짖을 것이 아니라, 끝까지 신뢰해야 합니다.

"이는 여호와이시니 선하신 대로 하실 것이니라"(삼상 3:18).

203
모든 것의 주인

막 4:41

그들이 심히 두려워하여 서로 말하되 그가 누구이기에 바람과 바다도 순종하는가 하였더라.
They were terrified and asked each other, "Who is this? Even the wind and the waves obey him!"

예수님의 능력은 무한합니다. 바람과 바다도 주님께 순종합니다. 변덕스럽고 사나운 자연현상도 예수님의 능력 아래에 있습니다. 큰 바다나 물잔 속의 물이나 다 예수님의 손안에 있습니다. 이 생각만으로도 기쁘지 않습니까?

예수님께서는 모든 것의 왕이십니다. 나는 믿지 않는 사람들의 사악한 행위조차 예수님의 지배 아래 있다는 것을 생각하면 기쁩니다. 예수님께서는 "모든 일을 그의 뜻의 결정대로 일하시는"(엡 1:11) 분입니다.

예수님께서는 왕 중의 왕, 주(主) 중의 주로 통치하십니다. 옛 뱀을 사슬로 묶어서 무저갱에 던져 의를 실현하십니다(계 20:1~3). 주님의 무한한 능력을 찬양합시다. 무릎을 꿇고 주님께 충성을 맹세합시다. 성도들이여, 용기를 냅시다. 파도가 치고 비바람이 불어도 두려워하지 맙시다.

"만군의 여호와께서 우리와 함께하시니 야곱의 하나님은 우리의 피난처시로다"(시 46:11).

204
고난의 바다에서 만난 주님

막 6:50

예수께서 곧 그들에게 말씀하여 이르시되 안심하라 내니 두려워하지 말라 하시고.
Immediately he spoke to them and said, "Take courage! It is I. Don't be afraid."

고난의 바다에서 온갖 애를 써 봐도 혼자 힘으로는 사나운 물결을 잠잠케 할 수 없습니다. 이런 때야말로 하나님의 넘치는 은혜가 필요한 시기입니다.

부자는 가난을 받아들이기 어렵고, 풍족하게 살던 사람은 궁핍을 이기기 어렵습니다. 그러나 배워야 할 마음가짐이 있습니다. 바울은 이 진리를 깨달았습니다.

"내가 궁핍하므로 말하는 것이 아니니라 어떠한 형편에 든지 나는 자족하기를 배웠노니"(빌 4:11).

일곱 명의 자녀를 둔 과부가 바느질로 버는 적은 돈으로 살아간다면 누구라도 만족하기 어려울 것입니다. 밤늦도록 바느질을 하면서 영혼은 고통에 시달리겠지요. 한때 가까이 지내던 사람들도 모두 외면하고 떠나 버립니다. 이런 가난을 어떻게 감당할 수 있습니까? 그러나 가난해도 없어지지 않는 약속이 있습니다. 주님께서 친히 하신 약속의 말씀입니다.

"안심하라. 내니 두려워하지 말라."

205
위로자의 마음

막 15:34

나의 하나님, 나의 하나님 어찌하여 나를 버리셨나이까.
My God, my God, why have you forsaken me?

몇 년 전에 이 말씀으로 설교한 적이 있습니다. 내 고통 때문에 그 설교를 했습니다. 그때 나는 하나님께서 버리셨다는 무서운 영적 고통을 느끼고 있었는데, 왜 그런 짙은 어둠에 둘러싸여 있어야 하는지 이해되지 않았습니다.

설교를 마친 후에 비로소 내 고통의 이유를 알았습니다. 예배가 끝난 후에 어둠의 공포로 괴로워하는 나이 든 성도를 만나 이야기를 나누었습니다. 정신적 공황 상태에 빠진 그분에게 믿음으로 권면하고 평안을 찾도록 안내했습니다. 그런데 만약 내가 의심에 빠져 보지 않았다면 그렇게 할 수 있었을까요? 하나님께서 버리셨다는 느낌을 내가 왜 갖게 되었는지 그때 깨달았습니다. 내가 그 사람의 입장을 이해할 수 있도록 하나님께서 인도하신 것입니다. 그 성도에게 진심으로 손을 내밀도록 하신 것입니다.

그 후로 주님께 이렇게 기도합니다. "절망한 사람에게 도움이 되게 해 주십시오. 그들을 평강으로 인도하기를 원하며, 그들이 하나님의 은혜를 찬양하게 되기를 원합니다. 그들과 똑같이 기뻐하고 괴로워하게 하소서."

206
하나님의 긍휼하심

눅 1:78

이는 우리 하나님의 긍휼로 인함이라.
Because of the tender mercy of our God.

하나님의 긍휼에서는 빛이 납니다. 천국문의 재료로 사용된 최상의 진주(계 21:21)처럼 은은한 빛이 납니다. 하나님의 한없는 긍휼은 내 영혼에 들려오는 멜로디입니다. 자비로운 긍휼은 아름다운 음악입니다. 상처 받은 마음에 가장 아름다운 음악입니다. 괴로울 때 하나님께서 베푸시는 긍휼은 죽음에서 얻는 생명입니다. 그토록 위대하신 하나님께서 그토록 긍휼하시다는 것이 너무나 놀랍습니다. 미미한 우리를 아신다는 것이 놀라울 뿐입니다.

하나님께서는 온유하고 너그러우십니다. 우리를 긍휼히 여기시는 하나님께서는 해를 하늘 높게 뜨게 하셔서 어둠과 죽음의 그늘 아래에 사는 우리에게 비추게 하시고, 우리 발걸음을 평강의 길로 인도하십니다(눅 1:78~79).

긍휼은 하나님의 본질로 그분 마음 안에 존재합니다. 하나님의 긍휼과 하나님의 존재는 하나입니다. 하나님의 긍휼은 진실하며 너그럽고, 강렬하고 따듯하며, 애정이 있습니다. 하나님의 긍휼은 독생자 예수 그리스도의 성육신과 구속 사역에서 절정을 이룹니다.

207
다시 그물을 내리는 믿음

눅 5:5

선생님 우리들이 밤이 새도록 수고하였으되 잡은 것이 없지마는 말씀에 의지하여 내가 그물을 내리리이다.
Master, we've worked hard all night and haven't caught anything. But because you say so, I will let down the nets.

실직했습니까? 직장을 찾고 있습니까? 그렇더라도 포기하지 마십시오. 고통스러운 현실에 베드로의 말을 적용해 보십시오. "선생님, 우리들이 밤이 새도록 수고하였으되 잡은 것이 없지마는 말씀에 의지하여 내가 그물을 내리리이다."

성도는 쉽게 절망에 빠지지 않는다는 것을 세상 사람들에게 보여 주십시오. 성령님의 능력으로 잠잠히 마음을 다지고 견뎌 냄으로 하나님께 영광이 되게 하십시오.

"여호와를 의뢰하고 선을 행하라 땅에 머무는 동안 그의 성실을 먹을거리로 삼을지어다 또 여호와를 기뻐하라 그가 네 마음의 소원을 네게 이루어 주시리로다"(시 37:3~4).

일하는 데 필요한 기술을 배우려고 노력했으나 얻지 못했습니까? 그렇다고 포기하지 마십시오. 우리는 정신적, 영적 자세에서 모범이 되어야 합니다. 주님께서 부르시면 순종해야 합니다. 다시 그물을 내리십시오. 손과 마음을 같이 움직이며 주님께서 주시는 복을 바라십시오.

208

비바람 뒤에 오는 평안

눅 8:25

그들이 두려워하고 놀랍게 여겨 서로 말하되 그가 누구이기에 바람과 물을 명하매 순종하는가 하더라.
In fear and amazement they asked one another, "Who is this? He commands even the winds and the water, and they obey him."

하나님께서 큰일을 이루어 주셨을 때나 어려움에서 건져 주셨을 때 큰 소리로 승리의 노래를 불러야 합니다. 하나님의 궁정에 들어가 찬양을 드려야 합니다(시 100:4).

하나님의 자녀 가운데는 폭풍우의 중심에 있어서 완전히 파멸할 것처럼 보이는 사람들이 있습니다. 그러나 시간이 지나면 다시 평안해집니다. 사람들은 그들의 평온한 삶에 놀랍니다.

우리도 폭풍우에 휩싸일 때가 있습니다. 그때 위대하신 선장님께 사나운 폭풍우 가운데 안전하게 지켜 달라고 간구하십시오(눅 8:24).

예수 그리스도를 온전히 신뢰하고 있습니까? 그렇지 않다면 인생에서 힘든 싸움을 혼자 싸워야 하며, 무서운 시련을 혼자 견뎌야 합니다. 그러나 예수님을 신뢰하면 모든 상황에서 그분께서 은혜를 주시고 구해 주십니다. 예수 그리스도를 보호자, 인도자로 받아들이십시오. 그러면 세상 사람들이 이해할 수 없는 평안을 얻을 수 있습니다.

209
명확한 기도

눅 11:2

예수께서 이르시되 너희는 기도할 때에 이렇게 하라.
He said to them, "When you pray, say."

　기도의 의미가 명료하지 않을 때가 많습니다. 내용도 없고 요점도 없습니다. 주님께 구하는 것이 무엇인지 뚜렷하지 않습니다. 그래서는 응답을 얻지 못합니다. 기도할 때는 주제가 분명해야 합니다. 주님 앞에 나아가 이렇게 기도해야 합니다. "이것이 제 문제입니다. 주님, 상처 받고 후회하는 마음으로 주님께 고백합니다." 그러면 주님께서 평안을 주실 것입니다.
　고통 받고 있거나 절망에 빠져 있다면 주님께 고백하십시오. 예수님께서는 우리 문제를 이미 알고 계십니다. 이 세상에서 우리에게 필요한 것은 무엇이든 예수님 안에 쌓여 있습니다. 우리에게 필요한 것은 예수님입니다. 다 가지신 예수님을 모시면 부족함이 없습니다. 예수님께서는 모든 것이 풍성하시기에 우리에게 더 필요한 것이 없게 됩니다.
　예수 그리스도를 삶의 중심에 모셔서 행운을 잡으십시오. 예수님을 모시는 순간부터 영생토록 필요한 모든 것을 갖게 될 것입니다.

210
기도의 능력

눅 11:9

내가 또 너희에게 이르노니 구하라 그러면 너희에게 주실 것이요 찾으라 그러면 찾아낼 것이요 문을 두드리라 그러면 너희에게 열릴 것이니.
So I say to you: Ask and it will be given to you; seek and you will find; knock and the door will be opened to you.

　내가 살아온 과거는 하나님의 응답으로 채워져 있습니다. 이제는 놀랍지도 않습니다. 나는 중력의 법칙을 믿는 것같이 기도의 능력을 믿습니다. 예수님 이름으로 구했고, 받았습니다. 내가 때를 잘못 판단해서 오래 기다린 적도 있기는 하지만 하나님의 때가 훨씬 더 좋았습니다. 늦는 것은 거절이 아닙니다. 증거가 필요하다면 이 말씀을 읽어 보십시오.

　"환난 날에 나를 부르라 내가 너를 건지리니 네가 나를 영화롭게 하리로다"(시 50:15).

　예수님께서 하신 말씀을 잊지 말고 간구하십시오.

　"내가 또 너희에게 이르노니 구하라 그러면 너희에게 주실 것이요 찾으라 그러면 찾아낼 것이요 문을 두드리라 그러면 너희에게 열릴 것이니 구하는 이마다 받을 것이요 찾는 이는 찾아낼 것이요 두드리는 이에게는 열릴 것이니라"(눅 11:9~10).

211

좋은 것을 주시는 주님

눅 11:11~12

너희 중에 아버지 된 자로서 누가 아들이 생선을 달라 하는데 생선 대신에 뱀을 주며 알을 달라 하는데 전갈을 주겠느냐.
Which of you fathers, if your son asks for a fish, will give him a snake instead? Or if he asks for an egg, will give him a scorpion?

하나님께 빵을 달라고 하면 그분께서 돌을 주시겠습니까? 하나님께서는 우리가 필요한 것을 달라고 기도하면 주십니다. 꼭 필요하지는 않아도 생선을 먹고 싶어서 달라고 해도 주십니다. 우리가 영적 위로나 족한 은혜를 달라고 해도 하늘에 계신 아버지께서는 넘치도록 주십니다.

성경에는 달걀에 대한 이야기가 단 한 번 나옵니다(욥 6:6). 당시에는 닭이 너무 비쌌기 때문에 달걀은 특별한 사치였습니다. 자녀가 그렇게 비싼 달걀을 달라고 조른다고 그 자녀의 손에 전갈을 쥐어 주는 아버지는 없습니다. 마찬가지로 우리가 믿음으로 주님께 최고의 복을 달라고 하고, 그리스도와 최고의 교제를 나누고 싶다고 담대하게 구해도 아버지께서는 해로운 것을 주시지 않습니다.

아버지께서 우리에게 뱀이나 전갈을 주셨겠습니까? 하늘 아버지께서는 우리에게 유익한 것만을 주십니다. 하나님께서 우리에게 주신 것이 어려움으로 보일지라도, 그것이 하나님께서 주신 것이라면 우리에게 유익한 것입니다.

212
주님의 특별한 사랑

눅 12:6

참새 다섯 마리가 두 앗사리온에 팔리는 것이 아니냐 그러나 하나님 앞에는 그 하나도 잊어버리시는바 되지 아니하는도다.
Are not five sparrows sold for two pennies? Yet not one of them is forgotten by God.

하나님께서는 그분 손으로 만드신 모든 것을 돌보십니다. 그분께서는 깊은 바다에 있는 물고기도, 캄캄한 동굴 속에 있는 생명도 잊지 않으십니다(시 8:8). 특히 그분의 자녀에 대해서는 특별한 애정과 긍휼을 가지고 계십니다.

"아버지가 자식을 긍휼히 여김같이 여호와께서는 자기를 경외하는 자를 긍휼히 여기시나니 이는 그가 우리의 체질을 아시며 우리가 단지 먼지뿐임을 기억하심이로다"(103:13~14).

하나님께서는 후히 주시고 꾸짖지 않으십니다. 다윗은 "나는 가난하고 궁핍하오나 주께서는 나를 생각하십니다"(40:17)라고 찬양했습니다. 하나님의 시선을 더 많이 받을 수 있다면 가난하고 궁핍한 것도 가치 있는 일입니다.

당신이 차지하고 있는 특별한 자리를 인식하십시오. 우리는 태어난 것에서나 약속에서나 특별한 위치에 있을 뿐 아니라 하나님의 돌보심을 받는 데 있어서 특별한 대우를 받고 있습니다.

213
돌보시는 하나님

눅 12:24

까마귀를 생각하라 심지도 아니하고 거두지도 아니하며 골방도 없고 창고도 없으되 하나님이 기르시나니 너희는 새보다 얼마나 더 귀하냐.
Consider the ravens: They do not sow or reap, they have no storeroom or barn; yet God feeds them. And how much more valuable you are than birds!

하나님께서 우리에게 많은 짐을 주셨습니다. 그래서 지치기도 합니다. 우리 힘으로는 아무것도 할 수 없습니다. 우리가 할 일은 오직 하나님께 순종하는 종이 되는 것이며, 하나님께서 언제든 쓰실 수 있는 도구가 되는 것이고, 걱정을 하나님께 맡기는 것입니다. 그러면 평안을 얻고, 생기를 찾습니다. 우리 영혼은 짐을 벗습니다.

예수님께 의지하는 습관을 배우지 않으면 인생의 괴로움에 휘청거리게 됩니다. 너무 많이 의지한다고 걱정하지 마십시오. 믿음이 너무 크다고, 하나님의 약속에 너무 의지한다고 꾸중 들은 성도는 없습니다. 하나님께서는 "내가 결코 너희를 버리지 아니하고 너희를 떠나지 아니하리라"(히 13:5)고 약속하셨습니다.

들에 있는 꽃도 돌보시는 하나님께 걱정을 맡기십시오. 하나님께서 돌봐 주실 것입니다.

214
아무런 힘도 없는 걱정

눅 12:25

또 너희 중에 누가 염려함으로 그 키를 한 자라도 더할 수 있느냐.
Who of you by worrying can add a single hour to his life?

그리스도인에게 걱정은 금지되어 있습니다(마 6:31~34). 전능하신 하나님께서 함께 계신데, 그 자녀가 걱정한다는 것이 말이 됩니까? 새도 걱정 없이 사는데, 하나님의 자녀가 왜 걱정합니까?

예수님께서는 걱정이 쓸데없고 필요 없는 것이라고 가르치셨습니다. 염려한다고 키가 더 자라지 않습니다. 농부가 안달하고 초조해 한다고 해서 구름을 불러 모으고 비를 오게 할 수 없습니다. 걱정은 한탄만 나오게 할 뿐, 아무것도 이루지 못합니다.

예수님께서는 걱정은 불신자들이나 하는 짓이라고 말씀하셨습니다(마 6:32). 불신자들에게는 하나님이 없습니다. 그들은 자신을 믿습니다.

성도들은 하나님의 섭리를 믿습니다. 그러므로 걱정이 없습니다. 천국의 상속자는 하나님 없이, 소망 없이 사는 죄인보다 높은 곳에 살고 있는 것입니다. 그리스도 안에 산다면 하나님을 믿고, 우리 내면의 세계까지 하나님께 온전히 맡겨야 합니다.

215
안전한 하나님 나라

눅 12:32

적은 무리여 무서워 말라 너희 아버지께서 그 나라를 너희에게 주시기를 기뻐하시느니라.
Do not be afraid, little flock, for your Father has been pleased to give you the kingdom.

하나님께서 정해 놓으신 범위 밖에서 일어나는 일은 없습니다. 하나님께 우연이란 없습니다. 전능하신 운행자가 말의 고삐를 잡고 계시며, 절대적인 지혜에 따라 주관하고 계십니다. 티끌의 움직임부터 우주를 운행하는 행성까지 모든 것을 미리 아시고, 미리 운명을 정하십니다. 하나님께서 정하시지 않으면 아무 일도 일어날 수 없고, 하나님의 능력이 아니면 아무 일도 일어날 수 없습니다. 하나님께서 힘을 주시지 않으면 아무리 광포한 자라도 손가락 하나 까딱하지 못합니다.

"보라 숯불을 불어서 자기가 쓸 만한 연장을 제조하는 장인도 내가 창조하였고 파괴하며 진멸하는 자도 내가 창조하였은즉"(사 54:16).

우리는 그분의 자녀입니다. 아무리 큰일도 하나님 아버지의 나라를 흔들지 못하고, 음부의 세력도 하나님의 나라를 이기지 못합니다(마 16:18). 우리는 그 나라에 속해 있기 때문에 안전합니다. 그러니 무서워하지 마십시오.

216
천국의 상속자

눅 12:32

적은 무리여 무서워 말라 너희 아버지께서 그 나라를 너희에게 주시기를 기뻐하시느니라.
Do not be afraid, little flock, for your Father has been pleased to give you the kingdom.

그리스도께서 말씀하셨습니다. "너희는 무엇을 먹을까 무엇을 마실까 하여 구하지 말며 근심하지도 말라"(눅 12:29). 하나님께서는 우리에게 면류관과 천국의 집을 약속하셨습니다. 그러니 먹을 것, 마실 것, 입을 것에 대해 의심할 필요가 없습니다. 천국을 물려주기를 간절히 원하시는 하나님께서 우리를 죽게 내버려 두시겠습니까?

하나님 나라 일을 생각하면 세상일은 하찮게 보입니다. 천국의 상속자는 인생의 작은 어려움 때문에 고뇌해서는 안 됩니다. 근심은 하나님께 영광이 되지 못합니다.

어느 환경미화원에게 변호사가 찾아와 인적 사항을 확인하더니 1년에 100만 달러 이상의 수익을 올리는 부동산을 상속받았다고 알려 주었습니다. 그는 즉시 일을 그만뒀습니다. 누구라도 그렇게 했을 것입니다.

하나님 나라의 가치는 세상의 보석을 다 합친 것보다 훨씬 더 큽니다. 그 나라의 상속자는 세상의 하찮은 것에 매달리지 않습니다.

217
나는 주님의 자녀

눅 15:18

내가 일어나 아버지께 가서 이르기를 아버지 내가 하늘과 아버지께 죄를 지었사오니.
I will set out and go back to my father and say to him: Father, I have hidden against heaven and against you.

고통에 시달리거나 슬픈 일이 있거나 낙심되는 일이 있으면 기도하십시오. 길 잃은 아이가 울면서 부르짖듯이 "아버지!" 하고 외치십시오. "내가 일어나 아버지께 가겠습니다"라고 말할 수 있다면 정녕 하나님의 자녀입니다.

자신을 하나님께 드리십시오. 아침에 일어나면 하나님의 보호 아래 자신을 맡기십시오. 매일 밤 잠들기 전에 죽음이 다가오더라도 지켜 주실 하나님께 자신을 드리십시오. 두려워할 일이 없을 때, 일이 순조로울 때, 배가 순풍을 타고 항구로 항해하고 있을 때도 그렇게 하십시오.

하나님께서 우리와 항상 함께 계신다는 사실을 깨달으십시오. 영혼을 아버지의 손에 맡기고 기도하십시오.

"아버지, 아버지께서 여기 계신 것을 압니다. 저를 아버지 손에 맡깁니다. 밤에는 보이지 않는 보호자시고, 낮에는 지치지 않는 파수꾼이신 아버지께 맡깁니다. 아버지께서는 제 하나님이십니다. 아버지께서 전쟁의 날에 제 머리를 가려 주셨습니다. 아버지의 날개를 믿습니다."

218

나를 붙드시는 주님

눅 22:32

내가 너를 위하여 네 믿음이 떨어지지 않기를 기도하였노니.
But I have prayed for you, Simon, that your faith may not fail.

크게 낙심하여 괴로울 때 이 말씀이 위로가 됩니다.

"그가 너를 위하여 그의 천사들을 명령하사 네 모든 길에서 너를 지키게 하심이라 그들이 그들의 손으로 너를 붙들어 발이 돌에 부딪히지 아니하게 하리로다"(시 91:11~12).

때때로 믿음은 경험이라는 긴 막대로 균형을 잡으며 세상의 길 위에 높이 걸려 있는 줄 위를 걷는 것과 같습니다. 믿음은 줄 위에서 떨어지지 않으려고 애를 씁니다. 하지만 떨어진다 해도 걱정할 필요 없습니다. 예수님께서 말씀으로 안전망을 쳐 놓으셨기 때문입니다. "내가 너를 위하여 네 믿음이 떨어지지 않기를 기도하였다."

전적으로 혼자 힘으로 할 수 있는 것처럼 노력하십시오. 그러나 우리의 발을 붙잡아 주시는 분은 오직 한 분이라는 것을 잊지 말고 예수님을 바라보십시오.

"여호와께서 사람의 걸음을 정하시고 그의 길을 기뻐하시나니 그는 넘어지나 아주 엎드러지지 아니함은 여호와께서 그의 손으로 붙드심이로다"(37:23~24).

219
주님의 사랑과 위로

눅 22:32

내가 너를 위하여 네 믿음이 떨어지지 않기를 기도하였노니.
But I have prayed for you, Simon, that your faith may not fail.

하나님의 섭리를 믿고 걱정을 그분께 맡기십시오. 하나님께서는 별들의 수효를 세시고 그 이름들을 아시고 부르시는 분입니다(시 147:4). 하나님의 우주적 섭리가 우리를 위해 움직입니다. 성도를 위한 그분의 특별한 섭리를 생각해 보십시오. 예수님께서는 모든 사람을 위해 구속 사역을 이루셨지만, 모든 사람이 아니라 성도들의 구세주가 되셨습니다. 선택된 사람들에게 특별한 섭리가 있습니다.

"여호와의 천사가 주를 경외하는 자를 둘러 진 치고 그들을 건지시는도다"(34:7).

얼마나 용기와 위로를 주는 말씀입니까? 주님의 특별한 사랑이 진정한 위로입니다.

주님의 말씀을 들으십시오. "내가 너를 위하여 네 믿음이 떨어지지 않기를 기도하였다"라고 하시는 말씀을 들으십시오. 그리스도의 이 말씀이 얼마나 감미롭습니까? 주님의 음성을 듣고 이렇게 대답하십시오.

"예수님께서 저를 위로해 주십니다. 기꺼이 받겠습니다. 주님의 그늘에 큰 기쁨으로 앉아 있겠습니다."

220
주님의 섭리를 찬양

눅 22:42

아버지여 만일 아버지의 뜻이거든 이 잔을 내게서 옮기시옵소서 그러나 내 원대로 마시옵고 아버지의 원대로 되기를 원하나이다.
Father, if you are willing, take this cup from me; yet not my will, but yours be done.

하나님께서 모든 일을 하십니다. 하나님을 떠나서는 아무 일도 일어나지 않습니다. 세상의 사악한 일도 하나님의 허락하에 일어나는 것입니다. 그렇다면 하나님께서 내려치시는 매에도 감사해야 합니다.

남편이 천국으로 갔습니까? 하나님께서 데려가신 것입니다. 재물이 없어졌습니까? 하나님께서 허락하신 일입니다. 다른 원인을 생각하지 말고 하나님을 보십시오.

고통을 당할 때 다른 원인을 생각하지 마십시오. 하나님을 보십시오. 모든 일 가운데 계신 분은 우리의 아버지이고 지선(至善)하신 하나님입니다. 지금 이루기 원하는 것이 하나님 뜻입니까, 아니면 내 뜻입니까? "내 뜻이 아니라 하나님의 뜻이 이뤄져야 합니다"라고 고백해야 합니다. 하나님의 섭리를 찬송하며 받아들이십시오.

좋은 것을 받을 때만 하나님을 찬양하지 마십시오. 불신자도 그렇게는 합니다. 좋지 않은 일을 겪고도 그분을 찬양한다면 그것이 은혜이고, 성령님의 역사입니다.

221
죽음은 가장 좋은 날들의 시작

요 5:24

내 말을 듣고 또 나 보내신 이를 믿는 자는 영생을 얻었고 심판에 이르지 아니하나니 사망에서 생명으로 옮겼느니라.
I tell you the truth, whoever hears my word and believes him who sent me has eternal life and will not be condemned; he has crossed over from death to life.

하나님과 함께 있는 성도는 다시 죽지 않습니다. 삶은 싸움이고 몸부림입니다. 죽음은 그 끝입니다. 죽음은 안식이며 승리입니다. 삶은 죄의 연속이기에 죽음은 죄의 끝입니다.

인생은 갈망이며, 한숨이며, 눈물이며, 허송이며, 욕망입니다. 천국은 즐거움이며, 향유이며, 기쁨입니다. 인생은 실패와 실망과 후회입니다. 죽음이 와야 끝납니다.

죽음의 날은 치유의 날입니다. 그분의 손이 한번 어루만져 주시면 영원히 치유됩니다. 마지막 때에 모든 장애와 모든 질병이 사라집니다. 시각장애인은 시력을 얻고, 듣지 못하던 사람은 천사의 노래를 듣고, 다리를 절던 사람은 춤을 춥니다.

인생은 잃는 것입니다. 죽음은 잃는 것의 끝입니다. 인생에는 십자가가 많습니다. 죽음은 모든 십자가를 끝내는 십자가입니다. 죽음은 가장 좋은 날들의 시작입니다.

222

영원한 생명으로

요 5:25

죽은 자들이 하나님의 아들의 음성을 들을 때가 오나니 곧 이때라 듣는 자는 살아나리라.
A time is coming and has now come when the dead will hear the voice of the Son of God and those who hear will live.

　삶은 한편으로는 죽어 가는 것입니다. 영원한 진리지만 흔히 잊고 삽니다. 그러다가 소중한 사람이 떠나면 새삼스럽게 깨닫습니다.
　누구나 떠나갑니다. 모든 사람이 죽음의 행렬 가운데 있습니다. 누구도 예외가 없습니다. 우리는 그림자이고 덧없이 지나가는 존재입니다. 살아 있다고 말하기가 어렵습니다. 살기 시작하는 순간부터 죽기 시작합니다. 이 땅은 삶의 땅인 동시에 죽어 가는 땅입니다. 영원한 삶이 있는 세상은 죽음의 찬 강을 건너야 있습니다.
　그러나 죽음을 다스리는 분이 계십니다. 하나님이십니다. 살아 계신 하나님 앞에 죽음은 보잘것없는 존재입니다. 우리는 하나님의 자녀입니다. 죽음을 통과해서 생명으로 들어갑니다. 예수님께서 죽으심으로 우리가 파멸에서 구원받았습니다. 죽음과 연관된 모든 것으로부터 구원받으려면 우리 주 예수 그리스도만을 의지해야 합니다. 그분은 어제나 오늘이나 영원토록 동일하십니다(히 13:8).

223
죽음을 보지 않는 성도

요 8:51

사람이 내 말을 지키면 영원히 죽음을 보지 아니하리라.
If anyone keeps my word, he will never see death.

어떤 성도는 예수님께서 오실 때까지 살아 있을 것이라는 믿음으로 삽니다. 무덤에 들어가지 않고 한순간 홀연히 변화될 것을 소망합니다. 그러나 나는 예수님께서 오실 때까지 살아 있기를 바라지 않습니다. 죽는 것보다 산 채로 변화되는 것을 더 좋아할 이유가 있습니까?

"우리가 주의 말씀으로 너희에게 이것을 말하노니 주께서 강림하실 때까지 우리 살아남아 있는 자도 자는 자보다 결코 앞서지 못하리라"(살전 4:15).

위대한 진리입니다. 내가 만약 죽는다면, 죽음에 있어서 그리스도와 교제했다고 말할 수 있습니다. 살아 있는 성도들은 경험할 수 없는 일입니다. 영원토록 그분의 죽음을 생각하면서 "나도 그리스도와 같이 죽었다가 다시 살아났다"라고 말할 수 있다면 그분의 죽음과 부활이 더욱 소중하게 느껴지지 않겠습니까? 그러니 예수님의 재림 전에 잠든 사람들을 슬퍼하지 마십시오.

"사람이 내 말을 지키면 영원히 죽음을 보지 아니하리라." 무덤에 들어간 사람도 죽음을 보지 않을 것입니다.

224
선한 목자

요 10:14

나는 선한 목자라 나는 내 양을 알고 양도 나를 아는 것이.
I am the good shepherd; I know my sheep and my sheep know me.

하나님께서는 우리를 떠나지 않으십니다. 매 순간 우리를 지켜보고 계십니다. 언제나 돌보시고 인도하십니다. 그것이 하나님을 찬양하지 않을 수 없는 이유입니다.

우리가 누워 있는 요람은 사랑의 손에 의해 흔들리고 있습니다. 하나님께서 다정하고 부드러운 손길로 우리를 보호해 주십니다. 날마다 일용할 양식을 주시고, 옷을 입혀 주십니다. 살아 있게 지켜 주십니다. 하나님의 능력이 떠나면 우리는 그 즉시 죽음으로 떨어집니다.

우리는 하나님의 손에 있는 양입니다. 하나님께서는 우리의 목자이시기 때문에 우리가 늘 그분의 섭리 안에 있게 해 주시고, 계속 보호하시고, 올바르게 다스리시고, 능력으로 대적을 물리치시고, 푸른 초장으로 인도하십니다.

그분을 찬송하십시오. 살게 해 주시고, 은혜의 창고에서 먹여 주시는 하나님을 사랑하십시오. 마음과 영혼과 힘을 다해 하나님을 섬기십시오.

"우리는 그의 것이니 그의 백성이요 그의 기르시는 양이로다"(시 100:3).

225
보장된 안전

요 10:28

내가 그들에게 영생을 주노니 영원히 멸망하지 아니할 것이요 또 그들을 내 손에서 빼앗을 자가 없느니라.
I give them eternal life, and they shall never perish; no one can snatch them out of my hand.

현재 어려움을 당하고 있거나 앞날의 전망이 밝지 않더라도 용기를 잃지 마십시오. 주님께서는 상상할 수 없는 일을 하시는 분입니다. 앞으로 일어날 좋은 일을 미리 보여 주기 위해 죽으시고, 다시 사셨습니다.

주님께서 슬퍼하는 종 요한에게 나타나 말씀하셨습니다. "곧 살아 있는 자라 내가 전에 죽었었노라 볼지어다 이제 세세토록 살아 있어 사망과 음부의 열쇠를 가졌노니"(계 1:18). 죽으시고 다시 사신 목자께서 양 떼의 안전에 대한 보장이며 영광의 증거입니다.

주님의 말씀으로 서로를 위로하십시오.

"내 양은 내 음성을 들으며 나는 그들을 알며 그들은 나를 따르느니라 내가 그들에게 영생을 주노니 영원히 멸망하지 아니할 것이요 또 그들을 내 손에서 빼앗을 자가 없느니라 그들을 주신 내 아버지는 만물보다 크시매 아무도 아버지 손에서 빼앗을 수 없느니라 나와 아버지는 하나이니라"(요 10:27~30).

226
영광과 사랑의 자리

요 10:29

그들을 주신 내 아버지는 만물보다 크시매 아무도 아버지 손에서 빼앗을 수 없느니라.
My Father, who has given them to me, is greater than all; no one can snatch them out of my Father's hand.

우리가 그리스도의 손에 있기 때문에 우리 자리는 보장되어 있습니다. 그 자리는 영광의 자리이고 사랑의 자리입니다. 그리스도께서 붙들고 계시기 때문입니다.

"내가 너를 내 손바닥에 새겼고 너의 성벽이 항상 내 앞에 있나니"(사 49:16).

구세주의 손에서 우리를 빼앗아 가려는 자들이 있습니다. 사악한 사람들이 일어나 표적과 기사를 보이며 선택된 사람들을 속이려고 합니다(마 24:24). 큰 소리로 성도들을 겁주어 하나님을 떠나게 하려 합니다. 마귀가 음모를 꾸며 우리를 파멸로 이끌어 가려고 합니다. 때로는 우리의 마음조차도 우리를 하나님의 손에서 벗어나게 하려고 할 때가 있습니다. 그러나 예수님께서 선포하십니다.

"아무도 내 손에서 내 양들을 빼앗을 수 없다."

어떤 존재도 우리를 그분의 손에서 빼앗을 수 없습니다. 어떤 방법으로도 그분의 보호를 받는 자녀를 그 자리에서 쫓아낼 수 없습니다. 이 얼마나 큰 축복의 약속입니까?

227
시련이 은혜인 이유

요 11:15

내가 거기 있지 아니한 것을 너희를 위하여 기뻐하노니 이는 너희로 믿게 하려 함이라 그러나 그에게로 가자.
And for your sake I am glad I was not there, so that you may believe. But let us go to him.

예수님께서 말씀하셨습니다. "나사로가 죽었느니라 내가 거기 있지 아니한 것을 너희를 위하여 기뻐하노라"(요 11:14~15). 제자가 고통 받고 있는 것을 예수님께서 기뻐하셨다는 말입니다. 고통 받고 있는 분들은 그 의미를 깊이 생각해 보십시오.

시련을 겪지 않으면 귀한 믿음을 가질 수 없습니다. 은혜의 약속이라는 소중한 진리에 굳게 매달리지 못합니다. 특별한 시련은 특별한 은혜를 가져옵니다.

나사로가 죽지 않았다면 그리스도께서 베다니에 가시지 않았을지도 모릅니다. 고통 받는 중에 그리스도께서 오신다면 이보다 더 큰 위로가 어디 있으며, 이보다 더 믿음을 굳게 하는 일이 어디 있습니까?

일이 순조로울 때는 주님의 얼굴이 보이지 않습니다. 어려울 때 주님의 얼굴이 보입니다. 예수님께서 찾아오시기 때문입니다. 푸른 잔디 위는 주님 없이 걸을 수 있지만, 불 가운데에서는 주님께서 반드시 함께하셔야 합니다.

228

예수님의 눈물

요 11:35

예수께서 눈물을 흘리시더라.
Jesus wept.

나사로는 죽었습니다. 그러나 예수님께서 그를 살리려고 오셨습니다. 그런데 나사로의 무덤에 오신 예수님께서 우셨습니다. 나사로가 다시 살아날 것을 알고 계시기에 울 이유가 없습니다. 그런데 우셨습니다. 예수님께서는 나사로의 죽음이 하나님의 영광을 위한 것임을 아셨습니다. 그럼에도 우셨습니다.

"이 병은 죽을병이 아니라 하나님의 영광을 위함이요 하나님의 아들이 이로 말미암아 영광을 받게 하려 함이라"(요 11:4).

잃어버린 것이 하나님의 영광을 위한 것이었다면, 그것 때문에 우는 것이 옳지 않다고 생각합니까? 그렇지 않습니다. 옳지 않은 일이라면 예수님께서는 우시지 않았을 것입니다. 눈물은 남모르게 흘리는 것으로 생각되어 왔으나 예수님께서 우심으로 눈물도 경건하게 되었습니다.

예수님께서 우셨기 때문에 우리도 울 수 있습니다. 그리스도께서 허용하신 행동을 비난해서는 안 됩니다. 울면서 하나님께 감사하고, 울면서 하나님의 임재하심을 안다면 우는 것은 죄가 아닙니다. 울고 싶은 만큼 우십시오.

229
걱정을 가져가시는 주님

요 14:1

너희는 마음에 근심하지 말라 하나님을 믿으니 또 나를 믿으라.
Do not let your hearts be troubled. Trust in God[a]; trust also in me.

믿는 사람에게도 구름이 모여들고, 폭풍이 다가오고, 고난이 닥칩니다. 절망의 시기가 옵니다. 사업이 어려워지고 장래는 걱정스럽습니다. 건강은 점점 나빠지고 병이 더 악화될까 봐 걱정됩니다. 그러나 예수님께서 우리를 위로하십니다. "너희는 마음에 근심하지 말라."

걱정하지 마십시오. 하나님께서 어려울 때마다 도와주지 않으셨습니까? 걱정을 주님께 맡기십시오. 불순물을 제거할 필요가 없는 한 주님께서 우리를 용광로에 넣으실 리가 없습니다. 설사 넣으신다 해도 용광로는 필요한 정도로만 뜨겁지 그 이상으로 뜨겁지는 않습니다. 주님께서 고통을 상쇄할 은혜를 주시고, 짐의 무게를 견딜 수 있는 힘을 주십니다.

가는 길이 험해도 목적지는 분명합니다. 우리는 하나님 나라로 가고 있습니다. 모든 성도는 그 나라의 왕자입니다. 사는 곳이 누추하고, 길이 험하고, 바람이 사나운 것이 무슨 문제입니까? 하나님 나라가 앞에 있습니다. 인생의 여정을 잘 끝내야 합니다. 겁내지 말고 노래하십시오.

230
성령님의 사랑

요 14:16

내가 아버지께 구하겠으니 그가 또 다른 보혜사를 너희에게 주사 영원토록 너희와 함께 있게 하리니.
And I will ask the Father, and he will give you another Counselor to be with you forever.

성령님께서는 너무나 고귀하고 신성하시기 때문에 우리 같은 비천한 인생에게 긍휼한 마음을 가지실 리가 없다고 생각합니까? 그렇지 않습니다. 성령님께서는 우리 안에 들어와 살고 계십니다(요 15:26). 지극히 높은 곳에서 지극히 낮은 곳으로 오셨습니다.

위로자께 긍휼의 마음이 없다고 생각합니까? 그렇지 않습니다. 그분은 진심으로 우리를 불쌍히 여기십니다. 성령님의 사랑을 생각해 보십시오. 우리가 잘못되는 것에 대해 그분이 아무 관심도 없을 것이라고 생각합니까? 그렇지 않습니다. 하나님은 사랑이십니다(요일 4:16).

"이는 하늘이 땅에서 높음같이 그를 경외하는 자에게 그의 인자하심이 크심이로다 동이 서에서 먼 것같이 우리의 죄과를 우리에게서 멀리 옮기셨으며 아버지가 자식을 긍휼히 여김같이 여호와께서는 자기를 경외하는 자를 긍휼히 여기시나니 이는 그가 우리의 체질을 아시며 우리가 단지 먼지뿐임을 기억하심이로다"(시 103:11~14).

231
우리의 위로자

요 14:18

내가 너희를 고아와 같이 버려두지 아니하고 너희에게로 오리라.
I will not leave you as orphans; I will come to you.

성경에 나오는 하나님의 사람들이 우리처럼 보통 사람들이었다는 사실은 큰 위안이 됩니다. 그 사람들이 어떻게 기도 가운데 하나님의 위로를 찾았으며, 고난의 시기에 구원을 받았는지를 보면서 위안을 얻습니다.

사도들조차 완전한 사람들이 아니었다는 사실에 나는 안도합니다. 완전한 사람들이었다면 예수님의 말씀이 기록으로 남아 있겠습니까? 그들이 완전한 사람들이었다면 고난을 당하지 않았을 테고, 예수님께서는 "너희는 마음에 근심하지 말라"(요 14:1)는 황금 같은 말씀을 안 하셨을 것입니다.

예수님께서 약속하셨습니다. "내가 너희를 고아와 같이 버려두지 아니하고 너희에게로 오리라." 시련이 가슴을 짓누르고 어떤 말도 위로가 되지 못할 때, 시련과 고통을 맡길 수 있는 하나님이 계시다는 것을 생각하면 정말 큰 힘이 됩니다. 하나님께서 위로자가 되시기 때문에 우리 마음은 항상 그분의 위로로 가득합니다. 그러므로 우리는 어떤 상황에서도 믿음 안에서 기뻐할 수 있습니다.

232
영원한 주님의 약속

요 14:18

내가 너희를 고아와 같이 버려두지 아니하고 너희에게로 오리라.
I will not leave you as orphans; I will come to you.

가정이라는 울타리 안에 있는 것은 그야말로 복입니다. 많은 사람이 그 복된 관계를 맺고 있습니다. 그러나 그 관계가 영원한 만족이 되지는 못합니다. 언제고 깨어질 관계입니다. 그러므로 그런 관계를 뛰어넘는 더 높은 복을 간구하십시오.

나는 육신의 아버지에 대해 하나님께 감사합니다. 그러나 하나님께서 나의 아버지가 되어 주신다는 것이야말로 진정한 복이 아니겠습니까? 나는 어머니의 사랑에 대해 하나님께 감사합니다. 그러나 하나님께서 어머니 같은 사랑으로 내 영혼을 위로하신다는 것이야말로 복이 아니겠습니까? 주님께서 내게 허락하신 가정에 감사를 드리지만, 여호와의 집에 영원히 사는 것이 진정한 복이 아니겠습니까?

하나님 안에서 모든 관계를 인식하는 것이 진정한 복입니다. 나는 인간적이고 일시적인 행복이 기쁨을 주기를 바랍니다. 그러나 동시에 세상적인 행복에 물들어 영원한 평안의 약속으로부터 멀어지지 않기를 바랍니다.

233
고난은 새 언약의 약속

요 15:2

무릇 열매를 맺는 가지는 더 열매를 맺게 하려 하여 그것을 깨끗하게 하시느니라.
Every branch that does bear fruit he prunes so that it will be even more fruitful.

 옛 언약의 약속은 번영이고 새 언약의 약속은 고난입니다. 고난은 좋은 열매를 맺게 하기 때문에 성도는 고난 가운데서도 기뻐해야 합니다. 어떻게 그럴 수 있느냐고요? 고난이 있으면 예수님의 위로도 있기 때문입니다. 성도라면 매를 알아야 합니다. 시련을 겪어 봐야 합니다.

 고난을 달라고 기도하라는 말은 아닙니다. 매 맞는 것이 좋다고 고난을 구하는 것은 어리석은 짓입니다. 실제로 고난을 구한 사람이 있었는데, 고난이 그를 현명하게 만들어서 두 번 다시 구하지 않게 되었습니다. 성도는 매를 어떻게 감당해야 할지 알지만 매를 구하지는 않습니다.

 그럼에도 불구하고 조만간 어려움을 당할지 모릅니다. 몇 달, 몇 년을 잘 지내다가도 어둠의 시간을 맞이할 수 있습니다. 시련이 있다는 것을 기뻐하십시오. 시련 가운데 천국에 갈 준비를 할 수 있기 때문입니다. 현재에 매달리는 것으로부터 벗어나, 보이지 않는 것들의 증거(히 11:1)와 영원한 것과 나타날 것들을 간구할 수 있기 때문입니다.

234
영광스러운 죽음

요 17:24

아버지여 내게 주신 자도 나 있는 곳에 나와 함께 있어 아버지께서 창세전부터 나를 사랑하시므로 내게 주신 나의 영광을 그들로 보게 하시기를 원하옵나이다.
Father, I want those you have given me to be with me where I am, and to see my glory, the glory you have given me because you loved me before the creation of the world.

하나님의 사람들의 죽음은 큰 손실입니다. 소중한 사람들이 떠나는 것을 보는 일은 고통스럽습니다. 하지만 죽어서 안식에 들어가 영원을 향유하고 있는 그들과 비교하면, 오히려 우리가 가련한 존재입니다.

우리가 알아야 할 것이 있습니다. 소중한 사람들의 죽음 때문에 우리가 슬퍼하고 있을 때 그리스도께서는 기뻐하신다는 것입니다. "아버지여, 내게 주신 자도 나 있는 곳에 나와 함께 있어 아버지께서 창세전부터 나를 사랑하시므로 내게 주신 나의 영광을 그들로 보게 하시기를 원하옵나이다." 그리스도의 사람이 천국에 올 때마다 예수님께서 이 기도의 응답을 맛보십니다.

죽음 그 자체는 두려운 것입니다. 그러나 성도에게 죽음은 죽어 없어지는 것이 아닙니다. 이 세상을 떠나 아버지께로 가는 것이며, 아버지의 나라에 들어가는 것입니다.

235
나를 먹이시는 주님

요 21:5

예수께서 이르시되 애들아 너희에게 고기가 있느냐 대답하되 없나이다.
He called out to them, "Friends, haven't you any fish?" "No," they answered.

하나님께서는 우리에게 혹시 부족한 것은 없는지 늘 지켜보십니다. 예수님께서는 세상에 계신 동안 두 번이나 많은 사람을 먹이셨습니다. 그분께서는 항상 우리의 배고픔을 생각하십니다. 지금도 묻고 계십니다. "애들아, 너희에게 고기가 있느냐?" 먹을 게 없는 것을 보고 말씀하십니다. "와서 조반을 먹으라"(요 21:12). 예수님께서 직접 우리 육신의 필요를 챙기시는 모습을 보여 줍니다.

궁핍하거나 어려운 처지에 있는 분들은 용기를 내십시오. 제자들에게 "와서 아침을 먹으라"고 말씀하신 분이 우리의 궁핍함을 모른 척하시겠습니까? 우리가 할 일은 믿음을 보이는 것이고, 하나님이 하실 일은 능력을 보이는 것입니다.

주님께서 가르쳐 주신 기도에 이런 간구도 있습니다.

"오늘 우리에게 일용할 양식을 주시옵고"(마 6:11).

예수님께 도움을 청하십시오. 당신 옆에 계신 주님은 갈릴리 해변에 계셨던 바로 그 주님이십니다.

236
주의 이름을 부르는 자

행 2:21

누구든지 주의 이름을 부르는 자는 구원을 받으리라.
And everyone who calls on the name of the Lord will be saved.

시련 가운데 너무 힘들어서 삶을 포기하고 싶은 생각이 들 때도 있겠지만, 쉬지 말고 주님의 이름을 부르십시오. 믿는 사람의 기도는 하나님께서 행하시는 놀라운 역사의 시발점이 됩니다.

하나님의 이름을 부르는데 거부당할 리 없습니다. "누구든지 주의 이름을 부르는 자는 구원을 받으리라"고 하셨습니다. 하나님께서는 거짓말을 하실 수 없습니다. 만약 하나님께서 그분의 이름을 부르는 죄인의 소리를 들어주지 않으신다면 그것은 하나님의 본성을 떠난 것이며, 사랑이신 하나님께서 사랑을 잊으신 것입니다. 그런 일은 결코 일어날 수 없습니다. 오히려 하나님께서 이렇게 말씀하실 날이 올 것입니다. "내가 불러도 너희가 대답하지 않았다"(사 65:12). 그러나 오늘이 그날은 아닙니다.

"오늘 너희가 그의 음성을 듣거든 격노하시게 하던 것같이 너희 마음을 완고하게 하지 말라"(히 3:15).

지금 당장 하나님을 부르십시오.

237
큰 시련, 큰 은혜

행 4:33

사도들이 큰 권능으로 주 예수의 부활을 증언하니 무리가 큰 은혜를 받아.
With great power the apostles continued to testify to the resurrection of the Lord Jesus, and much grace was upon them all.

하나님께서는 큰 시련을 참아 낸 사람에게 더 큰 은혜를 주십니다. 우리가 고난의 지하실에 떨어지더라도 그곳에 하나님께서 예비하신 귀한 포도주가 있습니다.

고난의 바다에 들어간 사람이 귀한 진주를 땁니다. 고난을 당하고 있는 사람들은 이 말이 진리임을 기억해야 합니다. 침대에 너무 오래 누워 있어서 욕창이 난 사람들도, 여러 가지 이유로 가난하게 된 사람들도 이 말이 진리임을 기억해야 합니다. 친구들이 한 명씩 하나님 곁으로 가는 것을 보는 사람들도 이 말이 진리임을 기억해야 합니다. 신실하신 하나님께서 시련을 믿음으로 견디는 사람에게 더 큰 은혜를 주십니다(약 4:6).

고통 중에도 기쁨의 약속을 잊지 말기를 기도합니다. 무거운 짐을 지고 있는 사람들이 하나님의 부드러운 음성을 들을 수 있기를 기도합니다.

"너는 내게 부르짖으라 내가 네게 응답하겠고 네가 알지 못하는 크고 은밀한 일을 네게 보이리라"(렘 33:3).

238
흔들리지 않는 믿음

행 27:25

그러므로 여러분이여 안심하라 나는 내게 말씀하신 그대로 되리라고 하나님을 믿노라.
So keep up your courage, men, for I have faith in God that it will happen just as he told me.

풍랑으로 난파될 위기에 처한 배 위에서 "나는 하나님을 믿노라"고 선포하는 것은 대단한 것입니다. 맹수가 잡아먹으려고 으르렁거리거나 파도가 흉흉하게 몰아칠 때, 그 앞에서 하나님을 믿는 것은 대단한 일입니다.

폭풍 가운데 의연히 서는 믿음이 진정한 믿음입니다. 잔잔한 바다의 아름다운 모습만 보려고 하는 맑은 날의 믿음은 나약한 믿음입니다. 폭풍이 배를 덮치려고 할 때, 맑은 날의 믿음은 아무 소용이 없습니다. 하나님께서 택하신 백성이 가져야 할 믿음은 어둠 속에서도 볼 수 있는 믿음이며, 혼돈 가운데서도 흔들리지 않는 믿음이고, 한밤중에 빛나는 믿음입니다. 모두가 두려움에 휩싸여 있을 때 바울은 당당히 선포했습니다. "나는 하나님을 믿노라."

"나의 영혼아 잠잠히 하나님만 바라라 무릇 나의 소망이 그로부터 나오는도다 오직 그만이 나의 반석이시요 나의 구원이시요 나의 요새이시니 내가 흔들리지 아니하리로다"(시 62:5~6).

239
주님께서 정하신 길

롬 5:2

또한 그로 말미암아 우리가 믿음으로 서 있는 이 은혜에 들어감을 얻었으며 하나님의 영광을 바라고 즐거워하느니라.
Through whom we have gained access by faith into this grace in which we now stand. And we rejoice in the hope of the glory of God.

    고난이 정해져 있는 것처럼 고난 가운데 지탱하도록 해 줄 은혜도 정해져 있습니다. 정확하게 필요한 분량의 은혜가 예비되어 있습니다. 시련도 정해져 있고, 시련에서 구원해 주시는 특별한 도움도 정해져 있습니다.

    병을 걱정합니까? 병도 정해져 있고, 주님께서 회복시키실 것도 정해져 있고, 지탱해 주실 것도 정해져 있습니다. 가난도 정해져 있고, 부요함도 정해져 있습니다.

    주님께서 영광 가운데 갑자기 오시지 않는다면 사람이 한 번 죽는 것이 정해져 있고(히 9:27), 그리스도 안에서 죽은 자가 다시 일어서는 것도 정해져 있습니다(살전 4:16). 성도의 죽음은 세상 사람들의 죽음과 같지 않습니다. 마지막 때에 성도가 무덤에서 예수 그리스도의 형상으로 일어날 것이 정해져 있습니다. 그러니 기뻐하십시오. 하나님께서 그분의 자녀를 위해 정해 놓으신 것은 분명하고 확실합니다.

240
가장 위대한 사랑

롬 5:8

우리가 아직 죄인 되었을 때에 그리스도께서 우리를 위하여 죽으심으로 하나님께서 우리에 대한 자기의 사랑을 확증하셨느니라.
But God demonstrates his own love for us in this: While we were still sinners, Christ died for us.

우리가 예수 그리스도를 모른다면 고난이 우리를 소망 없는 현실로 내몰 것입니다. 죽음의 경계까지 가 본 적이 있습니까? 온몸이 찢어지는 듯한 고통을 경험한 적이 있습니까? 죽음이 가까이 왔다고 느낀 적이 있습니까? 차라리 당장 죽는 것이 더 낫겠다고 생각한 적이 있습니까?

그때 하나님의 영이 크게 역사하십니다. 그리스도께서는 우리가 바닥까지 내려가 하나님께 부르짖을 때 기뻐하십니다. 영혼을 잃는 것보다는 눈이나 팔 한쪽을 잃는 것이 낫습니다. 부자로 지옥에 가는 것보다는 거지로 천국에 가는 것이 낫습니다. 시련과 고난이 우리를 그리스도께 인도할 때 하나님께 영광이 됩니다.

영생을 얻기 위해 필요한 것은 오직 한 가지, 주 예수 그리스도를 믿는 것입니다. 예수님께서 우리를 대신해 죽으셨습니다. 그 대속의 죽음은 하나님의 사랑을 구체적으로 보여 주는 최고의 증표입니다. 그 사랑 덕분에 우리가 죄와 죽음의 속박에서 벗어나 참자유를 얻은 것입니다.

241
우리를 위해 간구하시는 분

롬 8:26

우리는 마땅히 기도할 바를 알지 못하나 오직 성령이 말할 수 없는 탄식으로 우리를 위하여 친히 간구하시느니라.
We do not know what we ought to pray for, but the Spirit himself intercedes for us with groans that words cannot express.

기도를 멈춰서는 안 됩니다. 기도해 봤자 소용없다고 마귀가 속삭일지라도 속지 마십시오. 그렇게 말하는 마귀의 면전에서 기도해야 합니다. 비록 여러 달 동안 드린 기도가 하나님께 상달된 것 같지 않고, 기도의 응답이 없다 해도 주님께 가까이 가려는 노력을 계속하십시오. 어떤 이유에서라도 하나님과 만나는 자리를 포기하지 말아야 합니다. 간구한 것이 선한 것이라면 응답을 얻을 때까지 기다리고 기도해야 합니다.

영혼이 차갑다면 뜨거워질 때까지 기다리지 마십시오. 성령님의 도움으로 영혼이 따뜻해지게 해 달라고 기도하십시오. 성령님께서는 우리의 연약함을 도우셔서 말할 수 없는 탄식으로 우리를 위해 간구하고 계십니다.

기도를 멈추지 마십시오. 모든 일이 정해져 있어서 기도해도 바꿀 수 없다고 말하는 사람이 있겠지만, 그래도 기도를 쉬지 마십시오. 사람들이 제기하는 의문에 대답할 수 없어도 기도의 능력을 믿고 계속 기도하십시오.

242
가장 좋은 약속

롬 8:28~29

우리가 알거니와 하나님을 사랑하는 자 곧 그의 뜻대로 부르심을 입은 자들에게는 모든 것이 합력하여 선을 이루느니라 하나님이 미리 아신 자들을 또한 그 아들의 형상을 본받게 하기 위하여 미리 정하셨으니 이는 그로 많은 형제 중에서 맏아들이 되게 하려 하심이니라.

And we know that in all things God works for the good of those who love him, who have been called according to his purpose. For those God foreknew he also predestined to be conformed to the likeness of his Son, that he might be the firstborn among many brothers.

  우리에게 일어나는 일은 모두가 우리를 위한 것입니다. 우리가 탄 배로 파도가 몰려오는 이유는 항구로 빨리 가게 해 주기 위해서입니다. 천둥과 번개가 치는 것은 대기를 깨끗이 하고 영혼을 건강하게 하려는 것입니다. 잃음으로 얻고, 병으로 건강해지고, 죽음으로 살고, 손해로 부자가 됩니다.

  이보다 더 좋은 약속을 받을 수 있습니까? 모든 일이 우리가 원하는 대로 되는 것보다 모든 일이 합력하여 우리를 위한 선을 이루는 것이 더 좋습니다. 모든 것이 쾌락을 위해 이뤄진다면 그것은 멸망으로 가는 길입니다. 모든 일이 항상 즐거움이 되지는 않더라도 항상 유익이 되는 것이 있습니다. 그것이 가장 좋은 약속입니다.

243
고난의 잔

롬 8:28

우리가 알거니와 하나님을 사랑하는 자 곧 그의 뜻대로 부르심을 입은 자들에게는 모든 것이 합력하여 선을 이루느니라.
And we know that in all things God works for the good of those who love him, who have been called according to his purpose.

하나님께서 어떤 사람에게 특별한 계획이 있을 때 고난과 슬픔으로 훈련시키시는 경우를 흔히 봅니다. 하나님께서는 쾌락과 오만의 나무를 베고 선한 말씀의 씨를 받을 수 있도록 우리 마음을 갈고, 허물고, 베고, 갈퀴질을 하며 준비시키십니다.

폭풍이 몰아쳐야 사람들은 정신을 차리고 하나님께 부르짖습니다. 사업상의 큰 손실을 입으면 그제야 금보다 오래가는 부, 금전적 이익보다 믿을 수 있는 자산, 재산보다 오래가는 위로를 찾습니다.

우연히 오는 고난은 없습니다. 쓰디쓴 고난의 물 한 방울에도 하나님 아버지의 지혜가 들어 있습니다. 모든 고난에는 반드시 목적이 있습니다. 고난은 치유의 약입니다. 죽음의 독이 아닙니다. 그러니 불평하지 말고 고난의 잔을 마신 다음 하나님 아버지께 간구하십시오.

"나의 원대로 마시옵고 아버지의 원대로 하옵소서"(마 26:39).

244
능력 있는 성도의 삶

롬 8:31

그런즉 이 일에 대하여 우리가 무슨 말 하리요 만일 하나님이 우리를 위하시면 누가 우리를 대적하리요

What, then, shall we say in response to this? If God is for us, who can be against us?

혼자 힘으로 할 수 없는 계획을 추진하다 보면 "내가 결코 너희를 버리지 아니하고 너희를 떠나지 아니하리라"(히 13:5)는 하나님의 약속을 생각하게 됩니다. 하나님께서 영감을 주셔서 계획한 일이라면 하나님께서 그 일을 버리시지 않습니다. 우리가 아무리 보잘것없다 해도 하나님께서 그 계획을 이루십니다. 종에게 싸우라고 하신 하나님께서 그 종에게 싸울 힘을 불어넣어 주시지 않겠습니까? 하나님께서는 종을 버리지 않으십니다.

만약 하나님께서 하라고 하셨는데 그 일을 할 능력이 내게 없다면, 하나님께서 주실 것입니다. 하나님께서는 "네가 사는 날을 따라서 능력이 있으리로다"(신 33:25)라고 말씀하십니다. 온 세상이 우리를 대적한다 해도 삼손이 사자를 찢은 것같이 우리도 세상을 흔들 것입니다.

"만일 하나님이 우리를 위하시면 누가 우리를 대적하리요." 이 약속의 말씀으로 용기를 얻으십시오.

245
넉넉히 이기는 인생

롬 8:37

그러나 이 모든 일에 우리를 사랑하시는 이로 말미암아 우리가 넉넉히 이기느니라.
No, in all these things we are more than conquerors through him who loved us.

하나님께서 주신 약속의 다이아몬드는 시련의 어둠 속에서 빛을 냅니다. 깊은 절망의 구렁텅에 빠져 본 사람이 같은 처지에 있는 분들을 도울 수 있습니다. 가장 어둡고 힘든 경험이 그리스도를 따르는 길로 우리를 이끕니다.

성경은 시련에 관한 이야기로 가득합니다. 장미에 가시가 있는 것같이 우리 인생은 시련으로 점철되어 있습니다. 그러나 사탄의 공격을 막아 낼 방도가 있습니다. 하나님의 전신갑주입니다. 우리가 사탄의 공격을 받을 때 하나님의 전신갑주가 우리를 지켜 줍니다(엡 6:11).

예수님께서는 모든 점에서 우리와 똑같은 시험을 받으셨으나 죄는 없으셨습니다. 구세주의 공생애는 시작부터 끝까지 시련이었습니다. 광야에서 마귀의 시험을 받으시는 것으로 시작해서 겟세마네 동산에서 어둠의 세력과 처절하게 싸우신 것으로 끝납니다. 주님께서 골고다 언덕에서 피와 고난 가운데 승리를 얻으셨다면, 우리도 치열하게 싸워 이겨야 면류관을 얻을 수 있지 않겠습니까?

246
기도의 선물

고전 3:22

바울이나 아볼로나 게바나 세계나 생명이나 사망이나 지금 것이나 장래 것이나 다 너희의 것이요.
whether Paul or Apollos or Cephas or the world or life or death or the present or the future all are yours.

하나님께서 특정인에게 주신 약속이라 해도 그 약속을 붙잡고 기도로 간구하면 우리에게도 그 효력이 있습니다.

이스라엘 백성은 오래전에 홍해를 건넜지만, 다윗은 시편에서 "우리가 거기서 주로 말미암아 기뻐하였도다"(시 66:6)라고 노래합니다. 브니엘에 있었던 사람은 야곱뿐이었으나, 호세아는 "거기에서 우리에게 말씀하셨다"(호 12:4)고 말했습니다. 바울은 고난을 당할 때 힘이 되도록 "내가 결코 너희를 버리지 아니하고 너희를 떠나지 아니하리라"(히 13:5)는 위대한 약속의 말을 했는데, 그것은 주님께서 야곱에게 주신 보증의 말씀입니다.

"너를 떠나지 아니하리라"(창 28:15).

이 약속을 하나님께서 우리에게도 주십니다. 성경은 구세주께서 우리 모두에게 하시는 말씀입니다. 주님의 약속은 모두 이뤄져 왔습니다. 하나님께서는 기도하는 사람의 무릎에 보물을 쏟아 주려고 기다리고 계십니다.

247
시험을 감당할 능력

고전 10:13

오직 하나님은 미쁘사 너희가 감당하지 못할 시험 당함을 허락하지 아니하시고 시험 당할 즈음에 또한 피할 길을 내사 너희로 능히 감당하게 하시느니라.
And God is faithful; he will not let you be tempted beyond what you can bear. But when you are tempted, he will also provide a way out so that you can stand up under it.

"내가 결코 너희를 버리지 아니하고 너희를 떠나지 아니하리라"(히 13:5). 이는 그리스도의 약속이며, 그리스도는 하나님이십니다. 그분께서는 약속을 반드시 지키십니다.

우리는 "네가 사는 날을 따라서 능력이 있으리로다"(신 33:25)라는 약속의 말씀을 자주 듣습니다. 이 말씀을 진정으로 믿는다면 "하나님은 미쁘시다"라는 말씀으로 어둡고 우울한 마음을 떨쳐 버리십시오.

미쁘신 하나님께서는 때를 맞춰 시련을 주십니다. 추가로 짐을 지워 주시기도 하지만 있는 짐을 덜어 주시기도 합니다. 유명한 순교자 브래드포드(John Bradford)는 류머티즘과 우울증으로 고생했습니다. 그가 죽기 전에는 나올 수 없는 불결하고 습기 많은 지하감옥에 수감되었을 때 이런 글을 썼습니다. "이 감옥에서 나는 새로운 시련을 겪고 있다. 그런데 신기하게도 그동안 나를 괴롭혀 온 류머티즘과 우울증이 없어졌다."

248
성도의 죽음

고전 15:26

맨 나중에 멸망받을 원수는 사망이니라.
The last enemy to be destroyed is death.

새 무덤 앞에 정신이 반쯤 나간 채 서 있어 본 사람은 사망이 얼마나 무서운 대적인지 압니다. 사망은 친구를 데려가고, 자식을 빼앗아 갑니다. 사망은 젊은 사람을 불쌍히 여기지 않고, 나이 든 사람에게 자비를 보이지 않습니다. 사망의 낫은 아름다운 꽃이나 해로운 잡초나 가리지 않고 벱니다. 사망은 우리의 대적입니다.

성도가 죽는 이유는 무엇입니까?

"혈과 육은 하나님 나라를 이어받을 수 없고 또한 썩는 것은 썩지 아니하는 것을 유업으로 받지 못하느니라"(고전 15:50).

천국에 들어가려면 몸에 신령한 변화가 일어나야 합니다. 죽음과 무덤은 우리의 몸을 천국에 맞게 순화시키는 용광로입니다. 죽음은 밧줄을 끊어서 배가 천국으로 거침없이 가게 합니다. 죽음은 우리를 하나님께 이끌어 가는 불마차입니다. 우리는 독수리 날개에 올라 안개와 구름의 나라를 떠나 영원토록 맑고 빛나는 하나님의 집으로 갑니다. 그러므로 성도의 죽음은 영원한 죽음이 아닙니다.

249
죽음을 감찰하시는 주님

고전 15:31

내가 그리스도 예수 우리 주 안에서 가진바 너희에 대한 나의 자랑을 두고 단언하노니 나는 날마다 죽노라.
I die every day—I mean that, brothers—just as surely as I glory over you in Christ Jesus our Lord.

내가 죽음을 두려워하지 않게 된 것을 하나님께 감사합니다. 무덤과 가깝게 지내는 사람은 무덤을 침대로 바꿀 수 있습니다. 은혜의 언약 안에서 기쁨으로 사는 믿음의 사람은 죽음의 의미를 알고 힘을 얻습니다.

만약 이 보잘것없는 세상에서 영원히 살아야 한다면 그보다 더한 벌이 어디 있겠습니까? 때가 되면 집으로 가는 것은 다행스럽고 기쁜 일입니다. 낮에는 일하고 밤이 되면 품삯을 받기 위해 집으로 가는 것이 왜 싫습니까? 주님의 자녀는 이 귀향의 의미를 알아야 합니다. 우리가 가는 곳은 공포의 무덤이 아니라 소망과 영광의 천국입니다.

주님께서 맡기신 일을 다 할 때까지 우리는 죽지 않습니다. 평안한 마음을 가지십시오. "그의 경건한 자들의 죽음은 여호와께서 보시기에 귀중한 것이로다"(시 116:15)라는 말씀을 잊지 마십시오. 주님께서 우리의 죽음을 특별히 감찰하십니다. 살아서나 죽어서나 우리는 주님의 손안에 있습니다. 그러니 기뻐하십시오.

250
모든 위로의 하나님

고후 1:3

찬송하리로다 그는 우리 주 예수 그리스도의 하나님이시요 자비의 아버지시요 모든 위로의 하나님이시며.
Praise be to the God and Father of our Lord Jesus Christ, the Father of compassion and the God of all comfort.

주님께서는 우리가 겪는 슬픔과 쓰라림을 그분의 섭리에 따라 제거하실 수 있습니다. 하나님의 섭리는 놀라움과 예상치 못한 반전으로 가득 차 있습니다. 지하감옥의 문이 단단히 잠겨 있다 할지라도 하나님께서는 활짝 여십니다. 강물이 아무리 깊어도 하나님의 말씀 한마디로 가를 수 있고, 하나님의 손으로 다시 연결할 수 있습니다.

지난날 하나님의 섭리를 경험한 적이 몇 번이나 있습니까? 가나안으로 가는 순례자로서 우리는 두려워하던 홍해를 건넜고, 쓴 물이 단 물로 변하는 기적을 보기도 했습니다. 아말렉 사람들과 싸웠고, 무서운 광야에서 불뱀 옆을 지났습니다. 비 온 뒤에 밝은 빛이 비추듯, 시련이 지나면 평화가 옵니다.

탕자가 그랬던 것처럼 머리를 하나님의 가슴에 묻고 슬픔을 하나님께 호소할 때가 슬픔의 끝이며 위로의 시작입니다. 여호와께서는 위로의 하나님이십니다. 우리의 모든 눈물을 닦아 주십니다(계 7:17).

251
넉넉한 은혜

고후 2:16

이 사람에게는 사망으로부터 사망에 이르는 냄새요 저 사람에게는 생명으로부터 생명에 이르는 냄새라 누가 이 일을 감당하리요.
To the one we are the smell of death; to the other, the fragrance of life. And who is equal to such a task?

믿음의 사람은 현재의 은혜가 족한 줄 압니다. 새로운 고난이 닥쳤다고 불평하지 마십시오. 하나님께서 그 고난을 감당할 수 있는 은총을 예비하셨을 겁니다.

현세와 천국 사이에 있는 어떤 순간에도 하나님의 은혜는 넉넉합니다. 예수님께서는 우리를 넉넉히 붙잡으시고, 넉넉히 강하게 하시고, 넉넉히 위로하시고, 넉넉히 고난을 유용한 것으로 바꾸시고, 넉넉히 승리하게 만드시고, 수천 개도 넘는 시련에서 넉넉히 구원하시고, 넉넉히 천국의 집으로 데려가십니다.

그리스도의 은혜는 넉넉해서 선한 것은 무엇이든 베푸시고, 위험은 어떤 것이든 우리를 비켜 가게 하십니다. 우리에게 필요한 것은 무엇이라도 주십니다. 피해야 할 것은 무엇이라도 따라오지 못하게 막으십니다.

하나님의 은혜는 말로 표현할 수 없습니다. 그러니 무엇이든지 하나님께 달라고 간청하십시오. 하나님께 너무 많거나 너무 큰 일은 없습니다.

252
만족은 주님에게서

고후 3:5

우리가 무슨 일이든지 우리에게서 난 것같이 스스로 만족할 것이 아니니 우리의 만족은 오직 하나님으로부터 나느니라.
Not that we are competent in ourselves to claim anything for ourselves, but our competence comes from God.

    자기 자신으로 충분하다는 생각이 조금이라도 있다면 하나님을 믿을 수 없습니다. 자아가 조금이라도 남아 있으면 그것으로 살려고 하기 때문입니다. 가진 빵이 굳어 버리고, 맛이 변하고, 곰팡이가 나서 먹지 못하게 되어야 비로소 겸손히 천국의 빵을 구합니다.
    하나님의 자녀는 자신의 힘으로 사는 사람이 아닙니다. 나 자신으로 충분하다는 생각을 철저히 버리십시오.
    "우리가 그리스도로 말미암아 하나님을 향하여 이 같은 확신이 있으니 우리가 무슨 일이든지 우리에게서 난 것같이 스스로 만족할 것이 아니니 우리의 만족은 오직 하나님으로부터 나느니라 그가 또한 우리를 새 언약의 일꾼 되기에 만족하게 하셨으니 율법 조문으로 하지 아니하고 오직 영으로 함이니 율법 조문은 죽이는 것이요 영은 살리는 것이니라"(고후 3:4~6).

253
보장된 구원

고후 4:9

박해를 받아도 버린바 되지 아니하며 거꾸러뜨림을 당하여도 망하지 아니하고.
Persecuted, but not abandoned; struck down, but not destroyed.

큰 고난에 빠지더라도 우리는 결국 구원받습니다. 공포에서도 구원받습니다. 대적이 달려들어 우리를 땅에 넘어뜨릴 것처럼 보이지만 그래도 구원받습니다.

우리는 사냥꾼의 그물에 걸린 새와 같은 처지입니다. 곧 목이 비틀릴지도 모릅니다. 그러나 사냥꾼의 손에서 곧 구원될 것입니다. 위험으로부터 안전해질 것입니다.

"그는 궁핍한 자가 부르짖을 때에 건지며 도움이 없는 가난한 자도 건지며"(시 72:12).

이 소중한 말씀을 단단히 잡고 주님 앞에서 외칩시다. "저는 궁핍하고 가난합니다. 도와줄 사람이 없습니다. 저를 구원해 주십시오."

우리는 고난을 받지만 견딜 수 있습니다. 부모가 자식을 구하듯 하나님께서 우리를 구해 주실 것입니다. 하나님의 회초리가 매섭기는 하겠지만 상하게 하지는 않습니다. 고통을 당하겠지만 죽지는 않습니다.

우리가 주님의 자녀이고, 주님께서 우리를 구해 주실 것을 안다는 사실이 얼마나 큰 은혜입니까?

254
죽음에서 생명으로

고후 4:16

그러므로 우리가 낙심하지 아니하노니 우리의 겉사람은 낡아지나 우리의 속사람은 날로 새로워지도다.
Therefore we do not lose heart. Though outwardly we are wasting away, yet inwardly we are being renewed day by day.

며칠 전에 가까운 친구가 천국 집으로 가는 것을 지켜봤습니다. 고통은 심해지고 맥박은 약해지고 눈에는 생기가 사라져 갔습니다. 그러다가 밝은 빛이 비췄는데, 겉사람은 죽어 가고 있었지만 속사람은 새로워지고 있었습니다. 고통은 더 심해졌습니다. 친구는 간절히 떠나고 싶어 했습니다. 그러다가 스스로를 억제하며 말했습니다. "주님, 제 뜻대로 하지 마시고 주님의 뜻대로 하십시오."

그는 주인이 길을 열어 주실 때를 기다리면서 기도했습니다. "주님, 저를 집으로 불러 주십시오. 주님께서 마중 나오신다면 강물로 즉시 뛰어들겠습니다. 제 인생 여정은 이제 끝났습니다. 성공이고, 승리이고, 영광입니다."

그는 죽음으로 가고 있었습니다. 그러나 실제로는 생명으로 가고 있는 것입니다. 그는 기쁨으로 외쳤습니다.

"내가 주님과 함께 있다. 곧 주님 팔에 안길 것이다. 주님이 보인다. 승리! 승리! 어린 양의 피로 얻은 승리다!"

우리도 그런 작별을 하기 원합니다.

255
고난은 영광의 기초

고후 4:17

우리가 잠시 받는 환난의 경한 것이 지극히 크고 영원한 영광의 중한 것을 우리에게 이루게 함이니.
For our light and momentary troubles are achieving for us an eternal glory that far outweighs them all.

오해를 받거나 중상모략을 당한 적이 있습니까? 믿음으로 살려고 하다가 광신적인 사람이라는 비난을 받은 적이 있습니까? 걱정하지 마십시오. 자신을 변호하려 하지 말고 천국의 판정에 맡기십시오. 소망의 말씀이 있습니다.

"이후에 인자가 권능의 우편에 앉아 있는 것과 하늘 구름을 타고 오는 것을 너희가 보리라"(마 26:64).

고난은 오래가지 않습니다. 우리가 받는 고난은 가볍고 일시적인 것입니다. 그런데 그 고난은 비교할 수 없을 정도로 크고 영원한 영광의 기초가 됩니다.

지금까지 해 온 일들이 헛된 것처럼 보입니까? 걱정하지 마십시오. 사람의 눈에는 실패처럼 보이는 많은 일이 주인에게는 칭찬받을 일입니다. 가진 것을 너무 중요하게 생각하지 마십시오. 갖지 못한 것을 너무 바라지 마십시오. 현재란 일시적이며 유한한 것입니다. "이후에 인자가 권능의 우편에 앉아 있는 것을 너희가 보리라"는 말씀을 기억하십시오. 확고하고 변하지 않는 말씀입니다.

256
고난을 사용하시는 주님

고후 4:17

우리가 잠시 받는 환난의 경한 것이 지극히 크고 영원한 영광의 중한 것을 우리에게 이루게 함이니.
For our light and momentary troubles are achieving for us an eternal glory that far outweighs them all.

극심한 고통이나 우울증을 겪을 때, 무력감에 빠질 때 예수님께 철저하게 의지해야 합니다. 자기 힘으로 하는 싸움을 포기하고 온전히 주님의 뜻에 맡겨야 합니다. 그러면 영혼에 놀라운 평안과 조용한 희열이 찾아옵니다. 전에는 경험하지 못한 깊고 순전한 평온과 기쁨입니다.

나도 뼛속까지 느껴지는 고통 때문에 눈물을 참을 수 없는 밤들이 있었습니다. 그러나 고통의 용광로에서 하나님께 영광을 돌렸을 때 느낀 놀라운 기쁨을 다시 맛볼 수 있다면, 그 고통을 다시 받게 해 달라고 간구하고 싶습니다.

주님께서 하시는 일을 단순히 따르기만 해서는 안 됩니다. 고난의 날카로운 칼을 사용하심에 진심으로 감사할 줄 알아야 합니다.

"나의 구세주가 하시는 말씀을 들어 보라.
'네가 사는 날 동안 너에게 능력이 있으리라!'
그러면 나는 앞이 캄캄해도 즐거워하리라.
부족함이 없는 안식 가운데에 있으리라."

257
고난이 오히려 복

고후 4:17

우리가 잠시 받는 환난의 경한 것이 지극히 크고 영원한 영광의 중한 것을 우리에게 이루게 함이니.
For our light and momentary troubles are achieving for us an eternal glory that far outweighs them all.

건강하다면 재산과 관계없이 복 받은 인생입니다. 그런데 아무리 건강하다고 해도 건강은 자랑할 것이 못 됩니다. 건강한 사람도 불과 몇 주 만에 뼈만 앙상하게 남을 수 있기 때문입니다. 지금 건강하다고 자만하지 마십시오. 건강하다면 이렇게 기도하십시오.

"하나님, 제게 참된 복을 주십시오. 건강한 영혼을 주시고, 영적 질병을 낫게 해 주십시오. 영적으로 건강하게 해 주십시오. 육신의 건강을 주셔서 주님을 섬기는 일에 부족함이 없게 해 주시고, 주님께 영광 돌리게 해 주십시오. 그렇지 않다면 건강도 제겐 복이 아닙니다."

나는 가끔 병들었을 때를 회상해 봅니다. 고통의 침대에 누워 있을 때, 분명히 나는 은혜 가운데 더 많이 성장했습니다. 고통으로 내가 약하다는 것을 실감하면 하나님의 임재하심이 확실하게 느껴집니다. "우리가 잠시 받는 환난의 경한 것이 지극히 크고 영원한 영광의 중한 것을 우리에게 이루게 함이라"는 말씀을 믿게 됩니다.

258
하늘의 유산

고후 4:17

우리가 잠시 받는 환난의 경한 것이 지극히 크고 영원한 영광의 중한 것을 우리에게 이루게 함이니.
For our light and momentary troubles are achieving for us an eternal glory that far outweighs them all.

머지않아 우리는 죽음을 맞이할 것입니다. 주님께서 몸소 오실 것이며, 우리는 주님과 함께 있을 것입니다.

승리의 시간이 눈에 보입니다. 그때 우리는 시들지 않는 영광의 관을 얻을 것입니다(벧전 5:4). 그때 수고로 지친 손에 종려 가지를 잡습니다(계 7:9). 지친 발은 유리 바다 위에 섭니다(15:2). 그렇다면 우리가 할 일은 오직 한 가지, 무서운 웅덩이와 더러운 수렁에서 우리를 끌어올리시고 반석 위에 발을 두게 하셔서 우리의 걸음을 견고하게 하신 하나님께 영광을 돌리는 것입니다(시 40:2).

그곳에 모든 것이 준비되어 있습니다. 우리가 주님의 상속자이기 때문입니다. 죽음이나 지옥도 바꿀 수 없는 하나님의 칙령으로 그렇게 정해져 있습니다.

그러므로 이 땅에서 받는 시련은 '잠시 받는 환난의 경한 것'이 되고, '지극히 크고 영원한 영광의 중한 것을 우리에게 이루는' 것이 됩니다. 하나님께서는 우리를 위해 상상도 할 수 없는 엄청난 유산을 예비해 놓으셨습니다.

259
그리스도의 영광의 몸으로

고후 5:1

만일 땅에 있는 우리의 장막집이 무너지면 하나님께서 지으신 집 곧 손으로 지은 것이 아니요 하늘에 있는 영원한 집이 우리에게 있는 줄 아느니라.

Now we know that if the earthly tent we live in is destroyed, we have a building from God, an eternal house in heaven, not built by human hands.

아픔과 고통에 시달리는 우리의 육신은 언젠가 영광스러운 몸에게 자리를 비켜 줘야 합니다. 육신은 점점 쇠약해집니다. 낡은 건물 같아서 오래 견디지 못하고 곧 부서질 것 같습니다. 머지않아 장막집은 허물어질 것입니다.

그렇다고 걱정해야겠습니까? 우리의 영혼이 육신을 향해 "슬프다, 내 자매여! 슬프다, 내 형제여!" 하고 울부짖어야겠습니까? 아닙니다.

"그 첫째 것을 폐하심은 둘째 것을 세우려 하심이라"(히 10:9).

첫 번째 육신은 세상의 모습을 지녔지만, 두 번째 육신은 천국의 모습일 것입니다. 두 번째 육신은 얼마나 영광스러운 것이겠습니까? 부활한 몸은 고통도, 피로도, 연약함도, 병도, 죄도 없습니다. 썩거나 죽지도 않습니다. 예수 그리스도의 영광의 몸과 같을 것입니다. 그러니 첫 번째 육신의 쇠퇴를 안타까워할 이유가 없습니다.

260
죽음을 받아들이는 믿음

고후 5:4

참으로 이 장막에 있는 우리가 짐 진 것같이 탄식하는 것은 벗고자 함이 아니요 오히려 덧입고자 함이니 죽을 것이 생명에 삼킨바 되게 하려 함이라.

For while we are in this tent, we groan and are burdened, because we do not wish to be unclothed but to be clothed with our heavenly dwelling, so that what is mortal may be swallowed up by life.

성도는 천국에 대한 기대로 기뻐하기도 하지만, 때로는 죽음에 대한 생각 때문에 의기소침해지기도 합니다. 요단강의 차가운 어둠 속으로 내려가 영혼이 세상의 장막인 몸을 남기고 떠나기란 쉬운 일이 아닙니다. 바울도 죽음에 떨었습니다. "참으로 이 장막에 있는 우리가 짐 진 것같이 탄식하는 것은 벗고자 함이 아니요 오히려 덧입고자 함이니 죽을 것이 생명에 삼킨바 되게 하려 함이라."

죽음은 쓴 약과 같습니다. 죽음의 가시를 승리가 삼켜버려야 합니다(고전 15:54). 그렇지 않으면 죽음의 시간은 너무나 힘듭니다.

죽음에 대해 힘들게 생각하는 이유는 죽은 후에 예수님과 함께 있을 것이라는 진리를 잊어버리기 때문입니다. 죽음의 문을 통과하면 예수님을 만난다는 믿음을 갖는다면 죽음을 전혀 다르게 볼 수 있지 않겠습니까?

261
몸을 떠난 주님과 함께

고후 5:8

우리가 담대하여 원하는 바는 차라리 몸을 떠나 주와 함께 있는 그 것이라.
We are confident, I say, and would prefer to be away from the body and at home with the Lord.

주님께서 호령과 함께 하늘에서 내려오시지 않는다면, 우리가 죽을 때 천국에서 우리를 맞이하실 것입니다.

"내가 사망의 음침한 골짜기로 다닐지라도 해를 두려워하지 않을 것은 주께서 나와 함께하심이라 주의 지팡이와 막대기가 나를 안위하시나이다"(시 23:4).

하나님의 백성에게 죽음은 달콤한 것일 수 있습니다. 예수님께 가까이 가는 것이기 때문입니다. 우리는 죽음을 통해 죽음을 피합니다. 이 죽음은 죽는 죽음이 아닙니다. 예수님께서 성도를 데리고 죽음의 철문을 지나십니다. 잠시 눈을 감았다가 천국에서 눈을 뜹니다. 그러므로 우리는 죽음을 두려워해서는 안 됩니다. 우리가 무덤으로 내려갈 때에도 그리스도께서 함께 계십니다. 이것은 성도들의 크나큰 기쁨이고 위로입니다.

임종의 순간에 있는 성도는 옆에서 지켜보는 사람들에게 떨리는 입술로 이렇게 말합니다.

"주님과 함께, 주님과 함께, 주님과 함께."

262
천국으로 가는 여행

고후 5:8

우리가 담대하여 원하는 바는 차라리 몸을 떠나 주와 함께 있는 그 것이라.
We are confident, I say, and would prefer to be away from the body and at home with the Lord.

가는 길에 어두운 그림자가 있어도 우리는 모르고 지나갑니다. 그 너머에 있는 강열한 빛에 시선을 고정했기 때문입니다. 믿음의 사람들에게는 죽음의 어두운 그림자가 보이지 않습니다.

예수님의 따뜻한 품 안에 쉬고 있으면 이 세상에서 다른 세상으로 가는 것이 마치 잉글랜드에서 스코틀랜드로 가는 것 같습니다. 두 세계가 다 하나님의 세계입니다. 우리는 자신도 모르는 사이에 미끄러지듯 다른 세계로 들어갑니다. 은혜에서 영광으로 변화합니다.

우리는 잎사귀가 이삭으로, 이삭이 옥수수로 자라듯 쉴 새 없이 자랍니다. 목적지에 도착하면 알게 되지만, 갈 때는 너무 빨라서 알지 못합니다. 이 세상에서 천국까지는 아주 먼 것처럼 보이지만 눈 깜짝할 사이에 여행이 끝납니다.

그래서 우리는 마음이 든든합니다. 차라리 몸을 떠나 주님과 함께 살기를 간절히 바랄 수 있습니다.

263
말로 표현할 수 없는 천국

고후 12:4

그가 낙원으로 이끌려 가서 말로 표현할 수 없는 말을 들었으니 사람이 가히 이르지 못할 말이로다.
was caught up to paradise. He heard inexpressible things, things that man is not permitted to tell.

믿음의 사람은 마지막 순간에 소중한 증언을 합니다. 임종의 순간에 하늘나라를 보고 그에 관해 말하는 것은 믿음의 사람에게 매우 귀한 일입니다. 그 말은 수금으로 타는 오묘한 말처럼 신비롭습니다. 거의 알아듣지 못할 정도의 말입니다. 하나님의 영광에 압도된 것입니다.

성도는 말할 수 없는 기쁨에 어리둥절해서 "당신도 천국을 보았지요?" 하고 묻습니다. 우리는 대답합니다. "창문으로 햇빛이 비추고 있네요." 그러나 성도는 머리를 흔듭니다. 그분이 본 밝은 빛은 태양에서 나오는 빛이 아니기 때문입니다. 성도는 또 외칩니다. "저 소리가 들리지 않으세요?" 우리는 거리에서 나는 소리를 듣고 말하는 것으로 생각합니다. 그러나 그의 귀에는 천국의 황홀한 수금 소리 말고는 들리지 않습니다.

나는 친구가 한 말을 두고두고 잊지 못할 것입니다.

"자네가 내 뺨에서 죽음의 창백한 색을 볼 때, 내 영혼에는 영광이 있네."

264
복을 부르는 기도

고후 12:9

> 내 은혜가 네게 족하도다 이는 내 능력이 약한 데서 온전하여짐이라.
> My grace is sufficient for you, for my power is made perfect in weakness.

나는 주님께 의지한 덕분에 내 능력으로는 도저히 이룰 수 없는 일들을 이뤘습니다. 나는 하나님의 힘과 도우심을 간구했으며, 그분께서는 나의 기도를 들어주셨습니다. 하나님께서 반드시 주실 것이라는 믿음을 가지고 소원을 아뢰는 것이 이제는 습관이 되었습니다.

진실한 기도는 복을 가져옵니다. 우리가 하는 모든 수고에 유익이 있지만, 우리의 간구는 특히 유익합니다.

그러나 우리의 기도는 하나님의 뜻에 맡기는 기도여야 합니다. 기도할 때마다 이 구절을 넣으십시오.

"그러나 나의 원대로 마시옵고 아버지의 원대로 하옵소서"(마 26:39).

하나님께서는 우리가 구하는 것이 아니라 가장 적합하고 좋은 것을 주십니다. 하나님께서 우리 육신의 가시를 제거해 주지 않으신다면 이렇게 말씀하시는 것입니다.

"내 은혜가 네게 족하도다. 이는 내 능력이 약한 데서 온전하여짐이라."

265
시련은 믿음의 기회

고후 12:9

내 은혜가 네게 족하도다 이는 내 능력이 약한 데서 온전하여짐이라.
My grace is sufficient for you, for my power is made perfect in weakness.

믿음은 큰 고난을 통해 성장합니다. 맑은 날에는 믿음이 강해지지 않습니다. 폭풍우를 겪어야 강한 믿음을 얻습니다. 강한 믿음은 부드러운 이슬처럼 천국에서 떨어지는 것이 아니라 회오리바람과 폭풍우 가운데서 생깁니다.

오래된 참나무를 보십시오. 어떻게 그토록 깊이 뿌리내릴 수 있었습니까? 3월의 바람 때문입니다. 4월의 봄비나 5월의 따듯한 햇볕 때문이 아닙니다. 세차게 불어 나무를 흔드는 3월의 북풍이 그렇게 만든 것입니다.

막사에서만 지내는 군인은 용감한 병사가 되지 못합니다. 총소리, 대포 소리가 나는 곳에서 용감한 병사가 만들어집니다. 잔잔한 바다에서는 훌륭한 선원이 나오지 않습니다. 사나운 바람이 불고 천둥이 치는 큰 바다에서 훌륭한 선원이 만들어집니다. 험악한 날씨가 강인한 선원을 만듭니다.

그리스도인도 그렇습니다. 큰 시련을 거친 뒤에 큰 믿음이 생깁니다. 시련이 왔다면 그 기회를 피하지 마십시오.

266

고난에 맞서는 삶

고후 12:10

그러므로 내가 그리스도를 위하여 약한 것들과 능욕과 궁핍과 박해와 곤고를 기뻐하노니 이는 내가 약한 그때에 강함이라.
That is why, for Christ's sake, I delight in weaknesses, in insults, in hardships, in persecutions, in difficulties. For when I am weak, then I am strong.

고난이 없기를 구하지 마십시오. 안일함을 구하지 마십시오. 바울의 말을 기억하십시오. "그러므로 내가 그리스도를 위하여 약한 것들과 능욕과 궁핍과 박해와 곤고를 기뻐하노니 이는 내가 약한 그때에 강함이라."

만약 하나님께 지금의 고난에서 구원해 달라고 세 번 말씀을 드렸다면(고후 12:8), 이제는 하나님의 말씀을 들으십시오. "이제 그만 구해라. 내 은혜가 네게 족하다."

내가 가난한 것, 병든 것이 주님의 뜻이라면, 주님의 은혜가 족한 줄 알기에 만족할 수 있어야 합니다. 사람들이 박해하고 배신해도 주님께서 나를 지켜 주신다는 확신을 가지고 기쁘게 참을 수 있어야 합니다.

하나님께서는 바울의 간구에 이런 응답을 주셨습니다. "이 어려움에서 벗어나게 해 달라고 하지 마라. 그것이 내 은총을 더 잘 누릴 수 있게 만들 것이다. 그것으로 족하다." 바울처럼 이 말씀에서 큰 위로를 얻으십시오.

267
약한 것도 돌보시는 주님

고후 13:4

그리스도께서 약하심으로 십자가에 못 박히셨으나 하나님의 능력으로 살아 계시니 우리도 그 안에서 약하나 너희에게 대하여 하나님의 능력으로 그와 함께 살리라.
For to be sure, he was crucified in weakness, yet he lives by God's power. Likewise, we are weak in him, yet by God's power we will live with him to serve you.

인생의 행복은 대체로 작은 일들이 잘되는 데 있습니다. 만약 하나님께서 큰일을 잘되도록 정하시고, 작은 일들을 그냥 내버려 두셨다면 우리는 행복하지 못할 것입니다. 하나님의 자애는 이 땅 전체를 햇빛으로 감싸게 할 뿐 아니라 아주 작은 곤충에게도 햇살이 비추게 하고, 아주 작은 새의 눈에도 햇빛이 보이게 합니다.

우리가 하나님을 사랑한다면 작은 것에도 관심을 가져야 합니다. 하나님께서 사소한 일에도 자애를 보이시므로 우리도 작은 일에 그래야 합니다.

또한 큰일뿐 아니라 작은 일에 대한 감사가 평생 그치지 않아야 합니다. 모든 일에 하나님을 향한 감사가 배어 있어야 합니다.

하나님의 사랑을 사모하면 작은 것도 보게 되고, 하나님의 사랑의 속성을 알면 그에 따라 살게 됩니다.

"너희에게 대하여 하나님의 능력으로 그와 함께 살리라."

268
믿음의 기도

갈 3:11

또 하나님 앞에서 아무도 율법으로 말미암아 의롭게 되지 못할 것이 분명하니 이는 의인은 믿음으로 살리라 하였음이라.
Clearly no one is justified before God by the law, because, "The righteous will live by faith."

    믿음은 고난을 당하거나 힘든 일을 감당할 때 우리를 지탱해 주는 강한 에너지입니다. 성령님께서 우리에게 시험을 받을 때 넘어지지 않도록 붙잡아 주는 믿음을 주시는데, 이는 설명할 수 없는 수수께끼입니다. 하나님의 목적이 모든 것을 영원히 정합니다. 그러나 믿음의 기도는 하나님의 팔을 움직입니다. 이런 신비로운 일은 이론적으로 설명할 수는 없지만 부정할 수 없는 사실입니다.

    나는 생활을 위해 돈을 버는 일, 아이들을 학교에 보내는 일, 집안일 등의 일상적인 문제도 하나님께 의지해야 한다고 믿습니다. "너희에게는 머리털까지 다 세신바 되었다"(마 10:30)고 하셨으니 사소한 일도 하나님께 가져가야 합니다. 아버지의 뜻이 아니면 참새 한 마리도 땅에 떨어지지 않는다고 하셨으니(10:29) 작은 문제도 하나님께 맡기십시오. 하나님께 맡기기에 너무 작은 일은 없습니다.

    무엇이든 하나님께 털어놓으십시오. 하나님께서 돌보시지 않는 일은 없습니다.

269
내 곁을 지키시는 주님

엡 1:4

곧 창세전에 그리스도 안에서 우리를 택하사 우리로 사랑 안에서
그 앞에 거룩하고 흠이 없게 하시려고
For he chose us in him before the creation of the world to be holy
and blameless in his sight.

이득을 취할 것이 우리에게 남아 있다면 사람들은 우리를 버리지 않습니다. 그러나 우리에게 아무것도 남지 않았을 때, 우리는 러시아에서 퇴각하는 나폴레옹의 병사와 같은 신세가 됩니다. 대오에서 낙오하면 아무도 우리를 도와주려고 하지 않습니다.

그러나 주님께서는 말씀하십니다. "내가 결코 너희를 버리지 아니하고 너희를 떠나지 아니하리라."

늙어서 하나님의 교회를 섬기지 못해도, 병들어 가족에게 짐이 되어도, 쇠약해져서 혼자서는 생활할 수 없게 되어도 하나님께서는 우리를 버리지 않으십니다. 창세전에 그리스도 안에서 우리를 택하셨기 때문입니다. 형편이 아무리 비참해져도 하나님의 사랑은 변함없습니다. 하나님의 영원한 팔이 우리를 붙잡아 줍니다.

주님께서 내 오른쪽에 서 주신다면 모두가 내게 등을 돌린다 해도 괜찮습니다. 하나님 안에서 더 좋은 친구들을 찾을 수 있기 때문입니다.

270
그리스도를 가진 자

엡 1:10

하늘에 있는 것이나 땅에 있는 것이 다 그리스도 안에서 통일되게 하려 하심이라.
To be put into effect when the times will have reached their fulfillment—to bring all things in heaven and on earth together under one head, even Christ.

수입이 없습니까? 친구가 없습니까? 안락한 집이 없습니까? 건강이 없습니까? 이제 없다는 말은 그만 하십시오. 우리에게는 그리스도께서 계십니다. 그러니까 우리는 모든 것을 가진 것입니다.

"자기 아들을 아끼지 아니하시고 우리 모든 사람을 위하여 내주신 이가 어찌 그 아들과 함께 모든 것을 우리에게 주시지 아니하겠느냐"(롬 8:32).

그리스도를 가진 사람은 모든 것을 가진 사람입니다. 그분을 가졌다면 부자이고 복 받은 것입니다. 그리스도를 가졌다면 하나님 아버지를 보호자로 가진 것이며, 성령님을 위로자로 가진 것입니다.

하나님의 섭리의 바퀴는 우리를 위해 돌아갑니다. 우리는 세상의 어떤 사람보다 더 많은 것을 가졌습니다. 그 누구보다 더 많은 즐거움과 행복을 얻었습니다. 그러니 기뻐하십시오. 그리스도께서 우리의 것입니다.

271
날마다 복 주시는 주님

엡 2:7

이는 그리스도 예수 안에서 우리에게 자비하심으로써 그 은혜의 지극히 풍성함을 오는 여러 세대에 나타내려 하심이라.
In order that in the coming ages he might show the incomparable riches of his grace, expressed in his kindness to us in Christ Jesus.

하나님께서는 믿는 사람에게 일상적인 위안은 물론, 특별한 위안도 주십니다. 일상적인 자비뿐 아니라 특별한 자비를 베풀기도 하십니다. 더 중요한 것은 하나님께서 특별한 사랑을 일상적인 사랑으로 만드신다는 것입니다.

사람이 만든 것은 아무리 대단해도 몇 번 보면 처음 느꼈던 흥분을 느끼지 못하게 됩니다. 훌륭한 건축물도 여러 번 보면 더 이상 관심의 대상이 되지 않습니다. 그러나 하나님께서 만드신 놀라운 역사는 언제나 새롭습니다. 알프스 산이나 나이아가라 폭포는 아무리 봐도 싫증이 나지 않습니다. 바다도 마찬가지입니다. 바닷가에 사는 사람은 바다에 있는 하나님의 불가사의를 보기 때문에 아무리 봐도 싫증이 나지 않습니다.

하나님께서 매일 복을 주신다는 것은 큰 위안입니다. 하나님께 기이한 사랑을 달라고 기도하십시오. "그리스도 예수 안에서 우리에게 자비하심으로써 그 은혜의 지극히 풍성함"을 보여 달라고 기도하십시오.

272
세상에서는 나그네

엡 2:19

> 그러므로 이제부터 너희는 외인도 아니요 나그네도 아니요 오직 성도들과 동일한 시민이요 하나님의 권속이라.
> Consequently, you are no longer foreigners and aliens, but fellow citizens with God's people and members of God's household,

우리가 고통이나 시련을 받는다고 이상하게 생각하지 마십시오. 우리는 이 세상에서 외인이고 나그네입니다. 세상 사람들이 우리를 자신들의 세계에 속한 사람으로 대하기를 바라지 마십시오. 만약 그렇다면 오히려 두려워해야 합니다. 사람들이 우리를 박해하고 비난한다고 놀라지 마십시오.

이 땅에서 우리가 갈망하는 위안을 찾으리라고 기대하지 마십시오. 이 세상은 여관이지 집이 아닙니다. 단지 하룻밤 머무는 곳입니다. 아침이 밝아 오면 떠날 것입니다. 저녁이나 밤에 시끄러운 소리가 나도 참아야 합니다.

순례의 길을 걷는 동안 누리는 가장 큰 기쁨은 하나님으로부터 옵니다. 가진 것보다 더 풍성한 위로의 샘을 원합니까? 여기 줄어들지 않고 없어지지도 않는 샘이 있습니다. 세상의 물이 마를 때 영원히 솟아날 샘을 찾으십시오. 우리의 기쁨은 하나님이십니다. 하나님을 우리의 기쁨으로 삼아야 합니다.

273
확신의 기도

엡 3:12

우리가 그 안에서 그를 믿음으로 말미암아 담대함과 확신을 가지고 하나님께 나아감을 얻느니라.
In him and through faith in him we may approach God with freedom and confidence.

기도할 때는 간청해야 합니다. 정말 절실한 것을 간절히 구해야 합니다. 다른 사람을 흉내 내지 말고 스스로 마음 깊은 곳에서 우러나는 간청, 영혼을 무겁게 누르는 탄원을 해야 합니다. 확신을 가지고 은혜의 보좌 앞에 나아가 간구하십시오. 간구는 명료해야 합니다.

의심하고 있다면 안개 속에 있는 것입니다. 분명한 그림이 필요합니다. 고난의 시간에 하나님께 간청할 때 내용이 확실하지 않으면 혼란스러워 승리의 기도를 할 수 없습니다. 이렇게 기도하십시오.

"주는 나의 도움이 되셨나이다 나의 구원의 하나님이시여 나를 버리지 마시고 떠나지 마소서"(시 27:9).

고난의 시기에 하나님의 도움이 없었다면 어떻게 되었겠습니까? 하나님께서는 능력과 은혜를 충분히 보여 주셨습니다. 하나님의 도움으로 극복한 고난들을 돌아보십시오. 감사하는 마음과 확신을 가지고 말하십시오.

"주는 나의 도움이 되셨나이다!"

274
주님을 만날 기대

엡 4:15

오직 사랑 안에서 참된 것을 하여 범사에 그에게까지 자랄지라 그는 머리니 곧 그리스도라.
Instead, speaking the truth in love, we will in all things grow up into him who is the Head, that is, Christ.

　나에게 있어서 진실한 성장은 고통이라는 엄격한 농부가 은혜 가운데 밭을 갈고 비료를 준 결과라는 것을 깨닫습니다. 내 잎은 우기에 제일 파랗습니다. 내 열매는 서리를 맞아야 답니다. 많은 사람이 행복한 시기보다는 물결이 사나울 때 영적 항해에 더 큰 진보가 있었다고 고백합니다. 세찬 바람은 위험보다 기회를 가져옵니다.

　모든 일이 눈 깜짝할 사이에 바뀔 수 있다는 것을 알면 슬퍼할 일도 없습니다. 오늘 밤 잘 곳이 없을 정도로 가난하다고 칩시다. 그렇더라도 머지않아 천사를 만날 것을 생각하면 그것이 무슨 큰 문제가 되겠습니까? 병 때문에 곧 천국에 가게 될지도 모른다고 칩시다. 슬픔의 쓴 물을 맛본 사람이 부르는 천국의 노래가 얼마나 달콤할지 생각하면 그것이 무슨 큰 문제가 되겠습니까?

　오늘 항해한 바다는 거칠었으나 해가 지고 나면 조용해지고 배는 흔들리지 않을 것입니다. 곧 주님과 함께 있을 것이므로 고통과 두려움을 잊게 될 것입니다.

275
나는 주님의 지체

엡 5:30

우리는 그 몸의 지체임이라.
For we are members of his body.

은혜로 사랑받는 하나님의 자녀는 아버지의 손을 잡고 함께 걷습니다. 사랑의 눈으로 아버지를 바라보며, 사랑과 믿음과 친밀함 가운데 걷습니다. 모든 괴로움을 털어 버리고 은혜의 말씀을 듣습니다.

하나님의 자녀인 우리는 그분의 지체입니다. 영원히 멸망하지 않을 것입니다. 그분의 손에서 우리를 빼앗을 자도 없습니다(요 10:28).

우리는 완전한 칭의(Justification), 확실한 보장, 그리스도와의 교제에 더하여 성화를 선물로 받습니다. 성령님께서 우리 안에 사시고 우리가 성령님 안에 삽니다. 성령님께서 우리의 삶을 거룩하게 변화시키십니다. 성화는 고귀한 신분을 얻는 것입니다.

우리가 죄에 떨어지면 비천하게 죽게 될 것이 분명합니다. 그러나 성령님의 도우심으로 죄를 극복하고 예수 그리스도께서 사신 것처럼 산다면 귀한 신분을 얻습니다. 예수 그리스도 안에서 정결케 되고 성화됨으로써 우리는 큰 기쁨을 누립니다.

276
고난은 믿음의 시험대

엡 6:10

너희가 주 안에서와 그 힘의 능력으로 강건하여지고
Finally, be strong in the Lord and in his mighty power.

하나님께서 아브라함의 믿음을 시험하셨습니다. 하나님께서는 결과를 이미 알고 계셨지만 아브라함을 시험하심으로 그가 믿음으로 순종하는 모습을 보셨습니다. 이것이 우리가 시험을 받는 이유입니다.

하나님 군대의 병사에게 싸움이 없는 날은 없습니다. 우리의 용기는 시험을 받음으로 증명되어야 합니다. 배를 시험해 보지 않고 바다로 보내지 않습니다. 먼저 항해에 적합한지 증명해야 합니다.

큰 시련을 겪지 않고서는 큰 어려움을 당한 사람을 돕지 못합니다. 유리상자 안에 갇혀 있으면 자라지 못합니다. 상처를 받아 보지 않았다면 용서하는 은혜도 모릅니다. 고통을 당해 봐야 인내를 압니다. 심한 시련을 겪어야 은혜 가운데 성장합니다. 험한 일을 경험해야 주님 안에서, 그분의 능력 안에서 강건해집니다.

오늘의 고통스러운 경험은 내일 열 배나 더 큰 기쁨을 얻기 위해 필요한 준비입니다. 혹독한 시련이 없으면 감격스러운 승리도 없습니다.

277
세상의 핍박

엡 6:13

하나님의 전신 갑주를 취하라 이는 악한 날에 너희가 능히 대적하고 모든 일을 행한 후에 서기 위함이라.
Therefore put on the full armor of God, so that when the day of evil comes, you may be able to stand your ground, and after you have done everything, to stand.

우리는 여러 가지 환난을 당합니다. 예수님의 비유에서 지혜로운 사람의 집에 불어 닥치는 비, 홍수, 바람(마 7:25)은 세 가지 종류의 환난을 가리킵니다.

비는 하늘에서 오는 고난을 의미합니다. 하나님께서는 우리가 사는 동안 소나기와 같은 고통을 겪게도 하시고, 빗방울처럼 많은 시험을 주기도 하시고, 엄청난 폭풍을 만나게도 하십니다. 그러나 예수님께 의지하면 그런 시련을 이길 수 있습니다.

홍수는 세상에서 오는 고난을 상징합니다. 세상은 성도를 핍박합니다. 그러나 믿음의 뿌리를 굳게 내리고 있으면 믿음으로 인한 핍박을 얼마든지 감당할 수 있습니다.

바람은 공중의 권세를 잡은 통치자가 불경스러운 생각이나 교활한 속임수로 공격하는 것입니다. 사탄은 사방에서 우리를 공격하고 유혹합니다. 그러나 성경적 기초가 튼튼하면 어떤 시험도 두렵지 않습니다.

278
하나님의 전신갑주

엡 6:18

모든 기도와 간구를 하되 항상 성령 안에서 기도하고,
And pray in the Spirit on all occasions with all kinds of prayers and requests.

우리는 대적에게 포위되어 있습니다. 우리의 힘만으로는 당하지 못합니다. 하나님의 전신갑주를 입지 않으면 적의 화살에 쓰러지고 맙니다. 믿음의 방패로 막지 않으면 대적의 창이 심장을 찌를 것입니다. 하나님의 전신갑주를 입지 않으면 벌레처럼 짓밟힙니다. 우리의 힘이나 지혜는 참으로 보잘것없습니다.

우리를 데려가 주실 하나님의 강한 팔이 필요합니다. 자만을 버리고 자신이 얼마나 연약한가를 분명히 알아야 합니다. 더 소중하고 더 확실한 힘의 원천을 바라봐야 합니다.

"그런즉 서서 진리로 너희 허리띠를 띠고 의의 호심경을 붙이고 평안의 복음이 준비한 것으로 신을 신고 모든 것 위에 믿음의 방패를 가지고 이로써 능히 악한 자의 모든 불화살을 소멸하고 구원의 투구와 성령의 검 곧 하나님의 말씀을 가지라 모든 기도와 간구를 하되 항상 성령 안에서 기도하고 이를 위하여 깨어 구하기를 항상 힘쓰며 여러 성도를 위하여 구하라"(엡 6:14~18).

279
승리의 주님

빌 1:6

너희 안에서 착한 일을 시작하신 이가 그리스도 예수의 날까지 이루실 줄을 우리는 확신하노라.
Being confident of this, that he who began a good work in you will carry it on to completion until the day of Christ Jesus.

그리스도인도 때로는 영적 괴로움을 느낍니다. 예수 그리스도께서 다시 사심으로 산 소망을 주셨지만(벧전 1:3), 믿음이 사그라질까봐 두렵습니다. 영적 기쁨의 불꽃이 타오르기를 바라지만, 어둡고 음울한 밤이 계속되어 어둠 속에서 등불이 꺼질 것만 같습니다. 지금까지는 승리해왔으나 어느 날엔가 대적에게 질 것 같아 떨립니다.

그러나 걱정을 모두 하나님께 맡기십시오. 하나님께서 돌보십니다. 나는 우리 안에 착한 일을 시작하신 하나님께서 예수 그리스도의 날까지 완성하실 것을 확신합니다.

"산들이 떠나며 언덕들은 옮겨질지라도 나의 자비는 네게서 떠나지 아니하며 나의 화평의 언약은 흔들리지 아니하리라"(사 54:10).

"내가 그들에게 영생을 주노니 영원히 멸망하지 아니할 것이요 또 그들을 내 손에서 빼앗을 자가 없느니라 그들을 주신 내 아버지는 만물보다 크시매 아무도 아버지 손에서 빼앗을 수 없느니라"(요 10:28~29).

280
세상이 줄 수 없는 평화

빌 4:7

그리하면 모든 지각에 뛰어난 하나님의 평강이 그리스도 예수 안에서 너희 마음과 생각을 지키시리라.
And the peace of God, which transcends all understanding, will guard your hearts and your minds in Christ Jesus.

삶의 짐이 무겁게 짓누를 때 함께 계신 하나님께서 그 짐을 가볍게 해 주십니다. 하나님께서는 우리 옆에 계시고, 우리 안에 계시고, 우리 마음의 중심에도 계십니다.

우리는 하나님의 함께하심을 경험했기 때문에 고백할 수 있습니다.

"하나님은 우리의 피난처시요 힘이시니 환난 중에 만날 큰 도움이시라"(시 46:1)

그토록 오랫동안 자주 시험을 당하고 시련을 받았기 때문에 이제는 하나님을 의심하지 않습니다. 고난을 두려워하지도 않습니다. 하나님께서 함께하신다고 믿는 마음, 은혜를 베푸신다고 믿는 마음이 두려움의 해독약입니다.

하나님을 믿고 그분의 아들이신 그리스도를 믿으면 마음이 평온해지고, 더할 수 없이 즐거워집니다. 이 평화가 사람의 헤아림을 뛰어넘는 하나님의 평화입니다. 이 평화는 일반적인 평화와 다릅니다. 세상이 만들 수 없고 파괴할 수 없는, 하나님께서 주시는 참된 평화입니다.

281

필요를 채우시는 주님

빌 4:19

나의 하나님이 그리스도 예수 안에서 영광 가운데 그 풍성한 대로 너희 모든 쓸 것을 채우시리라.
And my God will meet all your needs according to his glorious riches in Christ Jesus.

고아원이나 대학을 돕기 위해 조성한 자금이 떨어지는 경우가 자주 생기는데, 나는 그때마다 걱정보다는 오히려 기쁜 마음이 듭니다. '자, 통장이 비었으니 이제 하나님이 채워 주시는 기적을 보자.'

하나님께서 행하신 놀라운 일이 얼마나 많았는지 모릅니다. 우리는 필요한 때에 어디에선가 수백, 수천 파운드의 돈이 입금되는 것을 봤습니다. 언제나 그럴 것입니다.

사실 돈이란 필요한 것들 가운데 가치가 가장 작은 것입니다. 돈보다 더 필요한 것은 은혜, 지혜, 빛, 위로입니다. 하나님께서는 그것들도 풍족히 채워 주셨습니다.

부족한 것이 있을 때야말로 복 받을 기회입니다. 부족한 것이 많으면 복도 많습니다. 하나님께서는 빈 그릇을 모두 채워 주십니다(왕하 4:3). 우리의 부족함을 없어지지 않는 충만한 은혜로 채워 주십니다.

빈 그릇 때문에 울지 마십시오. 채워 주실 것을 믿고 하나님 앞에 꺼내 놓으십시오.

282
하늘의 소망

골 1:5

너희를 위하여 하늘에 쌓아 둔 소망으로 말미암음이니 곧 너희가 전에 복음 진리의 말씀을 들은 것이라.
The faith and love that spring from the hope that is stored up for you in heaven and that you have already heard about in the word of truth, the gospel.

천국에 가서 1만 년을 산 뒤에 이 세상에서의 삶을 돌아보면 어떨까요? 너무 짧아서 마치 눈 깜박한 순간처럼 느껴질 것입니다. 왜 병에 시달리던 시간이 그렇게 길게 느껴졌는지 모르겠다 싶겠지요.

우리는 하잘것없는 인생을 너무 소중하게 생각한 나머지 너무 비싼 대가를 치릅니다. 영원한 즐거움이 있는 본향을 잊지 마십시오. 그래야 시련이 아침 이슬처럼 사라집니다.

4월의 비 같은 괴로움을 잠시 느낍니다. 그 다음에는 5월의 지지 않는 꽃 세상으로 갑니다. 그러니 작다고 생각되는 보이지 않는 것을 크게 생각하고, 크다고 생각되는 세상 것을 작게 볼 줄 알아야 합니다. 짧은 인생을 가볍게 생각하고, 영원한 영광을 무겁게 생각하십시오.

우리는 순례자입니다. 영광의 그 나라에서 보낼 시간과 비교하면 이 땅에서 보내는 시간은 너무나 짧습니다.

283
세상 지혜의 끝은 패망

골 3:2

위의 것을 생각하고 땅의 것을 생각하지 말라.
Set your minds on things above, not on earthly things.

만약 기업이 파산하고 은행이 도산하는 어려운 시기가 온다면 다른 이들과 같이 자지 말고 오직 깨어 정신을 차립시다(살전 5:6). 많은 사람이 격려하지만 쉽게 고난을 극복하지 못할 것 같습니다. 그러나 단호하게 말하십시오.

"어려운 시기입니다. 나는 오늘이라도 모든 것을 잃을지 모릅니다. 그러나 걱정만 해서는 도움이 안 됩니다. 슬퍼하지만 말고 담대하게 일을 처리하게 해 주십시오. 사업의 바퀴는 정지하더라도 나의 보물은 천국에 있기 때문에 파산할 리 없습니다. 내 마음은 위의 것에 있지 이 땅의 것에 있지 않습니다. 내가 잃을 것은 아무것도 없습니다."

남부끄럽지 않던 많은 사람이 격동의 시기에 빈털터리가 될 수 있습니다. 그러므로 여호와를 신뢰하는 것이 지혜로운 일입니다. 세상의 지혜에 따르면 패망합니다.

할 일을 철저하게 하십시오. 다른 사람들이 잘 때 자지 마십시오. 깨어 있어야 합니다. 몽유병에 걸린 세상처럼 흘러가면 안 됩니다. 우리가 깨어 있도록 성령님께 도와달라고 기도합시다.

284
가져가실 때도 감사

살전 4:13

형제들아 자는 자들에 관하여는 너희가 알지 못함을 우리가 원하지 아니하노니 이는 소망 없는 다른 이와 같이 슬퍼하지 않게 하려 함이라.

Brothers, we do not want you to be ignorant about those who fall asleep, or to grieve like the rest of men, who have no hope.

정원사가 어떤 사람의 정원을 돌보게 되었습니다. 정원에 마침 좋은 장미가 있어서 정성을 다해 가꿉니다. 그러다가 아름다운 꽃이 피면 얼마나 자랑스럽겠습니까? 그런데 어느 날 아침에 보니 가장 아름다운 장미가 없어졌습니다. 화가 나서 동료 일꾼들을 나무랍니다. 그러나 그들은 없어진 장미하고는 아무 관계가 없다고 말합니다. 그중 한 사람이 "아까 주인이 여기 있는 것을 봤는데, 틀림없이 꺾어 간 것 같습니다"라고 말합니다. 정원사가 그래도 화를 내겠습니까? 그렇지 않을 겁니다. 즉시 이렇게 말하겠지요. "장미가 아름다워서 주인 눈에 띄었다니 기쁜 일이야. 주인이 가져가셨다면 문제 될 게 없지."

우리가 사랑하는 사람도 마찬가지입니다. 그들을 데려가신 분은 하나님입니다. 그들이 이 세상에 있는 동안 사랑하고 돌보는 기쁨을 주신 하나님께 감사하십시오. 그들을 데려가신 것에 대해서도 감사하십시오.

285
영원한 부활

살전 4:16

주께서 호령과 천사장의 소리와 하나님의 나팔 소리로 친히 하늘로부터 강림하시리니 그리스도 안에서 죽은 자들이 먼저 일어나고
For the Lord himself will come down from heaven, with a loud command, with the voice of the archangel and with the trumpet call of God, and the dead in Christ will rise first.

예수님의 부활에서 죽음의 슬픔을 잊게 만드는 엄청난 가르침을 얻습니다. 믿음은 영생을 얻은 영혼에 대한 걱정을 말끔히 없애 줍니다. 몸도 다시 살아납니다. 몸이 영혼과 다시 결합해서 아름다운 모습이 됩니다.

하나님께서는 육신을 떠난 영혼만 사랑하시지 않습니다. 선택하신 자를 향한 예수 그리스도의 사랑은 영혼에만 국한되지 않습니다. 모든 부분을 지키십니다. 모든 뼈를 보호하십니다. 머리카락까지도 세십니다. 영혼뿐 아니라 육신도 생각하십니다.

"내가 알기에는 나의 대속자가 살아 계시니 마침내 그가 땅 위에 서실 것이라 내 가죽이 벗김을 당한 뒤에도 내가 육체 밖에서 하나님을 보리라"(욥 19:25~26).

하나님께서는 우리의 영혼과 육신을 모두 구원하셨습니다. 죽음의 세력과 무덤의 감옥에서 구속해 주셨습니다. 그분께서 해 주신 일은 부분적인 것이 아닙니다.

286
주님과 함께하는 죽음

살전 4:17

그 후에 우리 살아남은 자들도 그들과 함께 구름 속으로 끌어올려 공중에서 주를 영접하게 하시리니 그리하여 우리가 항상 주와 함께 있으리라.
After that, we who are still alive and are left will be caught up together with them in the clouds to meet the Lord in the air. And so we will be with the Lord forever.

하나님께서는 죽음에서도 우리와 함께 계십니다. 우리는 죽음 후에도 하나님과 함께 삽니다. 그러니 하나님과 함께 죽지 않겠습니까? 예수님께서 동행해 주시면 인생은 즐겁고 긴 휴가입니다.

"너희는 기쁨으로 나아가며 평안히 인도함을 받을 것이요 산들과 언덕들이 너희 앞에서 노래를 발하고 들의 모든 나무가 손뼉을 칠 것이며"(사 55:12).

어린아이가 잠자리에 들 때 엄마가 함께 있으면 울지 않습니다. 아이에게는 엄마의 눈이 빛입니다. 엄마의 목소리가 노래입니다. 언젠가 우리가 잠들 때 주님께서 우리를 그곳으로 데려가시고, 우리 귀에 부드러운 음성을 들려주실 것입니다.

사는 게 행복이 아니라 주님과 함께 사는 것이 행복입니다. 죽는 게 불행이 아니라 주님 없이 죽는 것이 불행입니다. 주님과 함께한다면 죽음은 영원한 삶의 시작입니다.

287
영원한 기쁨이 있는 곳

살전 4:17~18

그리하여 우리가 항상 주와 함께 있으리라 그러므로 이러한 말로 서로 위로하라.
And so we will be with the Lord forever. Therefore encourage each other with these words.

사랑하는 사람이 그리스도 안에서 떠나갔을 때 이 말씀이 우리의 눈물을 닦는 손수건이 되어야 합니다. 소망 없는 사람들처럼 슬퍼하지 마십시오. 우리가 떠나보낸 사람은 이제 주님과 함께 있습니다. 이별은 잠깐입니다. 반드시 다시 만나 영원히 함께 살 것입니다.

누구든지 세월이 지나면 그 길을 갑니다. 그러나 상심하지 마십시오. 혼자 가는 것이 아닙니다. 하나님께서 우리를 버리거나 떠나지 않으십니다. 우리는 집으로 가는 것이며, 하나님께서 언제나 함께 계십니다. 이곳을 떠나면 그분과 영원히 함께 살 것입니다.

병으로 죽음이 다가오고 있음을 실감한다 해도 겁내지 마십시오. 고통과 피로가 몸과 마음을 쇠약하게 해도 구세주의 피로 이뤄진 승리를 의심하지 마십시오. 죄와 연약함 때문에 마음이 떨린다 해도 힘을 내십시오. 이제 곧 자유로워집니다. 곧 주님 곁에 있을 것입니다. 그곳에는 충만한 기쁨이 있고, 영원한 즐거움이 있습니다.

288
항상 기뻐하라

살전 5:16

항상 기뻐하라.
Be joyful always.

주님의 말씀을 짧게 요약한다면 나는 "항상 승리 가운데 기뻐하고, 항상 기쁨 가운데 춤추라"고 할 것입니다.

만약 불행한 일을 당하거나, 낙심할 일이 생기거나, 비난을 받거나, 상심할 일이 생길 때는 어떨까요? 기뻐하기가 쉽지 않겠지요. 그러나 하나님께서는 어떤 경우에도 항상 기뻐하라고 말씀하십니다. 시험을 받더라도 기뻐하라고 하십니다. 사랑하는 친구가 떠나더라도 기뻐하라고 하십니다. 사랑하는 자녀가 아프거나 하나님께로 간다고 해도 기뻐하라고 하십니다. 사업이 안 되고, 재산이 없어진다고 해도 기뻐하라고 하십니다. 가난해진다고 해도 기뻐하라고 하십니다.

폐가 약해지고, 심장이 불규칙적으로 뛰고, 건강이 나빠져서 결국 죽음에 이른다 해도 기뻐해야 합니다. 얼마 있지 않아 육신의 장막을 벗고, 얼마 있지 않아 죽음이 닥쳐 눈을 감더라도 항상 기뻐해야 합니다. 어떤 상황에서나 항상 기뻐해야 합니다. 불에서나 물에서나, 살거나 죽거나 항상 기뻐해야 합니다.

289
쉬지 말고 기도하라

살전 5:17

쉬지 말고 기도하라.
Pray continually.

이 말씀은 "항상 기뻐하라"는 말씀 바로 다음에 나옵니다. "항상 기뻐하라"는 말씀이 당혹스러워서 "어떻게 항상 기뻐할 수 있단 말입니까?" 하고 묻고 싶습니까?

바울이 그 질문에 대답합니다. "쉬지 말고 기도하라." 기도를 하면 할수록 더 기뻐집니다. 우리가 기도하면 하나님께서 보내시는 기쁨의 물결에 슬픔이 쓸려 가 버립니다. 기뻐하면 할수록 더 기도하게 됩니다. 영혼이 잠잠하고 기쁨에 충만하면 예배 가운데 주님께 더 가까이 가게 됩니다. 기쁨과 기도는 서로 상승 작용을 합니다.

다음 구절은 "범사에 감사하라"(살전 5:18)입니다. 기쁨과 기도가 결합해서 나오는 첫 번째 열매가 감사입니다. 하나님 안에서 기뻐하고, 믿음 가운데 더 많은 것을 위해 기도한다면 하나님께 진정으로 감사하게 됩니다.

기쁨, 기도, 감사는 진실한 성도의 삶이 어떠해야 하는가를 나타내는 세 가지 요소입니다. 기도가 연결고리 역할을 합니다. 이 세 가지는 한시도 뗄 수 없는 은혜의 장식물로, 성도가 언제나 달고 있어야 하는 것입니다.

290
날마다 새로운 은혜

살후 1:4

너희가 견디고 있는 모든 박해와 환난 중에서 너희 인내와 믿음으로 말미암아 하나님의 여러 교회에서 우리가 친히 자랑하노라.
Among God's churches we boast about your perseverance and faith in all the persecutions and trials you are enduring.

하나님의 사람도 시험을 받습니다. 그러나 하나님의 은혜가 그 시험을 이길 수 있게 해 줍니다. 믿음의 사람이 슬픔의 바다를 지날 때 파도가 삼키지 못합니다(사 43:2).

"여호와의 인자와 긍휼이 무궁하시므로 우리가 진멸되지 아니함이니이다 이것들이 아침마다 새로우니 주의 성실하심이 크시도소이다"(애 3:22~23).

긍휼이란 말이 얼마나 복된 말씀입니까? 하나님의 인자하심이 언제나 새롭다는 것이 얼마나 큰 즐거움입니까? 매일 아침 하나님께서 새로운 은혜를 주십니다. 새 아침은 새날입니다. 풍성한 수확을 얻을 날이고, 영광을 향해 성숙해져야 할 날이고, 주님과 교제해야 할 날입니다.

하나님께서 그와 같은 새날들을 주십니다. 값비싼 진주보다 귀한 새날의 가치를 깨달아야 합니다. 그리고 매일 아침 하나님께 이렇게 기도할 수 있어야 합니다.

"이것들이 아침마다 새로우니 주의 성실하심이 크시도소이다."

291
평화의 원천

살후 3:16

평화의 주께서 친히 때마다 일마다 너희에게 평강을 주시고 주께서 너희 모든 사람과 함께하시기를 원하노라.
Now may the Lord of peace himself give you peace at all times and in every way. The Lord be with all of you.

감미로운 말씀입니다. 하나님 외에 어디서도 평화를 얻지 못합니다. 시험 받고 있을 때 어디서 평화를 찾겠습니까? 주님만이 평화를 주실 수 있습니다. 특히 주님의 인성을 생각하면 말할 수 없는 평화를 얻습니다. 주님께서는 우리와 똑같은 사람이셨습니다. 영혼의 괴로움과 육신의 고통을 아는 사람이셨습니다. 그래서 우리를 긍휼히 여기시고 구원해 주십니다.

주님의 죽음을 묵상해 보십시오. 상처 받고 피 흘리며 십자가 위에서 죽어 가신 주님을 묵상해 보십시오. 주님께서 상처를 보여 주시면서 위로의 말씀을 하시면 우리 영혼에 평화가 넘칩니다. 주님께서 우리와 함께 계시면 영혼은 평화 속에 녹아듭니다.

주님께서 평화를 주겠다고 제의하시거나, 왜 평화를 이루어야 하는지를 설득하시거나, 평화의 근거를 가르쳐 주시는 것이 아닙니다. 평화를 주실 뿐입니다. 주님께서는 평화를 주실 수 있고, 주고 싶어 하십니다.

292
하나님의 평강

딤전 2:2

임금들과 높은 지위에 있는 모든 사람을 위하여 하라 이는 우리가 모든 경건과 단정함으로 고요하고 평안한 생활을 하려 함이라.
For kings and all those in authority, that we may live peaceful and quiet lives in all godliness and holiness.

격렬한 전투 중에 용감하게 싸우던 병사가 조용한 곳으로 가서 주님과 대화를 나눕니다. 자신의 연약함을 알지만 하나님의 확실한 능력을 믿고 승리를 예상합니다. 힘든 전투의 고달픔에 몸이 떨리지만 마음은 평온하고 조용한 가운데 안식을 취합니다. 하나님 안에서 안식합니다.

이와 마찬가지로 우리도 군중으로부터 떠나 조용한 피난처를 찾기 원합니다. 사업상의 힘든 일이나 집안의 골치 아픈 문제나 영혼을 괴롭히는 내적 갈등 등은 잊어버리십시오. 그리고 잠시만이라도 하나님만 주실 수 있는 감미로운 평화에 빠져 보십시오.

"그리하면 모든 지각에 뛰어난 하나님의 평강이 그리스도 예수 안에서 너희 마음과 생각을 지키시리라"(빌 4:7).

자신의 영혼에게 이렇게 말하십시오.

"여호와는 나의 힘과 나의 방패이시니 내 마음이 그를 의지하여 도움을 얻었도다 그러므로 내 마음이 크게 기뻐하며 내 노래로 그를 찬송하리로다"(시 28:7).

293
한 분이신 중보자

딤전 2:5

하나님은 한 분이시요 또 하나님과 사람 사이에 중보자도 한 분이시니 곧 사람이신 그리스도 예수라.
For there is one God and one mediator between God and men, the man Christ Jesus.

고난 중에 있는 사람들은 위로받고 싶어 합니다. 그래서 친구들에게 자신의 어려움을 호소합니다. 그러나 예수 그리스도의 위로보다 더 좋은 위로는 없습니다. 그러니 가장 좋은 친구이신 예수님께 어려움을 털어놓으십시오. 짐을 벗어 중보자이신 예수 그리스도께 가져가 십자가 아래에 내려놓으십시오. 어린아이처럼 주님께 도와 달라고 간청하십시오. 하나님의 원리는 이것입니다.

"환난 날에 나를 부르라 내가 너를 건지리니 네가 나를 영화롭게 하리로다"(시 50:15).

바다의 물고기와 공중의 새를 먹이시는 하나님께서 그분의 백성을 죽게 내버려 두실 리가 없습니다. 어떤 고난이든 하나님께 맡기십시오. 기도 가운데 부르짖으십시오. 그러면 하나님께서 피할 길을 마련해 주실 것입니다. 친구는 배신할 수 있으나 하나님께서는 결코 배신하지 않으십니다. 하나님의 약속이 아닌 다른 약속은 한갓 바람에 지나지 않습니다. 오직 하나님의 약속만 신실합니다.

294
장차 올 세상의 생명

딤전 4:8

육체의 연단은 약간의 유익이 있으나 경건은 범사에 유익하니 금생과 내생에 약속이 있느니라.
For physical training is of some value, but godliness has value for all things, holding promise for both the present life and the life to come.

그리스도인은 죽음 이후에 영광과 기쁨이 충만한 천상의 삶을 그리스도와 함께 시작합니다.

하나님의 능력으로 죽음에서 일으켜 세워진 육신은 영혼과 다시 결합한 뒤에 그리스도와 함께 살게 됩니다. 보잘것없는 뿌리로 심겨졌던 육신은 순백의 꽃받침과 금빛 꽃잎을 가진 영광의 백합으로 변합니다. 말라비틀어진 밀알처럼 심겨졌던 육신은 금빛 이삭으로 자라납니다.

"우리가 지금은 하나님의 자녀라 장래에 어떻게 될지는 아직 나타나지 아니하였으나 그가 나타나시면 우리가 그와 같을 줄을 아는 것은 그의 참모습 그대로 볼 것이기 때문이니"(요일 3:2).

얼마나 엄청난 약속입니까? 여기서 받고 있는 고통은 보상됩니다. 여기서 겪고 있는 낙담과 질병도 보상됩니다. 슬픔 가운데 떨어졌던 육신과 영혼은 다시 맺어집니다. 완전해진 육신과 영혼에 기쁨이 충만합니다.

295
하나님께 소망을

딤전 4:10

이를 위하여 우리가 수고하고 힘쓰는 것은 우리 소망을 살아 계신 하나님께 둠이니 곧 모든 사람 특히 믿는 자들의 구주시라.
(And for this we labor and strive), that we have put our hope in the living God, who is the Savior of all men, and especially of those who believe.

  뜻밖의 장애물이 나타나 상심이 클 때가 있습니다. 후원자가 자리를 떠났거나 사망했다는 소식을 듣기도 합니다. 운영하는 고아원이나 대학의 기금이 부족하거나 소진되는 때도 있습니다. 나는 양식이 바닥나고 기름이 떨어진 때를 여러 번 경험했습니다. 그래도 살아 계신 하나님께 소망을 두었습니다. 하나님께서는 내 믿음을 헛되게 하지 않으셨습니다. 내 쪽에서 실패하고 잘못한 적은 있었지만 하나님 쪽에서 실패하거나 잘못하신 적은 없었습니다. 나는 살아 계신 하나님께 소망을 두어서 실패한 적이 없다는 것을 얼마든지 증명할 수 있습니다.
  아무리 사나운 바람이 불더라도 그 바람이 좋은 일을 가져온다는 것을 믿으십시오. 아무리 사나운 파도가 치더라도 그 파도가 당신을 원하는 항구로 데려다 줄 것을 믿으십시오. 어떤 경우라도 믿는 사람의 구주이신 살아 계신 하나님께 소망을 두어야 합니다.

296
부족함 없는 은혜

딤전 6:8

우리가 먹을 것과 입을 것이 있은즉 족한 줄로 알 것이니라.
But if we have food and clothing, we will be content with that.

많은 사람이 이 땅에서 사는 동안 말할 수 없는 고난을 겪습니다. 고통 받는 사람들을 돌보는 소명을 받은 사람들은 그들을 보며 끝없는 긍휼의 마음을 갖습니다.

누구나 이 세상을 사는 동안 많은 부족을 경험합니다. 그 가운데 하나가 가난입니다. 은행 잔고가 바닥날 수도 있고, 지갑이 빌 수도 있습니다. 실직을 할 수도 있습니다. 그러나 말씀에서 위안을 얻으십시오.

"여호와께서 나를 위하여 보상해 주시리이다 여호와여 주의 인자하심이 영원하오니 주의 손으로 지으신 것을 버리지 마옵소서"(시 138:8).

천국의 상속자는 하나님이 살아 계신 한 굶주리지 않습니다.

"여호와를 의뢰하고 선을 행하라 땅에 머무는 동안 그의 성실을 먹을거리로 삼을지어다 또 여호와를 기뻐하라 그가 네 마음의 소원을 네게 이루어 주시리로다"(시 37:3~4).

"그의 양식은 공급되고 그의 물은 끊어지지 아니하리라"(사 33:16).

297
믿음의 선한 싸움

딤전 6:12

믿음의 선한 싸움을 싸우라.
Fight the good fight of the faith.

우리가 받을 트로피는 싸우지 않고는 얻을 수 없습니다. 믿음으로 산다고 해도 삶은 싸움의 연속입니다. 그리스도를 부인하지 않는다 해도 '하나님께서 자비를 베푸시는 일을 잊어버리신 게 아닐까'라는 생각이 들 때가 있습니다.

그리스도와 함께 살아가는 여행을 시작한 지 얼마 되지 않은 사람은 이후로 죄와의 싸움이 없을 것으로 생각할 수 있습니다. 그러나 이제 겨우 해변을 떠났다는 사실을 잊지 마십시오. 목적지로 가다 보면 배가 역풍에 심하게 흔들리고 뒤집힐 것 같은 때가 있습니다. 성도는 영원히 밝은 햇빛에서만 산다고 생각했습니까? 그렇지 않습니다. 하나님께서는 자녀들이 싫어하는 것을 보여 주시기도 합니다. 그러나 동시에 그리스도의 온전함을 보여 주시고, 그리스도께 의지하는 방법도 가르쳐 주십니다.

그리스도와 함께하는 여행을 오래 한 사람은 죄와의 싸움으로 점철된 자신의 삶이 참혹하다고 생각해서는 안 됩니다. 절대 그렇지 않습니다. 나는 주님께서 사랑하는 사람을 다루시는 방법이 원래 그렇다고 믿습니다.

298
마음을 움직이는 복음

딤후 1:12

이로 말미암아 내가 또 이 고난을 받되 부끄러워하지 아니함은 내가 믿는 자를 내가 알고 또한 내가 의탁한 것을 그날까지 그가 능히 지키실 줄을 확신함이라.
That is why I am suffering as I am. Yet I am not ashamed, because I know whom I have believed, and am convinced that he is able to guard what I have entrusted to him for that day.

몇 해 전에 몹시 의기소침한 적이 있었습니다. 내가 믿는 분이 누구인지는 분명하게 알았지만 설교하는 것으로부터 위안을 얻을 수는 없었습니다. 내가 정말 구원을 받았는지조차 의심스러웠습니다. 그러던 중 휴가 기간에 어느 감리교 교회에 갔습니다. 설교는 복음으로 충만했습니다. 설교를 들으면서 흐르는 눈물을 감출 수 없었습니다.

설교를 하신 목사님께 감사하다는 인사를 했습니다. 그분은 나를 한참 쳐다보더니 "스펄전 목사님이 아니십니까?" 하고 못 믿겠다는 듯이 묻고는 "제가 방금 한 설교는 바로 목사님이 하셨던 설교였습니다"라고 말했습니다. 나도 그 사실을 알고 있었습니다. 그래서 더욱 위안을 받았던 것입니다. 결국 내가 조제한 약을 먹은 셈입니다.

내가 확실히 아는 것은 한 가지입니다. 어떤 상황에 처하더라도 그리스도의 복음처럼 내 마음을 움직이는 것은 없다는 사실입니다.

299
주님과 동행하는 삶

딤후 2:12

참으면 또한 함께 왕 노릇 할 것이요 우리가 주를 부인하면 주도 우리를 부인하실 것이라.
If we endure, we will also reign with him. If we disown him, he will also disown us.

하나님께서 고난을 허락하셨다면 기꺼이 받아들여야 합니다. 고난 중에도 하나님께 전적으로 순종한다면 그것은 큰 기쁨입니다. 고난을 받으면서도 기뻐하는 이유는 우리가 주님을 닮아 가기 때문입니다. 그것은 이 세상에서 누릴 수 있는 작은 천국입니다.

평안할 때 하나님과 맺는 관계도 소중하지만, 가시덩굴을 헤치며 그분과 맺는 관계와는 비교할 수 없습니다. 슬픔 가운데 있어도 신랑이 함께 계시기 때문에 슬퍼할 수 없다고(마 9:15) 느낀다면 얼마나 기쁘겠습니까? 사나운 폭풍 속에서도 천국으로 가는 높은 파도 위에 있는 사람은 복 받은 사람입니다. 그것이 진정한 행복입니다.

천국으로 가는 안전한 고속도로가 있습니다. 그 길 중앙은 특별한 장소이기 때문에 그리로 걷는 사람은 행복과 안전이 보장됩니다. 그러나 많은 사람이 길 가장자리에 머뭅니다. 길 가운데로 걷는 사람은 주님께서 동행해 주심으로 사자도, 사나운 짐승도 만나지 않습니다.

300
주님의 완전한 능력

딤후 2:19

주께서 자기 백성을 아신다 하며 또 주의 이름을 부르는 자마다 불의에서 떠날지어다 하였느니라.
"The Lord knows those who are his," and, "Everyone who confesses the name of the Lord must turn away from wickedness."

예수님의 능력은 고난에 빠진 백성을 붙잡으시고, 보호하시고, 힘을 주실 때 가장 잘 나타납니다. 미약하고 보잘 것없는 피조물을 강하게 만드시는 하나님을 보고서야 사람들은 비로소 하나님의 능력의 완전함을 깨닫습니다.

병든 부인이 있었습니다. 숨쉬기조차 괴로웠습니다. 그래도 부인은 불평하지 않았습니다. 아주 건강한 사람처럼 쾌활하게 말했습니다. 그 부인을 보면서 완전한 순종이 어떤 것인지 알게 되었습니다. 주님께서 정해 주신 고통의 기한을 기꺼이 참으려는 의지를 읽을 수 있었습니다.

강한 사람이 용감한 이야기를 하는 것은 놀랍지 않습니다. 그러나 약한 사람이 용기를 보이고, 슬픔을 당한 사람이 다른 사람을 위로하는 모습은 큰 감동을 줍니다.

하나님의 백성이 가난이나 병으로 괴로워하거나 시험을 받더라도 파도에 부딪치는 바위처럼 굳게 서 있는 것을 보면 하나님의 능력을 깨닫게 됩니다. 성도가 겪는 큰 시련은 하나님의 큰 힘을 불러옵니다.

301
죽음을 준비하는 삶

딤후 4:7

나는 선한 싸움을 싸우고 나의 달려갈 길을 마치고 믿음을 지켰으니.
I have fought the good fight, I have finished the race, I have kept the faith.

내 소원은 죽음이 나의 인생을 완성시키는 것입니다. 내 인생이 죽음으로 완성될지, 아니면 가운데가 부러진 기둥처럼 미완성으로 남을지 생각해 보십시오.

많은 사람이 준비 없이 죽음을 맞이합니다. 그러면 구원은 받겠지만, 불속을 거쳐 나온 것 같지 않겠습니까(고전 3:15)? 신실한 그리스도인은 죽음을 준비합니다. 신랑을 맞이하기 위해 등과 기름을 미리 준비하는 처녀처럼 말입니다(마 25:4). 이것이 제대로 죽는 방식입니다.

익지 않은 과일을 나무에서 따는 것처럼 가기 싫은 곳에 어쩔 수 없이 가려면 힘듭니다. 익지 않은 사과가 가지에서 떨어지지 않는 것처럼 많은 사람이 부에 집착합니다. 집착이 강하기 때문에 세상 것으로부터 잘 떨어지지 않습니다. 그러나 잘 익은 과일은 쉽게 딸 수 있습니다. 마치 기다리고 있었다는 듯이 손만 대도 떨어집니다.

세상에 너무 집착하지 않게 해 달라고 기도합시다. 그래야 죽음이 갑작스럽지도 않고 두렵지도 않을 것입니다.

302
천국으로 가는 길

딤후 4:8

> 이제 후로는 나를 위하여 의의 면류관이 예비되었으므로 주 곧 의로우신 재판장이 그날에 내게 주실 것이며 내게만 아니라 주의 나타나심을 사모하는 모든 자에게도니라.
> Now there is in store for me the crown of righteousness, which the Lord, the righteous Judge, will award to me on that day — and not only to me, but also to all who have longed for his appearing.

주님께서는 우리가 어떻게 살아야 하는가를 가르쳐 주신 것같이 어떻게 죽어야 하는지도 가르쳐 주셨습니다.

유명한 청교도 학자가 나이 들었을 때, 안부를 묻는 사람들에게 이렇게 대답했다고 합니다. "빨리 집으로 가고 싶습니다. 좋은 집을 마련해 두고 계신 하나님께 감사합니다." 집이 가까워지면 죽음은 적이 아니라 친구로 변합니다. 천국으로 인도해 주기 때문입니다.

죽음이 와도 두렵지 않습니다. 우리를 사랑하시고 우리를 대신해 죽으신 예수님께서 부활이요 생명이시기 때문입니다(요 11:25). 왜 떠나기를 싫어하겠습니까? 남아서 더 기다릴 것이 무엇입니까? 보잘것없는 이곳에 천국을 그리워하는 마음을 붙잡아 둘 수 있는 것이 있겠습니까? 주님께서 가신 그곳으로 우리도 갑시다. 머뭇거릴 이유가 없습니다. 예수님께서 부활하셨습니다. 우리도 그곳에 부활합니다.

303
놀라운 사랑의 역사

딛 3:4~5

우리 구주 하나님의 자비와 사람 사랑하심이 나타날 때에 우리를 구원하시되.
But when the kindness and love of God our Savior appeared, he saved us.

주님께서 베풀어 주신 사랑의 역사를 돌이켜 보십시오. 그분의 놀라운 사랑을 생각하면 주체할 수 없는 기쁨으로 어쩔 줄 모르게 됩니다. 그 사랑의 무게를 어떻게 감당하겠습니까? 성령님께서 주시는 것의 일부분만 생각해도 우리의 영혼은 기쁨에 겨워합니다. 그렇다면 그분께서 주시는 것 전부를 다 본다면 도대체 얼마나 기쁘겠습니까?

우리가 주님의 선물을 알아보고, 그 가치를 깨닫고, 그것을 묵상하면 주님과 한층 더 아름다운 교제를 나눌 수 있습니다. 그 즐거움은 상상할 수 없습니다.

"하나님이 자기를 사랑하는 자들을 위하여 예비하신 모든 것은 눈으로 보지 못하고 귀로 듣지 못하고 사람의 마음으로 생각하지도 못하였다"(고전 2:9).

언젠가 우리가 천국에 있는 것을 직접 보게 되면, 우리의 영혼이 잠길 하나님과의 교제의 강이 얼마나 깊은지 비로소 알게 될 것입니다. 그때 은혜를 베풀어 주신 예수 그리스도를 큰 소리로 찬양할 것입니다.

304
예수님을 보는 기쁨

히 2:9

오직 우리가 천사들보다 잠시 동안 못하게 하심을 입은 자 곧 죽음의 고난 받으심으로 말미암아 영광과 존귀로 관을 쓰신 예수를 보니.
But we see Jesus, who was made a little lower than the angels, now crowned with glory and honor because he suffered death.

가난합니까? 예수님을 보십시오. 예수님께서는 당신보다 훨씬 더 궁핍하게 사셨습니다. "여우도 굴이 있고 공중의 새도 집이 있으되 인자는 머리 둘 곳이 없도다"(눅 9:58).

고통 받고 있습니까? 예수님을 보십시오. 아무리 고통스러워도 예수님께서 당하신 고통에 비할 바가 못됩니다.

배반당했습니까? 유다가 입 맞췄던 예수님의 얼굴을 보십시오.

믿음을 지키겠다고 약속한 친구로부터 배신당했습니까? 베드로를 바라보시던 예수님의 얼굴을 보십시오.

죽음이 가까이 다가왔습니까? 이 말씀을 기억하십시오. "사람의 모양으로 나타나사 자기를 낮추시고 죽기까지 복종하셨으니 곧 십자가에 죽으심이라"(빌 2:8).

예수님을 볼 수 있다면 혼자가 아닙니다. 예수님을 볼 수 있다면 버려졌다는 느낌을 가질 수 없습니다.

예수님을 안다는 것이 얼마나 큰 복입니까? 고통스러운 이 땅에서 그분 때문에 천국의 기쁨을 맛볼 수 있습니다.

305
유익이 되는 시험

히 3:8

광야에서 시험하던 날에 거역하던 것같이 너희 마음을 완고하게 하지 말라.
Do not harden your hearts as you did in the rebellion, during the time of testing in the desert,

왜 시험을 받는지 알 수 없는 때가 있습니다. 다른 사람의 유익을 위해 시험을 주시는 때가 있습니다. 이유 없이 험한 길로 간다고 이상하게 생각하지 마십시오. 어두운 곳에 있는 사람을 위해 그 길로 인도하실 때가 있습니다.

거칠고 험준한 곳에서 잃어버린 주님의 양을 찾는 강인한 산악인으로 만드시기 위해 하나님께서 우리를 훈련시키시는 것입니다. 우울과 절망의 터널을 지나 천국의 수도로 가는 방법을 우리에게 가르쳐 주십니다. 그래야 공포와 의심의 수렁에 빠지는 그들을 우리가 구출해 바위 위에 굳건히 세워 줄 수 있습니다.

한 사람의 삶은 다른 사람의 삶에 큰 영향을 미칩니다. 인생은 다 알 수 없을 만큼 많은 사람의 삶과 깊이 연관되어 있습니다. 인생이 끝나기 전에는 현재 당하고 있는 고난이 다른 사람에게 어떻게 도움이 될지 알지 못합니다. 우리의 경험이 다른 순례자에게 얼마나 유익이 될지 알지 못합니다.

306
은혜의 보좌 앞으로

히 4:16

그러므로 우리는 긍휼하심을 받고 때를 따라 돕는 은혜를 얻기 위하여 은혜의 보좌 앞에 담대히 나아갈 것이니라.
Let us then approach the throne of grace with confidence, so that we may receive mercy and find grace to help us in our time of need.

   기도의 목표는 하나님께 도달하는 것입니다. 그래서 기도할 때는 성령님의 역사가 필요합니다. 하나님의 영이 없는 기도는 진정한 기도가 아닙니다.

   기도할 때 허물없는 태도를 갖는 것은 좋지만, 경건을 잊어서는 안 됩니다. 담대한 것은 좋지만, 무례해서는 안 됩니다. 하나님께서 하실 일을 가르쳐 드리려고 기도하는 것이 아닙니다.

   기도는 하나님께서 가련한 사람들에게 은혜를 나눠 주시는 곳으로 가는 것이 아닙니다. 기도는 하나님께서 사시는 궁전의 보좌 앞에 서는 것입니다. 위대하신 왕이 백성을 만나는 화려한 응접실에 서는 것입니다. 그곳은 하나님을 직접 뵐 수 있는 장소입니다.

   그런 곳에 작은 믿음을 가지고 가서 시시한 것이나 구해서야 되겠습니까? 그곳은 왕이 푼돈을 나눠 주는 장소가 아닙니다. 하나님께서 주시는 것은 큰 금덩어리입니다.

307
때를 따라 돕는 은혜

히 4:16

그러므로 우리는 긍휼하심을 받고 때를 따라 돕는 은혜를 얻기 위하여 은혜의 보좌 앞에 담대히 나아갈 것이니라.
Let us then approach the throne of grace with confidence, so that we may receive mercy and find grace to help us in our time of need.

우리가 당하는 시련은 하나님의 지혜와 사랑으로 정해진 것입니다. 산의 무게도 아시는 하나님께서 우리가 당하는 고통의 정도를 재고 계십니다. 우리가 고통 가운데 있을 때 마귀가 공격해 오겠지만 패배한 대적이라는 사실을 기억하십시오. 우리의 고난은 주님의 지혜로 정해진 것이고, 주님의 사랑으로 다스려집니다.

십자가를 지면 하나님께서 특별한 위로를 주십니다. 왕국의 좋은 포도주가 있는 곳은 지하에 있는 고난의 저장소입니다. 모든 사람이 등을 돌릴 때만큼 그리스도의 얼굴을 분명하게 볼 수 있을 때는 없습니다.

시련은 하나님께 가까이 가게 합니다. 우리는 믿음이 휘청거릴 때 걱정을 하나님께 온전히 맡기지 못합니다. 그러나 예수님께서 말씀하십니다. "긍휼하심을 받고 때를 따라 돕는 은혜를 얻기 위하여 은혜의 보좌 앞에 담대히 나아갈 것이니라." 이 말씀대로 행하십시오.

308
축복의 약속

히 6:14

내가 반드시 너에게 복 주고 복 주며 너를 번성하게 하고 번성하게 하리라.
I will surely bless you and give you many descendants.

하나님께서는 그분의 뜻대로 행하시는 분입니다. 그러나 옳지 않은 일은 결코 하지 않으십니다. 그분께서 예수 그리스도를 통해 "내가 반드시 너에게 복 주고 복 주며 너를 번성하게 하고 번성하게 하리라"고 약속하셨습니다.

예수님과 하나님 아버지 사이에 우리를 위한 서약이 세워졌습니다. 이 약속은 셀 수 없이 많은 복을 가져올 것입니다. 하나님께서 변하지 않는 약속을 하셨기 때문에 우리는 큰 위안을 얻습니다. 약속의 하나님께서 우리의 미래와 상속 재산을 지정하셨으므로 우리는 결국 그것들을 누릴 것입니다. 약속의 하나님께서 예수 그리스도로 나타나셨으며, 그분께서 맹세하셨습니다. 그러므로 하나님과의 서약을 확실하게 하는 예수님의 피 안에서 우리는 편히 쉴 수 있습니다.

"내가 네게 허락한 것을 다 이루기까지 너를 떠나지 아니하리라"(창 28:15).

이 약속을 잊지 마십시오. 성도에게 하신 하나님의 약속은 하나하나가 확고하며 틀림없이 지켜집니다.

309
가장 안전한 피난처

히 6:19

우리가 이 소망을 가지고 있는 것은 영혼의 닻 같아서 튼튼하고 견고하여 휘장 안에 들어가나니.
We have this hope as an anchor for the soul, firm and secure. It enters the inner sanctuary behind the curtain.

믿음의 사람은 내일을 걱정할 필요가 없습니다. 하나님의 섭리에 따라 오늘을 살면 됩니다.

믿는 사람은 노래를 부르며 하나님의 섭리에 따라 살아갑니다. 곧 허물어질 것 같은 제방 옆을 지나가든, 아름다운 땅이나 상쾌한 계곡을 지나가든 마음은 한결같습니다. 단 한 가지 소망은 하나님의 손안에 조용히 있으면서 하나님의 뜻 외에는 신경 쓰지 않고 살아가는 것입니다.

폭풍이 오면 그리스도께서 "광풍을 피하는 곳, 폭우를 가리는 곳"(사 32:2)임을 알게 됩니다. 날씨가 더워지면 그리스도께서 "곤비한 땅에 큰 바위 그늘"(32:2)임을 알게 됩니다. 지구가 흔들리더라도 우리는 말합니다.

"하나님은 우리의 피난처시요 힘이시니 환난 중에 만날 큰 도움이시라 그러므로 땅이 변하든지 산이 흔들려 바다 가운데에 빠지든지 바닷물이 솟아나고 뛰놀든지 그것이 넘침으로 산이 흔들릴지라도 우리는 두려워하지 아니하리로다"(시 46:1~3).

310
영적인 가족

히 10:9

그 후에 말씀하시기를 보시옵소서 내가 하나님의 뜻을 행하러 왔나이다 하셨으니 그 첫째 것을 폐하심은 둘째 것을 세우려 하심이라.
Then he said, "Here I am, I have come to do your will." He sets aside the first to establish the second.

주님께서 가족을 데려가십니다. 부모님이 떠나신 경우도 있고, 배우자나 형제자매가 떠난 경우도 있습니다. 그들은 지금 본향 집에 있습니다. 하나님께서 '첫째 것'을 폐하시고 '둘째 것'을 세우셨으니, 그것이 얼마나 큰 복인지 알아야 합니다.

가족이 떠났을 때 이렇게 슬퍼하는 성도가 있을 것입니다. "슬프다. 이제 온 가족을 잃었구나. 나는 완전히 혼자가 되었다." 그때 이 말씀을 잊지 말아야 합니다. "하나님이 고독한 자들은 가족과 함께 살게 하시며"(시 68:6).

하나님께서 둘째 가족을 세우기 위해 첫째 가족을 데려가셨습니다. 피로 맺어진 관계를 청산하게 하시고 더 좋은 영적 관계를 맺게 하십니다.

"누구든지 하늘에 계신 내 아버지의 뜻대로 하는 자가 내 형제요 자매요 어머니이니라"(마 12:50).

이 세상에 있는 성도와 천국의 보좌 앞에 있는 성도가 우리의 형제요, 자매요, 아버지요, 어머니입니다.

311
고통을 참는 믿음

히 11:27

믿음으로 애굽을 떠나 왕의 노함을 무서워하지 아니하고 곧 보이지 아니하는 자를 보는 것같이 하여 참았으며.
By faith he left Egypt, not fearing the king's anger; he persevered because he saw him who is invisible.

고통이 없는 사람은 없습니다. 신실한 사람도 고난과 궁핍에 시달립니다. 그리스도 안에서 형제자매와 함께 있는 성도들은 즐거워 보이지만, 그들 중에도 살아가기 위해 처절하게 싸워야 하는 사람들이 있습니다. 진정한 믿음 없이는 고통을 견딜 수 없습니다.

하나님 안에서 위로를 찾으십시오. 세상의 위로는 의미가 없습니다. 영적이고 영원한 위안을 찾아야 걱정이 없습니다. 이 세상의 삶에 소망을 거는 사람은 가장 불쌍한 사람입니다. 그러나 우리는 다음 세상에 대한 소망을 가졌기 때문에 가장 행복한 사람입니다. 성도는 영생과 그로부터 오는 기쁨을 얻습니다.

하나님과 그분의 사랑을 믿고, 하나님께서 돌보실 것을 믿으십시오. 그러면 수고하지 않고 길쌈을 하지 않아도 백합화처럼 될 것입니다. 내일을 걱정하지 마십시오. 천국이 우리를 위해 준비되어 있습니다. 이제 곧 천사들 가운데 살면서 모든 걱정을 떨쳐 버리게 될 것입니다.

312
약한 자를 쓰시는 주님

히 11:34

불의 세력을 멸하기도 하며 칼날을 피하기도 하며 연약한 가운데서 강하게 되기도 하며 전쟁에 용감하게 되어.
Quenched the fury of the flames, and escaped the edge of the sword; whose weakness was turned to strength.

하나님을 위해 일을 하고 싶습니까? 그 생각이 마음을 뜨겁게 합니까? 하나님의 일에 쓰임 받고 싶습니까? 이렇게 대답하는 사람이 있을 겁니다. "그럼요. 하나님을 위해 큰일을 하고 싶습니다. 그런데 저는 너무 미약합니다."

믿음으로 하십시오. 성경에도 그렇게 쓰여 있습니다.

"그들은 믿음으로 나라들을 이기기도 하며 의를 행하기도 하며 약속을 받기도 하며 사자들의 입을 막기도 하며"(히 11:33).

능력이 없다고 생각되면 하나님의 무한한 능력을 신뢰하십시오. 하나님께서 다른 사람의 영혼을 걱정하고 수고할 마음을 주셨다면 두려워할 것이 없습니다. 연약한 가운데 믿음으로 시작해야 합니다. 하나님께서 "네가 사는 날을 따라서 능력이 있으리로다"(신 33:25)라고 약속하셨습니다. 또 주님께서 "내 은혜가 네게 족하도다 이는 내 능력이 약한 데서 온전하여짐이라"(고후 12:9)고 말씀하셨습니다. 그 말씀을 믿으십시오.

313
핍박을 견디는 믿음

히 11:36

또 어떤 이들은 조롱과 채찍질뿐 아니라 결박과 옥에 갇히는 시련도 받았으며.
Some faced jeers and flogging, while still others were chained and put in prison.

잔인한 조롱의 시련이 있습니다. 악마의 채찍이 여러 가지 방법으로 하나님의 자녀를 때립니다. 지금도 핍박은 여러 곳에서 일어납니다. 집안에도 대적이 있습니다.

오직 믿음으로만 핍박을 참을 수 있고, 다른 사람을 위해 선한 일을 할 수 있습니다. 굳게 설 수 있는 믿음을 주님께 구하십시오.

지금 우리가 있는 곳은 황제가 가운데 앉아 있고 오만한 로마 시민들이 잔인한 눈으로 지켜보고 있는 원형경기장이 아닙니다. 그리스도인이 사자 앞에 던져질 때 군중이 흥분하는 곳이 아닙니다. 이제 그런 일은 없습니다.

사람들의 마음이 그때보다 온유해졌으나 아직도 하나님을 반대하는 사람들이 있습니다. 믿지 않는 친척으로부터 냉소적인 험담을 듣다 보면 차라리 에베소에서 맹수와 싸우는 편이 낫겠다는 생각까지 하게 됩니다. 그럴 때는 은밀하게 영혼으로 하나님께 울부짖으십시오. 그렇게 조용히 감당하다 보면 마침내 믿음으로 이길 수 있습니다.

314
조율하시는 하나님

히 11:37

> 돌로 치는 것과 톱으로 켜는 것과 시험과 칼로 죽임을 당하고 양과 염소의 가죽을 입고 유리하여 궁핍과 환난과 학대를 받았으니.
> They were stoned; they were sawed in two; they were put to death by the sword. They went about in sheepskins and goatskins, destitute, persecuted and mistreated.

시련과 시험은 영원한 세상에 맞는 인격을 갖출 수 있도록 하나님께서 우리를 준비시키시는 과정입니다. 피아노 만드는 공장에 가 본 적이 있습니까? 조율실에 들어가면 끔찍한 소음만 듣게 됩니다. 악기를 조율하는 과정에서는 피아노의 아름다운 선율이 아니라 시끄러운 소음만 납니다. 조율이 끝나야 피아노는 비로소 아름다운 음악을 만들어 낼 수 있습니다.

이 땅은 하나님께서 그리스도인을 조율하시는 곳입니다. 여기저기서 시끄러운 소음만 들립니다. 그것은 아름다운 음악이 있는 영원한 세계로 우리를 데려가기 위해 준비시키시는 조율 과정에서 나는 소리입니다.

언젠가 나는 천국에서 그리스도와 함께 다스리고 영광과 존귀로 면류관을 얻을 것입니다. 그렇다고 내가 오만해질까요? 자기도취에 빠질까요? 그렇지 않습니다. 하나님께서 고난과 시험으로 나를 조율하셨기 때문입니다.

315
천국의 사랑을 받는 자

히 12:5

내 아들아 주의 징계하심을 경히 여기지 말며 그에게 꾸지람을 받을 때에 낙심하지 말라.
My son, do not make light of the Lord's discipline, and do not lose heart when he rebukes you.

예수님은 마르다와 마리아와 나사로를 특별히 사랑하셨습니다(요 11:5). 특별히 사랑하셨기에 특별한 시련을 주셨습니다. 비싼 보석을 다루는 사람은 시시한 보석을 세공하는 데 시간을 허비하지 않습니다. 그러나 희귀한 다이아몬드를 찾으면 깎고 또 깎습니다. 주님도 사랑하는 성도를 찾으시면, 다른 사람에게는 주지 않는 시련과 어려움을 주십니다. 사랑하면 할수록 더 많이 채찍질하십니다. 천국의 사랑을 받는 것에는 고통이 따르지만, 우리는 천국의 사랑을 찾아 그 안에서 기뻐해야 합니다.

믿음을 위해 몸이 움츠러드는 고통을 감수해야 할 때가 있습니다. 정원사는 좋은 나무가 더 좋은 열매를 맺게 하기 위해 조심스럽게 가지를 쳐 줍니다. 나무에 해로운 것은 남겨 두지 않습니다.

하나님의 사랑을 받는 사람은 시련이 오면 "왕의 사자여, 환영합니다. 내 주인이 보내신 당신을 진심으로 환영합니다" 하고 반겨야 합니다.

316
언약의 징계

히 12:8

징계는 다 받는 것이거늘 너희에게 없으면 사생자요 친아들이 아니니라.
If you are not disciplined (and everyone undergoes discipline), then you are illegitimate children and not true sons.

나이가 육십인데 그동안 하루도 아픈 적이 없었다며 자랑하던 사람이 있습니다. 그런데 그가 3개월 전에 장티푸스를 앓았습니다. 병이 좀 나아지자 나를 찾아왔습니다.

"목사님, 과거에 저는 약하다는 생각을 해 본 적이 없었습니다. 그러나 이번 일을 계기로 겸손해지지 않을 수 없었습니다. 히브리서 말씀을 여러 번 읽었습니다. 저는 사생아가 아닙니다. 이제 채찍을 맞았으니 아들의 도리를 전보다 더 잘할 수 있을 것 같습니다."

하나님의 채찍은 언약의 채찍입니다. 우리는 주님께서 정하신 분량만큼 채찍질을 당할 것입니다. 나도 하나님의 매가 없었다면 천국에 대해 배우지 못했을 것입니다.

"하나님이 아들과 같이 너희를 대우하시나니 어찌 아버지가 징계하지 않는 아들이 있으리요"(히 12:7).

사생아는 하나님의 매를 차 버리지만 현명한 자녀는 매를 잡은 하나님의 손에 입을 맞추고 찬양합니다. 이것이 우리가 진정한 하나님의 자녀라는 확실한 도장입니다.

317
고난을 이기는 은혜

히 12:28

그러므로 우리가 흔들리지 않는 나라를 받았은즉 은혜를 받자 이로 말미암아 경건함과 두려움으로 하나님을 기쁘시게 섬길지니.
Therefore, since we are receiving a kingdom that cannot be shaken, let us be thankful, and so worship God acceptably with reverence and awe.

큰 고난을 당하고, 병에 시달리고, 사업이 잘 안 되고, 재산이 없어지고, 친구가 배신하고, 대적이 둘러싼다 해도 용기를 잃지 마십시오. 하나님께서 우리를 떠나시는 일은 결코 없습니다. 하나님의 뜻을 받아들이십시오. 받아들여야 할 하나님의 뜻이 있다는 사실에 기뻐하십시오.

고난을 감당하는 힘을 주시는 은혜가 아니라면 은혜라 할 수 없습니다. 우리 믿음이 참된 것인지 아닌지는 고난에 빠져 봐야 압니다. 햇빛 믿음은 연약하기 그지없습니다. 하늘을 가리는 심한 폭풍을 이기는 믿음을 갖게 되기를 소원합시다.

마음과 육신이 흔들리고, 눈이 침침해져서 낮의 빛도 보지 못하고, 귀가 어두워져서 음악도 들리지 않고, 몸이 비틀거리더라도 주님을 믿으십시오. 설사 죽음이 연약한 육신을 덮친다 해도 두려워할 이유가 없습니다. 힘을 내십시오. 주님을 바라보면 다시 힘이 생깁니다.

318
하나님으로 만족한 삶

히 13:5

돈을 사랑하지 말고 있는 바를 족한 줄로 알라 그가 친히 말씀하시기를 내가 결코 너희를 버리지 아니하고 너희를 떠나지 아니하리라 하셨느니라.
Keep your lives free from the love of money and be content with what you have, because God has said, "Never will I leave you; never will I forsake you."

참새 한 마리도 그냥 땅에 떨어지지 않게 하시는 분이 자녀를 굶주리게 하시겠습니까? 우리는 영원한 부를 위해 일시적으로 굶주릴 수는 있겠지만, 결국은 배불리 먹고 안전한 땅에 살게 될 것입니다(레 25:19).

약속의 말씀에 있는 '충만함'은 그야말로 무한합니다. 하나님께서 자기 종과 함께 계신다고 말씀하신 것은 이런 의미입니다. "내 지혜로 너희를 인도하겠다. 내 사랑으로 너희를 안아 주겠다. 내 영혼으로 너희를 성결하게 해 주겠다. 내 힘으로 너희를 지켜 주겠다. 나의 영원한 능력으로 너희가 넘어지거나 낙심하지 않도록 감싸 주겠다."

하나님께서 함께 계시는 것은 수만 명의 군대와 함께 있는 것보다 낫습니다. 우리와 함께 계시는 하나님께서는 우리가 당한 어려움을 맡아 주십니다. 그리고 적절한 때에 우리를 구원해 주십니다. 그러니 가진 것에 만족하십시오. 그 가운데 그리스도께서 계십니다.

319
의로우신 하나님

히 13:5

내가 결코 너희를 버리지 아니하고 너희를 떠나지 아니하리라.
Never will I leave you; never will I forsake you.

생명에서나 사망에서나 하나님의 의로우심을 증명할 수 있습니다. 하나님의 말씀에는 거짓이 없습니다. 우리는 하나님께서 변하지 않으심을 증명할 수 있습니다. 어제나 오늘이나 영원토록 동일하시기 때문입니다(히 13:8).

하나님의 본성은 성도가 이 세상을 떠날 때 극명하게 나타납니다.

"내가 결코 너희를 버리지 아니하고 너희를 떠나지 아니하리라." 죽음을 맞이하는 성도와 함께 있어 보지 않으면 이 약속의 깊이를 알 수 없습니다. 이 약속이 얼마나 놀라운 것인지 알 수 없습니다.

"내가 사망의 음침한 골짜기로 다닐지라도 해를 두려워하지 않을 것은 주께서 나와 함께하심이라 주의 지팡이와 막대기가 나를 안위하시나이다"(시 23:4).

어둡고 깊은 골짜기에 있어 보지 않으면 이 말씀의 진정한 가치를 깨닫기 어렵습니다. 죽음을 맞이하는 성도에게 이 말씀이 얼마나 소중한지를 알지 못하면, 시편 23편을 제대로 안다고 할 수 없습니다.

320
나를 떠나지 않으시는 주님

히 13:5

내가 결코 너희를 버리지 아니하고 너희를 떠나지 아니하리라.
Never will I leave you; never will I forsake you.

황량한 광야에 한 여행자가 있습니다. 외로움에 지쳐 도와 달라고 소리쳐 보지만 바위에 부딪친 메아리가 유일한 대답입니다. 주변에는 풀 한 포기도 없습니다. 그렇다 해도 그는 혼자가 아닙니다. 바위가 바로 하나님께서 계시다는 증거입니다. 발밑의 뜨거운 모래와 머리 위의 이글거리는 태양이 바로 살아 계신 하나님을 증언합니다.

하나님께 버림 받은 자의 외로움은 어떻겠습니까? 무섭지 않겠습니까? 그래서 다윗은 이렇게 노래했습니다.

"내가 새벽 날개를 치며 바다 끝에 가서 거주할지라도 거기서도 주의 손이 나를 인도하시며 주의 오른손이 나를 붙드시리이다"(시 139:9~10).

고독을 좋아하는 사람은 없습니다. 하나님 없이 홀로 있다는 것은 너무나 무서운 고독이기에 지옥의 악령조차 비명을 지를 것입니다. 그러나 하나님께서는 약속의 말씀으로 우리를 살게 해 주십니다.

"내가 결코 너희를 버리지 아니하고 너희를 떠나지 아니하리라."

321
나를 도우시는 주님

히 13:6

그러므로 우리가 담대히 말하되 주는 나를 돕는 이시니 내가 무서워하지 아니하겠노라 사람이 내게 어찌하리요 하노라.
So we say with confidence, "The Lord is my helper; I will not be afraid. What can man do to me?"

주님께서 지금까지 끊임없이 도와주셨다는 사실은 우리 믿음이 헛되지 않았음을 확인해 줍니다. 지난날을 돌이켜 보고 한 가지라도 하나님께서 잘못하신 일이 있다면 믿음을 다시 생각해도 좋습니다. 내 인생을 돌아보면, 하나님께서 진실하지 않으셨던 적은 한 번도 없었습니다.

새장에 갇혀 있는 새를 보십시오. 전적으로 먹이를 주는 사람에 의존해 살아갑니다. 그리고 새장 안에서 목청껏 노래를 부릅니다. 주인이 먹이를 주지 않을지도 모른다는 걱정을 전혀 하지 않습니다.

오랜 세월 지켜 주신 분을 믿지 못하고 불안해하는 대신 편히 앉아서 큰 소리로 노래를 부르는 것이야말로 우리가 할 수 있는 최선이 아니겠습니까? 새들이 그렇게 한다면 우리가 그렇게 못할 이유가 무엇입니까?

하나님께서는 언제나 진실하십니다. 의심하지 마십시오. 천국에 갈 때까지 수많은 고난을 만난다 해도 지금까지 도와주신 분께서 비상한 방법으로 구원하실 것입니다.

322
기도할 수 있는데

히 13:6

그러므로 우리가 담대히 말하되 주는 나를 돕는 이시니 내가 무서워하지 아니하겠노라 사람이 내게 어찌하리요 하노라.
So we say with confidence, "The Lord is my helper; I will not be afraid. What can man do to me?"

과거의 하나님은 우리 죄를 없애 주셨습니다. 현재의 하나님은 모든 것이 합력하여 선을 이루게 해 주십니다. 미래의 하나님은 우리를 떠나지도, 버리지도 않으십니다.

스스로 그리스도인이라고 말하는 사람들 가운데 하나님께 나아가 도움을 구할 생각을 하지 않는 사람들이 많습니다. 마음을 털어놓을 수 있는 하나님이 계시다는 게 얼마나 큰 복입니까?

고난을 당하고 있습니까? 그렇다면 하나님 앞에 나아가 그 고난을 펴놓으십시오. 자녀가 죽어 갑니까? 그렇다면 다윗이 한 것같이 주님께 울부짖으십시오(삼하 12:16).

얻어야 할 것이 있다면 하나님께 간구하십시오. 이것이 가장 확실하고 빠른 방법입니다. 하나님과 의논하지 않으면 상심으로 죽을지도 모릅니다. 욥처럼 태어난 날을 저주할지도 모릅니다. 믿음으로 하나님께 나아가 약속을 지켜 달라고 간청하십시오. 그러면 검은 구름이 걷히고, 다시 빛 가운데로 나아갈 수 있습니다.

323
인내를 낳는 시련

약 1:2

너희가 여러 가지 시험을 당하거든 온전히 기쁘게 여기라.
Consider it pure joy, my brothers, whenever you face trials of many kinds.

인내는 많은 시험을 당하면서 얻는 귀중한 덕목입니다. 하나님의 은혜로 얻는 인내는 시련을 하나님께서 주시는 것으로 받아들이는 마음입니다. 인내는 순식간에 만들어지지 않습니다. 오랜 육체적 고통, 심한 우울증, 직업에서 오는 실망감, 주위에서 일어나는 죽음 등을 겪어야 인내가 생기고, 주님 뜻에 온전히 순종합니다.

아들을 아버지 뜻에 순종하게 만들려면 채찍이 필요합니다. 그래야 하나님께 불순종하기를 그치고, 하나님의 뜻이 자신의 뜻이 되기를 바라게 됩니다. 시련을 통해 그렇게 된다면 우리는 승리자가 되고, 모든 시련에 온전히 기뻐할 수 있습니다.

인내심이 있는 사람은 분노하지 않고 냉대와 비방과 모욕을 참습니다. 마음은 아프지만 참을성 있게 넘어갑니다. 주님께서 그러셨듯이 입을 열어 대답하지 않습니다. 저들이 고함치더라도 고함치지 않습니다. 오히려 저주하는 사람에게 축복을 보냅니다. 시련을 통한 은혜로 우리의 성품은 고결해집니다.

324
믿음의 시련

약 1:3

이는 너희 믿음의 시련이 인내를 만들어 내는 줄 너희가 앎이라.
Because you know that the testing of your faith develops perseverance.

그리스도인의 인생에서 가장 독실한 시기는 시련을 받을 때입니다. 어려움을 당했을 때 하는 기도가 얼마나 간절합니까? 기도 없이는 못 삽니다. 지고 있는 짐을 하나님께서 계신 곳으로 가져가고 또 가져갑니다.

마음이 우울할 때면 성경을 읽어야 합니다. 하나님 나라의 확실한 약속, 틀림없는 메시지를 들어야 합니다. 힘든 일이 생기면 우리는 듣습니다. 듣기 좋은 말이냐 아니냐가 문제가 아닙니다. 우리는 말씀을 원합니다. 참된 가르침을 원합니다. 그리스도를 원합니다. 일시적인 기분 전환이나 부질없는 상상은 필요하지 않습니다. 신학적 이론이나 권위도 관심 밖입니다. 우리는 주님께서 우리를 어떻게 다루시는지 알고 싶습니다.

하나님께서 주시는 복과 기쁨은 은혜와 감사 가운데 우리를 풍성하게 만듭니다. 더 높은 차원의 성화를 추구하게 합니다. 그러나 일반적으로는 폭풍이 우리를 그리스도께 더 가까이 데려갑니다. 우리는 대부분 주님의 채찍질을 통해서 순종을 배웁니다.

325
지혜를 주시는 주님

약 1:5

너희 중에 누구든지 지혜가 부족하거든 모든 사람에게 후히 주시고 꾸짖지 아니하시는 하나님께 구하라 그리하면 주시리라.
If any of you lacks wisdom, he should ask God, who gives generously to all without finding fault, and it will be given to him.

심한 고난이 닥치면 믿음의 사람도 어찌할 바를 모릅니다. 결국에는 고난에서 벗어나고 모든 일이 잘된다는 것은 알지만, 당장은 무엇을 어떻게 해야 할지 몰라 쩔쩔맵니다. 그때 우리 주님께서 지혜를 주십니다.

"내 형제들아 너희가 여러 가지 시험을 당하거든 온전히 기쁘게 여기라 이는 너희 믿음의 시련이 인내를 만들어 내는 줄 너희가 앎이라 인내를 온전히 이루라 이는 너희로 온전하고 구비하여 조금도 부족함이 없게 하려 함이라 너희 중에 누구든지 지혜가 부족하거든 모든 사람에게 후히 주시고 꾸짖지 아니하시는 하나님께 구하라 그리하면 주시리라 오직 믿음으로 구하고 조금도 의심하지 말라"(약 1:2~6).

'너희 중에 누구든지'라는 말은 특정한 경우를 뜻하지 않습니다. 필요한 것이 무엇이든지, 당하고 있는 어려움이 무엇이든지 모두 포함됩니다. 고난에 빠져 있다면 하나님께 구하십시오. 지혜를 주실 것입니다.

326
약속에 의지하는 기도

약 1:17

온갖 좋은 은사와 온전한 선물이 다 위로부터 빛들의 아버지께로부터 내려오나니 그는 변함도 없으시고 회전하는 그림자도 없으시니라.
Every good and perfect gift is from above, coming down from the Father of the heavenly lights, who does not change like shifting shadows.

하나님께서 무엇을 약속하셨고, 언제 그 약속을 하셨는지 살펴보십시오. 약속의 말씀에 자신의 이름이 쓰여 있는지 자세히 살펴보십시오. 나는 약속의 말씀을 읽을 때면, 오직 나에게만 그 말씀을 하시는 것처럼 느껴집니다.

하나님께서 하신 약속에 의지해서 기도해 보십시오.

"하나님, 하나님께서 이런 복을 약속하셨습니다. 하나님께서는 거짓말을 하지 않으신다는 것을 압니다. 그래서 저에게 그 복을 주실 것을 확신합니다. 하나님께서는 진실의 하나님이십니다. 하나님의 약속은 깨어지지 않습니다. 하나님의 진실하심은 의심할 수 없습니다."

하나님께서는 모든 가능한 상황을 상정하시고 약속하십니다. 그리고 약속은 반드시 지키십니다. 시간이 지났다고 달라지지 않습니다. 하나님의 약속은 처음 주어진 때와 마찬가지로 지금 우리에게도 생생하고 신선합니다. 변하지 않으시는 하나님이 약속 성취의 기초입니다.

327
변함이 없으신 주

약 1:17

온갖 좋은 은사와 온전한 선물이 다 위로부터 빛들의 아버지께로부터 내려오나니 그는 변함도 없으시고 회전하는 그림자도 없으시니라.
Every good and perfect gift is from above, coming down from the Father of the heavenly lights, who does not change like shifting shadows.

20년 전의 나의 모습을 길거리에서 본다면 쉽게 알아볼 수 있을까요? 아마 어렵겠지요. 육체의 고통과 세속의 시달림이 사람을 많이 바꿔 놓았기 때문입니다.

우리는 변합니다. 그러나 하나님께서는 변하지 않으십니다. 영원의 시간이 흘러도 하나님께서는 "변함도 없으시고 회전하는 그림자도 없으십니다." 이것이 얼마나 큰 은혜입니까? 하나님께서는 큰 산처럼 우뚝 서 계십니다. 우리는 산봉우리 위를 흘러가는 구름 같은 존재입니다. 왔다가 갑니다. 우리는 있기도 하지만 없기도 합니다. 우리는 안개입니다. 그러나 하나님께서는 항상 똑같으십니다.

하나님의 시간에는 끝이 없습니다. 이 또한 얼마나 큰 위로입니까?

"주여 주는 대대에 우리의 거처가 되셨나이다 산이 생기기 전, 땅과 세계도 주께서 조성하시기 전 곧 영원부터 영원까지 주는 하나님이시니이다"(시 90:1~2).

328
믿음대로 주시는 주님

약 4:2

너희는 욕심을 내어도 얻지 못하여 살인하며 시기하여도 능히 취하지 못하므로 다투고 싸우는도다 너희가 얻지 못함은 구하지 아니하기 때문이요.

You want something but don't get it. You kill and covet, but you cannot have what you want. You quarrel and fight. You do not have, because you do not ask God.

사람들은 자녀, 사업, 집에 대해 많은 걱정을 합니다. 그러나 문제를 하나님 앞에 가져가는 사람은 많지 않습니다. 하나님께 기도하기에는 너무 사소한 문제라고 느끼기 때문입니다. 그러나 이는 어리석은 생각이며 죄를 짓는 침묵입니다. 예수님께 말씀드려야 합니다. 감당하기 힘든 죄, 가난, 걱정을 왜 혼자 지고 있습니까? 왜 더 큰 소망과 더 큰 기대를 하지 않습니까? 예수님께서 말씀하셨습니다. "너희 믿음대로 되라"(마 9:29).

천사가 복을 전해 주려고 하나님의 사람의 집 위를 날아다닙니다. 하지만 빈 그릇을 찾지 못합니다. 그래서 다른 집으로 갑니다. 거기서 기도로 내놓은 빈 그릇을 여러 개 발견합니다. 천사는 그 그릇들이 흘러넘치게 복을 부어 줍니다. 기도한 사람이 풍성한 복을 받습니다.

큰 소망을 갖고, 큰 믿음으로, 큰 기대 가운데 간절히 기도해야 합니다. 하나님께서는 믿음대로 주십니다.

329
절망에서 환희로

약 4:6

그러나 더욱 큰 은혜를 주시나니 그러므로 일렀으되 하나님이 교만한 자를 물리치시고 겸손한 자에게 은혜를 주신다 하였느니라.
But he gives us more grace. That is why Scripture says: "God opposes the proud but gives grace to the humble."

약해지는 시기가 있습니다. 불안감이 엄습합니다. 크게 낙심되어 죽을 것만 같습니다. 그때 하나님께서 힘을 주십니다. 우리가 낙심할 때가 하나님의 기회입니다. 우리가 궁핍할 때가 하나님의 풍성하심을 보는 때입니다.

"피곤한 자에게는 능력을 주시며 무능한 자에게는 힘을 더하시나니"(사 40:29).

다윗은 이렇게 노래했습니다.

"좋은 것으로 네 소원을 만족하게 하사 네 청춘을 독수리같이 새롭게 하시는도다"(시 103:5). 그는 항상 좋은 일이 일어나기를 바랐습니다. 다윗의 시는 절망으로 시작하지만 환희로 끝을 맺습니다. 하나님의 사랑이 흔들리는 영혼에 새 생명을 불어넣기 때문입니다.

믿음의 사람은 하나님께서 필요한 능력을 주실 것을 믿어야 합니다. 하나님께서 더 큰 은혜를 주실 것입니다. 그러니 하나님의 웃음 가운데 즐거워하십시오. 하나님의 사랑 안에서 안식처를 찾으십시오.

330
내일 일을 알지 못하니

약 4:14

내일 일을 너희가 알지 못하는도다 너희 생명이 무엇이냐 너희는 잠깐 보이다가 없어지는 안개니라.
Why, you do not even know what will happen tomorrow. What is your life? You are a mist that appears for a little while and then vanishes.

어두운 날이 가까이에 와 있을지 모릅니다. 하지만 우리는 알지 못합니다. 알지 못하는 것에 감사해야 합니다. 고난을 미리 알면 고통이 더 심해지지 않겠습니까? 마귀가 오는 것을 알면, 현재 누리고 있는 즐거움이 사라질 것입니다. 한 사람의 죽음에 미리 겁을 먹으면 여러 사람이 죽음을 느끼고, 여러 대의 매를 맞을 것을 미리 알면 한 대의 매에 기절합니다.

세상의 기쁨을 미리 가르쳐 주시지 않은 것도 다행입니다. 좋은 일이 기다리고 있을지 모릅니다. 그러나 우리는 알지 못합니다. 안다고 해도 좋을 것이 없습니다. 세상에서 좋은 것은 붙으면 잘 떨어지지 않고 천국으로 올라가는 것을 막습니다. 앞으로 일어날 즐거운 일들을 미리 안다면 지금보다 더 세상적인 것에 매달리지 않겠습니까? 세상이 우리에게 더 이상 영향을 미치기를 바라지 않습니다. 그렇기에 미래를 모른다는 사실을 기뻐해야 합니다.

331
안개 같은 인생

약 4:14

내일 일을 너희가 알지 못하는도다 너희 생명이 무엇이냐 너희는 잠깐 보이다가 없어지는 안개니라.

Why, you do not even know what will happen tomorrow. What is your life? You are a mist that appears for a little while and then vanishes.

인생은 무덤에서 끝나는 행진입니다. 인생은 쉬지 않고 죽음에 가까이 갑니다. 해가 지날수록 남은 시간은 적어집니다. 우리가 집안에 가만히 앉아 있다 해도 지구는 태양 주위를 부지런히 돕니다. 이 순간에도 우리는 빛의 속도로 영원으로 움직이고 있습니다. 그대로 있기를 바란다 해도 시간이 우리를 앞으로 이끌어 갑니다. 어린이에서 젊은이로, 젊은이에서 중년으로, 중년에서 노인으로 변해 갑니다. 그렇다면 우리 인생은 무엇과 같습니까?

"너희 생명이 무엇이냐. 너희는 잠깐 보이다가 없어지는 안개니라."

이 말씀이 해답을 줍니다. 야고보는 인생을 안개에 비유했습니다. 이른 아침에 온 땅을 덮고 있던 안개는 한순간에 사라집니다. 바람이 조금만 불어도 흩어지고 맙니다. 인생도 그렇습니다. 우리 인생은 잠깐 보이다가 없어지는 안개와 같습니다.

332
인내하는 자

약 5:11

보라 인내하는 자를 우리가 복되다 하나니 너희가 욥의 인내를 들었고 주께서 주신 결말을 보았거니와
As you know, we consider blessed those who have persevered. You have heard of Job's perseverance and have seen what the Lord finally brought about.

    천국으로 가는 길이 평탄하다는 보장은 없습니다. 지혜의 소리가 말합니다. "인내하라! 시련을 이기려면 계속 참아야 한다." 인내란 참으로 높은 경지의 덕목입니다. 그렇기 때문에 인내하라는 말은 수없이 마음속으로 되풀이해야 할 교훈입니다.

    성령님께서는 우리가 어떤 잘못을 저지르더라도 참으십니다. 그분께서 참으라고 말씀하십니다. 오래 참으시는 분께서 명령하십니다. "인내하라!" 우리는 참아야 합니다. 그러면 천국에 가서 큰 상을 받습니다.

    특히 시련을 잘 참아야 합니다. 시련을 보내시는 분은 하나님이십니다. 우리가 당하는 모든 상황을 하나님이 다 스리십니다. 하나님께서 시련을 끝내려고 기다리고 계시며, 우리에게 구원을 약속하십니다. 그런데도 참지 못하고 싸우겠습니까? 고난의 끝이 가까운데 걱정하겠습니까? 주님을 신뢰함으로 인내하십시오.

333
하나님께서 선택하신 사람

벧전 1:6

그러므로 너희가 이제 여러 가지 시험으로 말미암아 잠깐 근심하게 되지 않을 수 없으나 오히려 크게 기뻐하는도다.
In this you greatly rejoice, though now for a little while you may have had to suffer grief in all kinds of trials.

선원들의 말에 의하면, 바다의 표면에 강한 해류가 흐르지만 그 밑에는 다른 해류가 반대 방향으로 강하게 흐른다고 합니다. 그리스도인의 삶도 그렇습니다. 표면에는 검은 파도가 넘실대는 사나운 물결이 있다 해도 그 아래에는 쉬지 않고 흐르는 기쁨의 물결이 있습니다.

비록 "여러 가지 시험으로 말미암아 잠깐 근심하게 되지 않을 수 없으나" 하나님께서 선택하신 사람이라는 것은 큰 은혜입니다. 그리스도를 믿는 사람은 누구나 확실한 보장을 받았기 때문입니다.

"창세전에 그리스도 안에서 우리를 택하사"(엡 1:4).

하나님께서 천국과 세상을 만드시기 전에 우리를 사랑하셨습니다. 그 사랑을 생각하면 너무나 기쁘기에 육신의 허약함에서 오는 고통은 참을 수 있습니다. 넘치는 기쁨의 물결이 슬픔을 날려 버립니다. 실의에 빠져 괴로워하고 있다면 이것을 기억하십시오. 우리는 하나님께서 선택하신 소중한 사람입니다.

334
시험당해도 기뻐하리

벧전 1:6

그러므로 너희가 이제 여러 가지 시험으로 말미암아 잠깐 근심하게 되지 않을 수 없으나 오히려 크게 기뻐하는도다.
In this you greatly rejoice, though now for a little while you may have had to suffer grief in all kinds of trials.

지난주에 마음이 약해져서 의자에 앉은 채 어린아이처럼 울었습니다. 친구에게서 큰 고통 가운데 있는데도 불구하고 기쁨으로 충만한 삶을 살고 있는 어떤 노인 이야기를 들었습니다. 또 말기 암을 앓고 있는 어느 부인은 무서운 고통 가운데서도 "말할 수 없는 영광스러운 즐거움으로"(벧전 1:8) 기뻐하고 있다는 이야기도 들었습니다. 그때 베드로전서 말씀이 떠올랐습니다.

"그러므로 너희가 이제 여러 가지 시험으로 말미암아 잠깐 근심하게 되지 않을 수 없으나."

그리스도인도 고난 받는 것이 기쁘지 않습니다. 때로는 마음이 약해집니다. 고통을 참을 수 없어 울 수밖에 없습니다. 차라리 죽는 편이 나을 것 같고, 믿음도 사라질 것 같습니다. 그럴 때에 이 말씀은 틀림없는 위로가 됩니다.

"그러므로 너희가 이제 여러 가지 시험으로 말미암아 잠깐 근심하게 되지 않을 수 없으나 오히려 크게 기뻐하는도다."

335
내 고통을 아시는 분

벧전 1:6

그러므로 너희가 이제 여러 가지 시험으로 말미암아 잠깐 근심하게 되지 않을 수 없으나 오히려 크게 기뻐하는도다.
In this you greatly rejoice, though now for a little while you may have had to suffer grief in all kinds of trials.

우리는 여러 가지 시련을 당할 때 슬퍼하고 낙심합니다. 하나님의 종에게도 그런 일이 일어납니다. 겸손하고 온유하고 아름다운 분들이 심각한 고난을 당하는 모습을 볼 때가 있습니다.

그들은 아무도 겪어 보지 못한 슬픔과 괴로움 속에 있습니다. 다른 사람들에게 말하고 싶지 않을지도 모릅니다. 가장 가까운 친구에게도 밝히고 싶지 않을지도 모릅니다. 그래서 더 쓰라릴 것입니다. 그러나 같은 믿음의 사람에게 털어놓아 보십시오. 도움이 됩니다. 아픔이 클 때 눈물을 흘리고 나면 누그러집니다. 마음 놓고 울 수만 있어도 슬픔을 어느 정도 극복할 수 있습니다.

그러나 때로는 슬픔을 표현할 길도 없는데, 억압된 불길은 더 사나워집니다. 사람에게 말할 수 없는 슬픔이 있다면, 예수님께 말씀드리십시오. 그리고 필요한 도움을 구하십시오. 어떤 것이든 예수님께서 듣고 응답해 주실 것이고, 평안으로 인도해 주실 것입니다.

336
이해할 수 없는 고난

벧전 1:6

그러므로 너희가 이제 여러 가지 시험으로 말미암아 잠깐 근심하게 되지 않을 수 없으나 오히려 크게 기뻐하는도다.
In this you greatly rejoice, though now for a little while you may have had to suffer grief in all kinds of trials.

시험은 우연히 오는 것이 아닙니다. 하나님께서 필요하다고 판단하셨기 때문에 보내시는 것입니다. 나는 고난이 죄에 대한 심판이라고 생각하지 않습니다. 우리 죄는 이미 그리스도께서 대속해 주셨기 때문입니다. 그래서 고난이 하나님의 지혜로운 뜻에서 오는 것이라고 믿습니다.

부지런하고 정직한 성도가 사업에 성공하지 못하는 경우가 있습니다. 하는 일마다 좌절합니다. 왜 그렇게 되는지 원인을 찾을 수 없습니다.

"주의 심판은 큰 바다와 같으니이다"(시 36:6).

이 말씀을 진리로 받아들이지만 합리적으로 설명하기는 불가능합니다. 하나님께서는 왜 이해할 수 없는 고난을 주실까요? 이유는 간단합니다. 그분이 주님이시기 때문입니다. 인간의 지능에는 한계가 있습니다. 어떻게 우리가 이해할 수 있는 방식으로 하나님께서 역사하실 것이라고 기대하겠습니까? 그분은 하나님이십니다. 우리가 이해하지 못해도 하나님께서 하시는 일은 모두 옳습니다.

337
시련을 통해 믿음을 주시니

벧전 1:7

너희 믿음의 확실함은 불로 연단하여도 없어질 금보다 더 귀하여 예수 그리스도께서 나타나실 때에 칭찬과 영광과 존귀를 얻게 할 것이니라.
These have come so that your faith — of greater worth than gold, which perishes even though refined by fire — may be proved genuine and may result in praise, glory and honor when Jesus Christ is revealed.

믿음이 약한데도 강한 믿음을 가졌다고 착각할 때가 있습니다. 시험해 보지 않고 어떻게 믿음이 강한지 약한지 알 수 있습니까? 하나님께서는 우리가 스스로를 잘못 판단하게 놔두지 않으십니다. 그래서 믿음의 강도와 진정성을 시험하기 위해 시련을 보내십니다. 믿음이 강한지 약한지 알아보게 하시려는 것입니다.

이렇게 말하는 사람을 봤습니다. "일주일 전만 해도 나는 확실한 믿음을 가졌다고 생각했습니다. 그러나 지금은 제가 정말 하나님의 자녀인지조차 의문이 갑니다."

강하고 순수한 믿음이었다면 어떤 시련을 거치더라도 흔들리거나 의심이 생기지 않았을 것입니다.

필요한 목적을 위해 시련이 필요하다는 점을 깨닫기를 바랍니다. 지혜의 하나님께서 시련을 통해 우리에게 필요한 믿음을 주십니다.

338
고난으로 얻는 교훈

벧전 1:7

> 너희 믿음의 확실함은 불로 연단하여도 없어질 금보다 더 귀하여 예수 그리스도께서 나타나실 때에 칭찬과 영광과 존귀를 얻게 할 것이니라.
>
> These have come so that your faith — of greater worth than gold, which perishes even though refined by fire — may be proved genuine and may result in praise, glory and honor when Jesus Christ is revealed.

    그리스도인은 고난을 겪지 않으면 오만해지거나 자신을 과대평가하기 쉽습니다. 하나님께서는 샘의 근원이 하나님께 있다는 진실을 우리가 잊지 않도록 때때로 인생의 샘을 마르게 하십니다. 그제야 우리는 자신의 실체를 알고 겸손해지고, 하나님께 울부짖습니다.

    고난을 통해 다른 어디에서도 배울 수 없는 교훈을 배웁니다. 루터는 "고난이야말로 내 서재에 있는 가장 좋은 책이다"라고 말했습니다.

    고난의 방을 경험해 본 사람은 그 방에 있는 사람을 위로할 수 있습니다. 하나님께서는 불로 연단하시지 않으면 목회자도, 바나바도 만들지 못하십니다. 마음에 상처를 입은 사람들에게 말할 수 있는 사람이 누구입니까? 그 상처를 싸매 줄 수 있는 사람이 누구입니까? 마음에 상처를 입어 본 사람이며, 상처가 오래 남았던 사람입니다.

339
주님의 인자하심

벧전 2:3

너희가 주의 인자하심을 맛보았으면 그리하라.
Now that you have tasted that the Lord is good.

슬픔에 잠겨 있습니까? 사업이 잘못되었을 수도 있고, 병들었을 수도 있고, 사랑하는 사람이 아플 수도 있습니다. 짙은 어둠 속에서는 하나님을 원망하고 싶은 마음이 드는 것도 무리는 아닙니다. 그러나 그렇게 하는 것은 상황을 더욱 힘들게 만들고, 죄와 슬픔을 증가시킬 뿐입니다. 절망하며 한숨만 쉬다 보면 옳지 않은 방법으로 해결하려는 유혹을 받습니다.

주님께서 현명한 길이 있다고 말씀하십니다. 바로 주님께 나아가 부르짖는 것입니다. 주님께서는 인자하시기 때문에 우리가 부르짖는 소리를 들으면 응답하십니다.

하나님의 지혜로 판단하실 때 우리가 채찍을 맞는 것이 합당한 일이라면, 하나님께서 우리에게 그것을 감당할 힘을 주시고, 결국에는 영원한 선이 되도록 만드십니다.

"주께서 인생으로 고생하게 하시며 근심하게 하심은 본심이 아니시로다"(애 3:33).

하나님 앞에 무릎 꿇으십시오. 고난 가운데서 주님을 믿으십시오. 그러면 구원을 얻습니다.

340
죽음을 이기는 자

벧전 2:6

보라 내가 택한 보배로운 모퉁잇돌을 시온에 두노니 그를 믿는 자는 부끄러움을 당하지 아니하리라.
See, I lay a stone in Zion, a chosen and precious cornerstone, and the one who trusts in him will never be put to shame.

그리스도인도 육신의 시험을 받습니다. 본능적 정욕이나 부끄러운 일들이 우리를 넘어뜨리려고 합니다. 그러나 믿는 사람이 쉽게 무너지겠습니까? 그렇지 않습니다. 그리스도를 믿는 사람은 죄악에 쉽게 넘어지지 않습니다.

죽음이 다가옵니다. 사람들이 이마의 식은땀을 닦아 줍니다. 마지막 숨을 몰아쉴지언정 부끄럽지는 않습니다. 비록 "이겼다!" 하고 소리치거나 승리의 노래를 부를 힘은 없을지라도 조용히 소중한 분의 이름을 부릅니다. 평화로운 우리를 보며 사람들은 그리스도인은 죽는 것이 아니라 영원의 삶으로 들어간다는 것을 알게 됩니다.

우리는 영원의 광대함 앞에서도 부끄럽지 않습니다. 마지막 날 나팔 소리가 들리면 몸이 다시 일어나고, 살아남은 자들도 죽은 사람들과 같이 주님과 함께 있을 것입니다(살전 4:14~18). 우리는 재판장이신 주님을 바라보며 흔들리지 않는 마음으로 서 있을 것입니다. 그날은 소중한 날이며 찬양의 노래를 불러야 할 날입니다.

341
나를 연단하는 시련

벧전 4:12

사랑하는 자들아 너희를 연단하려고 오는 불 시험을 이상한 일 당하는 것같이 이상히 여기지 말고.
Dear friends, do not be surprised at the painful trial you are suffering, as though something strange were happening to you.

뜨거운 시련은 기도에 새 생명을 줍니다. 용광로 안에 있을 때 우리의 기도는 뜨겁습니다. 또 용광로에서 나올 때 부르는 감사의 노래는 얼마나 충만합니까? 슬픔의 시간에는 어느 때보다도 경건함이 깊어집니다.

기름을 짜려면 올리브 열매를 으깨야 합니다. 포도주를 만들려면 포도를 밟아야 합니다. 우리의 마음도 단련되어야 주님께서 원하시는 대로 만들어집니다. 시련이 믿음을 강하게 성장시킵니다.

젊은 사람들은 순수한 열정만 가지고 주님의 군대에 입대합니다. 제복을 입고 큰일을 할 계획을 세웁니다. 교회를 바로 세우고, 세상을 개혁하고, 육신을 이기고, 악마를 물리치겠다고 욕심을 냅니다. 그러나 곧 고통의 싸움터에서 싸우는 것이 먼저라는 것을 알게 됩니다. 많은 전투를 치른 뒤에야 비로소 역전의 용사가 됩니다.

시련을 경험하지 못하면 적에게 쉽게 등을 돌립니다. 시련을 겪어야 사자처럼 용감해질 수 있습니다.

342
주님의 뜻대로

벧전 4:12

사랑하는 자들아 너희를 연단하려고 오는 불 시험을 이상한 일 당하는 것같이 이상히 여기지 말고.
Dear friends, do not be surprised at the painful trial you are suffering, as though something strange were happening to you.

시험을 당하고 있습니까? 두렵습니까? 그러나 시험을 보내신 분이 고난을 통해 가르치시려고 한다는 것을 알면 두려움이 사라집니다. 세상의 학교에서는 책을 통해 배우지만 하나님의 학교에서는 고난을 통해 배웁니다.

간혹 오래 살도록 기도해 달라는 요청을 받는데, 나는 간구를 하면서도 확신이 서지 않을 때가 있습니다. 그리스도는 저쪽으로 당기고 계신데 나는 이쪽으로 당기는 것 같습니다. 나는 "아버지, 저들을 여기 있게 해 주십시오" 하고 기도합니다. 그런데 예수님은 이렇게 말씀하셨습니다.

"아버지여 내게 주신 자도 나 있는 곳에 나와 함께 있어 아버지께서 창세전부터 나를 사랑하시므로 내게 주신 나의 영광을 그들로 보게 하시기를 원하옵나이다"(요 17:24).

만약 그리스도께서 저쪽으로 끌어당기신다고 느껴지면 단념하고 주님의 길을 따르십시오. 모든 일을 하나님께 돌리는 단순함이 예수님을 구세주로 받아들이는 마음의 자세입니다.

343
겸손을 가르치는 시련

벧전 5:5

젊은 자들아 이와 같이 장로들에게 순종하고 다 서로 겸손으로 허리를 동이라 하나님은 교만한 자를 대적하시되 겸손한 자들에게는 은혜를 주시느니라.
Young men, in the same way be submissive to those who are older. All of you, clothe yourselves with humility toward one another, because, "God opposes the proud but gives grace to the humble."

하늘에 계신 아버지께서는 자녀를 겸손하게 만들기 위해 시련을 보내십니다. 이 점을 잊지 말고 지혜의 교훈을 배우십시오. 베드로는 충고합니다.

"그러므로 하나님의 능하신 손 아래에서 겸손하라 때가 되면 너희를 높이시리라"(벧전 5:6).

만약 하나님께서 우리에게 주셨던 은혜를 거둬들이시고 죄에 넘어지게 놔두신다면 우리가 겸손해지겠습니까? 우리 행동이 얼마나 그릇되었는지 깨닫지 못하고, 거만한 마음으로 살아갈 것입니다. 그렇게 되면 하나님의 또 다른 징계가 따릅니다. 매가 부드러워서 거만함이 고쳐지지 않는다면, 더 아픈 매를 맞습니다.

겸손하게 만드시는 고난을 피하려면 스스로 겸손해져야 합니다. 스스로 겸손한 마음을 갖고 낮은 자세로 하나님께 나아가십시오. 그래야 하나님께서 매를 멈추십니다.

344
높이시는 주님

벧전 5:6

그러므로 하나님의 능하신 손 아래에서 겸손하라 때가 되면 너희를 높이시리라.
Humble yourselves, therefore, under God's mighty hand, that he may lift you up in due time.

하나님께서 나를 부르셔서 내 능력으로 안 된다고 생각되는 일을 시키신 적이 있습니까? 그 일에 믿음으로 뛰어들어 봤습니까? 그런 적이 있다면 이런 생각을 해 봤을 줄 압니다. '이 일을 시작한 것이 잘한 일일까? 큰일을 시도하다가 실패한 사람들이 많은데, 나도 그렇게 실패하지는 않을까? 내가 너무 광신적인 것은 아닐까? 내 믿음이 미신은 아닐까? 실패하면 어떻게 하지?'

만약 하나님께서 피난처시고 힘이시고 환난 중에 만날 큰 도움이시라고 느낀다면 그보다 더 큰 기쁨은 없습니다. 그렇기만 하다면 땅이 변하든지 산이 흔들려 바다 가운데에 빠지든지 두려워할 이유가 없습니다(시 46:1~2).

내 책임은 무거워 견디기 힘들지만 하나님께서는 전능하십니다. 나는 내 짐을 지고 갈 수 없지만 그분은 가능하십니다. "그러므로 하나님의 능하신 손 아래에서 겸손하라 때가 되면 너희를 높이시리라 너희 염려를 다 주께 맡기라 이는 그가 너희를 돌보심이라"(벧전 5:6~7).

345
염려를 주님께

벧전 5:7

너희 염려를 다 주께 맡기라 이는 그가 너희를 돌보심이라.
Cast all your anxiety on him because he cares for you.

주님께서 때로 괴로운 시간을 보내 주십니다. 또 즐거운 시간을 보내 주십니다. 따듯한 햇볕도 보내시고, 차가운 서리도 보내십니다. 깊은 고요함도 보내시고, 사나운 태풍도 보내십니다. 현상만 보고 판단하는 것은 어리석은 일입니다. 세상에서는 흔히 "만약 ~했더라면 막을 수 있었을 텐데"라고 말합니다. 일은 이미 일어났는데 가정으로 이야기한들 달라질 것이 없습니다.

고통을 겪던 때를 돌아보면, 조약돌로 내 이를 꺾는 것 같고 재로 나를 덮는 것 같습니다(애 3:16). 그러나 하나님의 손을 바라보면 평안을 되찾고 불평하지 않게 됩니다. "내가 잠잠하고 입을 열지 아니함은 주께서 이를 행하신 까닭이니이다"(시 39:9).

다윗은 하나님의 손안에서 살기 원했습니다. 믿는 사람은 누구나 하나님의 손안이 가장 안전하고 행복한 곳임을 압니다. 사람에게 구하는 것은 어리석은 일입니다. 하나님께 간구하면 도움과 위로를 얻습니다. "너희 염려를 다 주께 맡기라 이는 그가 너희를 돌보심이라."

346
천국에서 누릴 완전함

벧전 5:10

> 모든 은혜의 하나님 곧 그리스도 안에서 너희를 부르사 자기의 영원한 영광에 들어가게 하신 이가 잠깐 고난을 당한 너희를 친히 온전하게 하시며 굳건하게 하시며 강하게 하시며 터를 견고하게 하시리라.
> And the God of all grace, who called you to his eternal glory in Christ, after you have suffered a little while, will himself restore you and make you strong, firm and steadfast.

  바울은 육신에 대해 "욕된 것으로 심고 영광스러운 것으로 다시 살아난다"(고전 15:43)라고 했습니다. 또 빌립보서에서는 이렇게 말했습니다. "그는 만물을 자기에게 복종하게 하실 수 있는 자의 역사로 우리의 낮은 몸을 자기 영광의 몸의 형체와 같이 변하게 하시리라"(빌 3:21).

  이는 연약하고 괴로운 육신에 일어나는 아름다운 변화입니다. 육신은 변하여 온전해집니다. 이 땅에서 가지고 있던 불완전함이나 결함이 천국에서는 없습니다.

  그곳에서 우리는 어떤 고통도 모릅니다. 심장마비도, 우울증도, 사지의 통증도, 정신적 무력도 걱정할 필요 없습니다. 모든 악에서 구원되고, 우리의 몸은 영원합니다. 다시 산 몸은 썩지도 않고 죽지도 않습니다. 주님 안에서 죽은 사람은 다시는 썩지 않고 죽지 않을 몸으로 부활하는 복을 받습니다. 다시 산 몸은 큰 능력을 얻습니다.

347
하나님의 구원의 손길

벧전 5:10

모든 은혜의 하나님 곧 그리스도 안에서 너희를 부르사 자기의 영원한 영광에 들어가게 하신 이가 잠깐 고난을 당한 너희를 친히 온전하게 하시며 굳건하게 하시며 강하게 하시며 터를 견고하게 하시리라.

And the God of all grace, who called you to his eternal glory in Christ, after you have suffered a little while, will himself restore you and make you strong, firm and steadfast.

 도저히 피할 수 없는 위험에서 구해 주신 하나님께 감사해야 합니다. 알지 못하는 자비를 베풀어 주신 하나님께 감사해야 합니다. 아무 일도 없는 평안한 시간이라고 생각되는 때에도 위험은 주위에 널려 있습니다. 그렇기 때문에 성령님께서 우리를 강하게 해 주신다는 것이 큰 위안이 아닐 수 없습니다. 하나님께서 우리를 안전하게 지켜 주신다는 것이 큰 기쁨이 아닐 수 없습니다.
 바로 이 순간에도 마귀가 사나운 발톱으로 우리를 공격하려고 할지 모릅니다. 그러나 우리의 안전을 보장해 주는 말씀이 있습니다.
 "여호와는 나의 힘과 나의 방패이시니"(시 28:7).
 위험이 닥칠 때 영원의 능력이 붙잡아 주지 않으면 우리는 쉽게 넘어집니다. 우리 잘못으로 곤경에 처했더라도 하나님께서 우리를 향해 구원의 손길을 내미십니다.

348
믿음의 사람들

벧후 1:4

> 이로써 그 보배롭고 지극히 큰 약속을 우리에게 주사 이 약속으로 말미암아 너희가 정욕 때문에 세상에서 썩어질 것을 피하여 신성한 성품에 참여하는 자가 되게 하려 하셨느니라.
> Through these he has given us his very great and precious promises, so that through them you may participate in the divine nature and escape the corruption in the world caused by evil desires.

하나님의 도움은 내가 겪는 어려움을 겪어 본 믿음의 사람으로부터 오기도 합니다. 비슷한 일을 겪어 본 사람을 만나는 것보다 더 위로가 되는 것은 없습니다.

깊은 시름 가운데 있다면 다윗의 기도를 읽어 보십시오. 그는 하나님으로부터 버림을 받아 모든 소망이 사라졌다고 느꼈습니다. 그토록 처참한 상황에 빠진 사람이 또 어디 있겠습니까? 그러나 다윗보다 더 큰 영광을 본 사람도 없습니다. 낙심하고 있다면 욥기를 읽으십시오. 그 말씀 중에 틀림없이 우리가 겪는 것과 같은 상황이 있을 것입니다. 정신적 갈등으로 고뇌하고 있다면 로마서를 읽어 보십시오. "오호라 나는 곤고한 사람이로다 이 사망의 몸에서 누가 나를 건져 내랴"(롬 7:24).

힘을 내십시오. 다른 사람들의 경험과 하나님의 말씀에 있는 많은 약속이 새 힘을 줄 것입니다.

349
지극히 큰 약속

벧후 1:4

이로써 그 보배롭고 지극히 큰 약속을 우리에게 주사 이 약속으로 말미암아 너희가 정욕 때문에 세상에서 썩어질 것을 피하여 신성한 성품에 참여하는 자가 되게 하려 하셨느니라.
Through these he has given us his very great and precious promises, so that through them you may participate in the divine nature and escape the corruption in the world caused by evil desires.

하나님의 약속은 보배롭습니다. 영혼의 태양이 되고 마음의 노래가 됩니다. 하나님의 약속은 고난을 받고 있는 믿음의 사람을 위로해 주며 강건하게 해 줍니다. 자신의 나약함으로 인해 낙심하는 주님의 일꾼들은 약속의 말씀을 깊이 묵상해야 합니다.

"두려워하지 말라 내가 너와 함께함이라 놀라지 말라 나는 네 하나님이 됨이라 내가 너를 굳세게 하리라 참으로 너를 도와주리라 참으로 나의 의로운 오른손으로 너를 붙들리라"(사 41:10).

약속의 말씀은 영혼을 드높여 줍니다. 물질은 동물적 본성을 만족시킬 뿐입니다. 그러나 약속의 말씀을 잡은 사람은 "온갖 좋은 은사와 온전한 선물"(약 1:17)이 내려오는 하나님의 손에 마음을 둡니다. 그리고 판단과 취향이 달라지며 더 고상한 성품을 갖게 됩니다.

350
시험에서 건지시는 주님

벧후 2:9

주께서 경건한 자는 시험에서 건지실 줄 아시고 불의한 자는 형벌 아래에 두어 심판 날까지 지키시며.
If this is so, then the Lord knows how to rescue godly men from trials and to hold the unrighteous for the day of judgment, while continuing their punishment.

"환난 날에 나를 부르라 내가 너를 건지리라"(시 50:15). 이 말씀의 뜻은 분명합니다. 그러나 구원이 언제 임하는지는 분명하지 않습니다.

하나님께서 많은 시련을 주실지 모릅니다. 그러나 "내가 너를 건지리라"고 약속하셨으니까 그 약속에 매달리십시오. 하나님께서는 약속을 반드시 지키십니다. 주님의 약속은 건전한 은행 수표와 같습니다. 하나님께서는 그 약속을 언제나 현금화할 수 있습니다.

"환난 날에 나를 부르라 내가 너를 건지리라." 이 말씀으로 우리는 이미 구원을 받은 것이나 다름없습니다. 이 말씀은 "내가 지금 너를 구원하지 않는 것은 지금보다 더 좋은 때에 구원하려는 것이다"라는 의미이기도 합니다.

주님께서는 언제나 시간을 잘 지키십니다. 하나님께서 정하신 시간에서 일 초라도 늦으시는 일은 절대로 없습니다. 그러니 힘을 내고 기다리십시오.

351
새 희망을 주시는 주님

요일 3:2

사랑하는 자들아 우리가 지금은 하나님의 자녀라 장래에 어떻게 될지는 아직 나타나지 아니하였으나 그가 나타나시면 우리가 그와 같을 줄을 아는 것은 그의 참모습 그대로 볼 것이기 때문이니.
Dear friends, now we are children of God, and what we will be has not yet been made known. But we know that when he appears, we shall be like him, for we shall see him as he is.

하나님께서는 우리에게 미래와 희망을 주려고 역사하십니다. "우리가 알거니와 하나님을 사랑하는 자 곧 그의 뜻대로 부르심을 입은 자들에게는 모든 것이 합력하여 선을 이루느니라"(롬 8:28).

우리는 시작밖에 보지 못합니다. 그러나 하나님께서는 시작과 끝을 모두 보십니다. 예언서에 있는 글자 하나하나를 다 아십니다. 하시는 일을 아실 뿐 아니라 마지막 결과까지 아십니다. 하나님께서는 우리가 당하는 고통과 슬픔을 아십니다. 또 그 고난이 가져올 미래의 기쁨을 아십니다.

우리는 지극히 위대하신 예술가의 걸작을 아직 다 알지 못합니다. 우리가 보는 것은 땅에 있는 거친 대리석 조각일 뿐입니다. 하나님의 끌과 망치를 느낄 수 있을 뿐입니다. 하나님께서 마지막 손질을 끝내신 후에야 하나님의 작품을 보고 감탄하게 될 것입니다.

352
주님 오실 날

요일 3:2

사랑하는 자들아 우리가 지금은 하나님의 자녀라 장래에 어떻게 될 지는 아직 나타나지 아니하였으나 그가 나타나시면 우리가 그와 같을 줄을 아는 것은 그의 참모습 그대로 볼 것이기 때문이니.
Dear friends, now we are children of God, and what we will be has not yet been made known. But we know that when he appears, we shall be like him, for we shall see him as he is.

하나님의 참모습을 지금은 볼 수 없습니다. 하나님께서는 정하신 때에 오십니다. 오실 날이 가까워 옵니다. 그때에 우리는 예수 그리스도와 함께 왕국을 다스리고, 생명의 면류관을 쓸 것입니다. 우리를 멸시하던 사람들이 우리가 심판관이며 왕이라는 것을 알게 될 것입니다. 천국에서는 구원의 상속자가 천사의 시중을 받고 보좌에 앉습니다. 이것이 우리에게 일어날 일들입니다.

그렇다면 무엇 때문에 두려워한단 말입니까? 하나님과 잠시만 같이 있어도 모든 것이 해결됩니다. 하나님을 잠깐 뵙기만 해도 지금의 시련은 아무것도 아닙니다.

"내 아버지께 복 받을 자들이여 나아와 창세로부터 너희를 위하여 예비된 나라를 상속받으라"(마 25:34).

이 말씀에 힘을 얻어 더욱 매진하십시오. 애굽의 보물들을 모두 합친 것보다 더 큰 부가 우리의 소유입니다. 우리는 은혜로 선택된 자들입니다.

353
생명으로 들어가는 길

요일 3:14

우리는 형제를 사랑함으로 사망에서 옮겨 생명으로 들어간 줄을 알 거니와 사랑하지 아니하는 자는 사망에 머물러 있느니라.
We know that we have passed from death to life, because we love our brothers. Anyone who does not love remains in death.

인생은 시위 행렬과 같습니다. 행렬이 다가옵니다. 사람들이 소리를 지르며 열광합니다. 행렬이 도착했습니다. 거리가 사람으로 미어집니다. 그리고는 곧 사라집니다. 남는 것이 없습니다. 인생이 바로 그렇지 않습니까?

많은 성도가 내 앞에서 행진하여 천국으로 들어갔습니다. 많은 친구가 보이지 않는 세상으로 갔습니다. 나이가 들수록 그 숫자는 늘어납니다.

행렬 가운데 사라져 간 사람들을 안타깝게 생각할지 모르지만 우리도 그 행렬에 끼어 있다는 사실을 잊지 마십시오. 우리도 곧 소멸점을 지날 것입니다.

우리는 새 예루살렘의 시민입니다. 배가 난파되어서 잠시 이곳에 머물러 있을 뿐입니다. 구조선이 오면 물을 건너 진정한 소유가 있는 땅으로 갈 것입니다.

앞에 가신 주님께서 생명이고 빛이고 사랑이고 모든 것이십니다. 예수님께서는 그분을 사랑하는 성도들이 있을 곳을 마련하기 위해 먼저 가 계십니다.

354
진리의 길

요삼 1:4

내가 내 자녀들이 진리 안에서 행한다 함을 듣는 것보다 더 기쁜 일이 없도다.
I have no greater joy than to hear that my children are walking in the truth.

믿음 없는 배우자와 같이 사는 사람들도 안타깝지만, 진리의 길을 걷지 않는 자녀를 둔 부모를 볼 때는 더 마음이 아픕니다. 자녀가 진리의 길을 가지 않아 구원받지 못한다면 어떻겠습니까? 천국에는 눈물이 없지만 만약 눈물이 있다면, 천국에 사는 부모가 지옥의 불길 속에 있는 자녀를 보면서 통곡하며 흘리는 눈물일 것입니다. 부모는 천국에서 아버지의 얼굴을 뵙고 있는데, 육신의 자녀는 괴로움에 몸부림치며 이를 갈고 있다면 어떻겠습니까?

누구나 자녀가 두 번 죽는 일을 당하지 않기를 기도합니다. 그럴 바에야 차라리 태어나지 않는 편이 나을 것입니다. 부모에게는 "내 아버지께 복 받을 자들이여 나아와 창세로부터 너희를 위하여 예비된 나라를 상속받으라"(마 25:34)고 말씀하신 분으로부터 "물러가라 저주받은 자여"란 말씀을 들어서야 되겠습니까?

이처럼 무서운 일이 하나님의 가족에게 결코 일어나지 않기를 기도합니다.

355
지극히 거룩한 믿음

유 1:20

사랑하는 자들아 너희는 너희의 지극히 거룩한 믿음 위에 자신을 세우며 성령으로 기도하며.
But you, dear friends, build yourselves up in your most holy faith and pray in the Holy Spirit.

고난이 심해서 물에 가라앉는 것 같습니까? 믿음이 고난의 무게를 감당할 정도로 커서 그 믿음으로 육지에 이를 수 있다면, 그것은 좋은 믿음입니다. 보이지 않는 하나님의 팔에 기대는 것은 대단한 것입니다. 길이 없는데도 걸어간다면 이미 영원의 세상에 들어선 사람입니다. 그런 믿음이 있다는 것은 천국에 속해 있음을 말해 줍니다.

지금 지고 있는 짐이 너무 무거울지도 모릅니다. 그러나 바로 지금이 하나님께 믿음을 보일 수 있는 시간입니다. 하나님께서는 우리의 연약함을 하나님의 능력을 보이는 무대로 삼으십니다.

고난만 바라보면 마음이 내려앉습니다. 하나님의 대적만 바라보면 절망으로 영혼이 무거워집니다. 그럴 때는 모든 일을 주관하시는 하나님께 눈을 돌리십시오. 그분께서 말씀하시면 그대로 됩니다. 그분께서 명령하시면 그대로 이뤄집니다. 그분께 눈을 돌리기만 하면 고난이 사라지고, 불가능이 끝나고, 위험이 없어집니다.

356
전능하신 분

계 1:8

주 하나님이 이르시되 나는 알파와 오메가라 이제도 있고 전에도 있었고 장차 올 자요 전능한 자라 하시더라.
"I am the Alpha and the Omega," says the Lord God, "who is, and who was, and who is to come, the Almighty."

하나님께서 미리 아시지 못하는 일은 없습니다. 하나님의 계획을 무너뜨리는 뜻밖의 일은 없습니다. 하나님께서 예비하시지 않은 위기가 닥치는 일은 없습니다. 하나님의 보호를 받지 못하는 위험은 없습니다. 하나님께서는 과거, 현재, 미래를 모두 보십니다. 이 진리에서 큰 위안을 받으십시오.

예를 들어, 노련한 선장과 함께 바다로 나갔다고 합시다. 그러나 아무리 노련하다고 해도 항해 중에 일어날 일을 어떻게 미리 알 수 있겠습니까? 아무리 잘 안다고 해도 안전한 여행을 보장할 수 있겠습니까? 그러나 섭리의 배에 타면 다릅니다. 키를 잡으신 분께서 하나하나, 파도 하나하나의 주인이십니다. 목적지인 항구에서 생길 일과 출발하는 항구에서 생기는 일을 모두 미리 아십니다. 파도의 높이, 넓이, 세기를 모두 아십니다. 바람에 대한 모든 것을 아십니다. 모든 일을 처음부터 끝까지 미리 정하시고 예정하신 선장이 계시기 때문에 안전합니다.

357
천국의 시작

계 1:17

내가 볼 때에 그의 발 앞에 엎드러져 죽은 자같이 되매 그가 오른손을 내게 얹고 이르시되 두려워하지 말라 나는 처음이요 마지막이니.
When I saw him, I fell at his feet as though dead. Then he placed his right hand on me and said: "Do not be afraid. I am the First and the Last."

성도는 죽음을 두려워할 필요가 없습니다. 예수님께서 무덤의 열쇠를 가지고 계시기 때문입니다. 예수님께서 영광 가운데 임종의 침대로 오셔서 말씀하십니다.

"내 신부야 너는 레바논에서부터 나와 함께하고 레바논에서부터 나와 함께 가자 아마나와 스닐과 헤르몬 꼭대기에서 사자굴과 표범 산에서 내려오너라"(아 4:8).

죽음의 문에 열쇠를 넣어 여시는 예수님의 모습을 그려 보면 무덤의 공포가 사라집니다. 무덤에 대한 공포는 망상입니다. 죽음이 가져오는 아름다움을 알아야 합니다.

예수님께서 무덤의 열쇠를 가지고 계시니 이제 다시는 두려워하지 마십시오. 믿으십시오. 임종의 시간이 지금까지 살아온 시간 가운데 가장 의미 있는 시간입니다. 마지막 순간이 가장 풍성한 순간입니다. 태어난 날보다 죽는 날이 더 좋은 날입니다. 영원히 지지 않을 태양이 떠오르는 천국의 시작입니다. 살아 계신 구세주에 대한 믿음으로 죽음에 대한 공포를 쫓아내십시오.

358
죽도록 충성하는 자

계 2:10

네가 죽도록 충성하라 그리하면 내가 생명의 관을 네게 주리라.
Be faithful, even to the point of death, and I will give you the crown of life.

죽는 것을 걱정하고 있습까? 생명의 마지막 시간이 두렵습니까? 그러나 죽음보다 더 위험하고 불안한 것이 있습니다. 바로 이 세상에서 사는 삶입니다. 잘 사십시오. 그것이 중요합니다. 인생을 잘 산다면 죽는 것은 삶을 마치는 것일 뿐입니다. 명예롭게 달리는 것이 주목적이었다면 기쁨으로 경주를 마쳐야 합니다. 사는 동안에는 죽음을 생각하지 말아야 합니다.

살아 있는 동안 필요하지 않은 한 가지 은혜가 있습니다. 바로 죽는 은혜입니다. 마지막 작별의 시간이 오기 전에는 필요하지 않은 은혜입니다. 우리가 육신의 장막을 벗을 때 하나님께서 우리를 어떻게 부르실지 알지 못합니다. 얼마나 아픈 고통을 당해야 할지 알지 못합니다. 정신과 육신이 무너질 때 어떤 위로가 예비되어 있을지 알지 못합니다. 그러니 마음을 다해 하나님을 섬기십시오. 그분의 소중한 피 안에 안식하십시오. 살아 계신 사랑의 주님과 가깝게 지내십시오. 그러면 그때 필요한 은혜를 충만하게 주실 것입니다.

359
생명의 관

계 2:10

네가 죽도록 충성하라 그리하면 내가 생명의 관을 네게 주리라.
Be faithful, even to the point of death, and I will give you the crown of life.

우리는 영원히 삽니다. 하나님께서 해보다 오래 살고, 별보다 오래가고, 영원토록 남아 있을 영을 주셨습니다. 의로운 영혼이 육신을 떠나면 하나님 앞에 섭니다.

"내가 진실로 네게 이르노니 오늘 네가 나와 함께 낙원에 있으리라"(눅 23:43).

그러나 그리스도께서는 우리의 영혼만 사신 것이 아닙니다. 우리의 육신도 사셨습니다. 우리의 새로운 육신은 다시는 죽지 않을 아름다운 몸입니다.

"내가 알기에는 나의 대속자가 살아 계시니 마침내 그가 땅 위에 서실 것이라 내 가죽이 벗김을 당한 뒤에도 내가 육체 밖에서 하나님을 보리라 내가 그를 보리니 내 눈으로 그를 보기를 낯선 사람처럼 하지 않을 것이라 내 마음이 초조하구나"(욥 19:25~27).

우리는 승리의 종려나무 가지를 흔들 것입니다. 생명의 관을 쓸 것입니다. 여호와의 보좌 앞에 우리의 관을 드릴 것입니다. 빛나고 깨끗한 세마포 옷을 입을 것입니다. 영원토록 노래를 부를 것입니다.

360
오직 주님의 길로

계 3:18

내가 너를 권하노니 내게서 불로 연단한 금을 사서 부요하게 하고.
I counsel you to buy from me gold refined in the fire, so you can become rich.

하나님의 자녀라 해도 시험을 받거나 재산이 없어져 버리거나 사랑하는 자녀가 병들면 마음이 슬픕니다. 이때 하나님께서 살길을 가르쳐 주십니다.

"네 짐을 여호와께 맡기라 그가 너를 붙드시고 의인의 요동함을 영원히 허락하지 아니하시리로다"(시 55:22).

자신을 위해 큰일을 하려는 젊은이에게 그리스도께서 살길을 가르쳐 주십니다.

"그것을 추구하지 마라."

젊어서는 나도 야망에 불탔습니다. 대학에 가려고도 했고, 내가 잘되기 위해 성도들을 광야에 둔 채 떠나려고도 했습니다. 그때 주님의 말씀이 내 마음을 쳤습니다.

"네가 너를 위하여 큰일을 찾느냐 그것을 찾지 말라"(렘 45:5). 나는 대답했습니다. "주님의 말씀에 따르겠습니다. 제 계획을 버리겠습니다."

그렇게 해서 아직까지 후회한 적이 없습니다. 언제나 주님의 인도를 따르십시오. 잘못되지 않습니다.

361
사랑의 징계

계 3:19

무릇 내가 사랑하는 자를 책망하여 징계하노니 그러므로 네가 열심을 내라 회개하라.
Those whom I love I rebuke and discipline. So be earnest, and repent.

하나님께서는 꼭 필요하다고 생각하시는 때에 우리를 벌하십니다. "주께서 인생으로 고생하게 하시며 근심하게 하심은 본심이 아니시로다"(애 3:33).

육신의 부모는 자신의 판단에 따라 수시로 자녀를 책망합니다. 그러나 하늘에 계신 아버지께서는 꼭 필요할 때만 책망하십니다.

성도의 유익이나 건강이 쓴 눈물이나 육신의 고통, 마음의 번뇌를 통해 오는 경우를 자주 봅니다. 나도 병을 앓고 나서 건강을 얻었고, 손실을 본 뒤에 이득을 얻었습니다. 그래서 나는 죽음이 더 충만한 삶을 가져올 것이라는 점을 의심하지 않습니다.

하나님의 자녀인 우리는 오늘 받고 있는 고난이 사랑의 책망임을 알아야 합니다. 하나님의 집에는 채찍보다 열매를 더 많이 거두는 기구는 없습니다. 가장 쓰라린 슬픔에서 가장 빛나는 기쁨이 나옵니다. 예수님과 마찬가지로 우리는 고난을 당함으로 순종을 배웁니다.

362
사랑으로 받는 징계

계 3:19

무릇 내가 사랑하는 자를 책망하여 징계하노니 그러므로 네가 열심을 내라 회개하라.
Those whom I love I rebuke and discipline. So be earnest, and repent.

악인이 번성하고 큰 힘을 갖는 것을 볼 때 우리는 몹시 당황합니다. 믿음이 없는 자들이 부유하게 잘삽니다. 반면 의로운 사람은 곤궁합니다. 고결한 사람들이 굶주리고 목마르고 빈곤한 것을 자주 봅니다. 그래서 그리스도인의 탄식 소리가 들립니다. "어떻게 이럴 수가 있단 말인가?"

믿음이 없는 사람들은 말합니다. "하나님께서 사랑하시니까 잘되는 거지." "하나님께서 미워하시니까 잘 안 되는 거지." 그들은 욥의 친구들처럼 그것밖에 모릅니다.

욥의 친구들은 하나님을 잘 섬기면 그분께서 부와 행복을 주신다고 믿었습니다. 그리고 욥의 고난을 위선의 증거로 봤습니다. 불행히도 그리스도인 가운데 같은 잘못을 하는 사람이 많습니다. 어떤 사람이 책망이나 징계를 받으면, 하나님의 진노를 산 것으로 생각합니다. 그러나 그렇지 않습니다. 오늘 말씀을 깊이 묵상해 보십시오.

"무릇 내가 사랑하는 자를 책망하여 징계하노니 그러므로 네가 열심을 내라 회개하라."

363
모든 눈물이 씻기는 날

계 7:17

이는 보좌 가운데에 계신 어린양이 그들의 목자가 되사 생명수 샘으로 인도하시고 하나님께서 그들의 눈에서 모든 눈물을 씻어 주실 것임이라.
For the Lamb at the center of the throne will be their shepherd; he will lead them to springs of living water. And God will wipe away every tear from their eyes.

성도가 세상 사람들과 똑같이 겪는 슬픔이 있습니다. 육체적 고통입니다. 훌륭한 믿음의 사람도 병상에 누워 있습니다. 심한 고통으로 뺨에 눈물이 흐릅니다. 이 밖에도 일상생활에서 겪는 상실과 십자가가 있습니다. 어려움과 상실을 경험하지 않는 그리스도인이 어디 있겠습니까? 힘들다고 생각되는 날이 왜 없겠습니까?

어떤 배라도 항해하다 보면 폭풍을 만납니다. 예수님께서 눈물을 흘리셨다면(요 11:35), 우리도 사별의 눈물을 흘리는 것이 당연합니다.

이 세상이라는 광야를 지나가려면 거기에 자라고 있는 가시에 찔리지 않을 수 없습니다. 발에 찔리는 가시를 느끼며 걸어야 합니다. 현재의 눈물에서 벗어나는 가장 확실한 방법은 하나님과 영적 교감을 갖고 사는 것뿐입니다. 하나님의 날개 아래에서 그분의 가슴에 기대어 있으면 안전하고 평안하고 기쁩니다.

364
아픔이 사라지는 날

계 21:4

모든 눈물을 그 눈에서 닦아 주시니 다시는 사망이 없고 애통하는 것이나 곡하는 것이나 아픈 것이 다시 있지 아니하리니 처음 것들이 다 지나갔음이러라.
He will wipe every tear from their eyes. There will be no more death or mourning or crying or pain, for the old order of things has passed away.

나의 모든 것은 용광로와 망치와 줄칼 덕택입니다. 우리 집에 있는 가장 좋은 가구는 십자가입니다. 나를 가장 부유하게 만든 것은 바로 고통이었고, 그 고통에 대해 하나님께 감사드립니다. 그래서 나는 시인과 함께 이렇게 노래합니다.
"이스라엘의 하나님께서 씨를 심으시네.
고난, 아픔, 수고의 씨를.
싹이 솟아나고 잡초를 없애네.
그렇지 않았다면 온 땅을 뒤덮었을 것을.
시련이 약속을 감미롭게 만드네.
시련이 기도하는 사람에게 새 생명을 주네.
시련이 하나님 발아래로 가게 하네.
거기에 낮게 머물러 있게 만드네."

365
어린양의 생명책

계 21:27

> 무엇이든지 속된 것이나 가증한 일 또는 거짓말하는 자는 결코 그리로 들어가지 못하되 오직 어린양의 생명책에 기록된 자들만 들어가리라.
>
> Nothing impure will ever enter it, nor will anyone who does what is shameful or deceitful, but only those whose names are written in the Lamb's book of life.

  이름을 내고 싶고, 주목을 받고 싶고, 더 높은 곳으로 올라가고 싶은 것은 인간에게 자연스러운 일입니다. 그러나 명성은 명성만큼의 불만족을 가져옵니다. 명성을 얻기 위해 노력하는 동안에는 어느 정도의 기쁨이 있지만, 목적을 달성하고 나면 기쁨이 없어집니다. 그래서 유명한 사람들 가운데 불행한 사람들이 많습니다. 현재 명성과 명예를 누리고 있다면 기뻐하십시오. 그러나 이렇게 기도해야 합니다. "하나님, 저에게 진정한 복을 주십시오. 수많은 사람이 제 이름을 부를지라도 하나님께서 뱉어 버리시면 무슨 유익이 있겠습니까? 하나님께로부터 오는 영예야말로 진정한 복입니다."

  아직까지 이름을 내 본 적이 없다면, 현재의 삶에 만족하고 자기 일을 열심히 하십시오. 알려지지 않았다는 것은 중요한 문제가 아닙니다. 그것이 오히려 태양이 비추면 곧 사라지는 눈 같은 명성보다 훨씬 낫습니다.

주제별 색인

고통
1, 4, 6, 16, 19, 28, 29, 31, 42, 51, 52, 54, 58, 59, 65, 84, 103, 104, 105, 112, 115, 117, 120, 128, 129, 143, 148, 150, 161, 168, 181, 220, 233, 237, 243, 256, 258, 296, 299, 316, 317, 328, 330, 336, 338, 343, 351, 361

걱정
58, 86, 94, 95, 120, 128, 152, 161, 162, 163, 192, 214, 215, 328, 330, 342, 349, 351, 357

무거운 짐
2, 3, 49, 58, 65, 94, 190, 197, 243, 244, 246, 328, 342, 255, 360

위험
4, 13, 24, 44, 83, 332, 342, 356

죽음
8, 22, 27, 38, 45, 47, 50, 63, 64, 65, 66, 69, 92, 96, 98, 100, 101, 118, 119, 121, 122, 123, 124, 127, 131, 132, 134, 139, 143, 146, 149, 151, 155, 161, 167, 168, 170, 185, 189, 194, 200, 202, 215, 216, 220, 221, 222, 223, 226, 228, 234, 239, 240, 248, 249, 254, 258, 259, 260, 261, 262, 263, 284, 285, 286, 287, 294, 301, 302, 310, 318, 330, 340, 346, 353, 354, 357, 358

구원
1, 99, 117, 155, 157, 161, 163, 168, 169, 173, 206, 226, 255, 338, 350, 355

우울
1, 4, 5, 10, 11, 20, 21, 23, 28, 32, 39, 40, 45, 56, 64, 66, 74, 79, 88, 92, 94, 96, 105, 109, 114, 143, 149, 156, 160, 163, 166, 169, 174, 196, 206, 217, 218, 225, 245, 256, 287, 288, 298, 324, 333, 334, 339, 349, 351

멸시
3, 109, 135, 138, 188, 288

어려움
4, 26, 65, 67, 130, 152, 153, 165, 183, 195, 199, 207, 208, 225, 24
271, 303, 344

의심
20, 26, 53, 153, 154, 159, 190, 273, 280, 326, 344, 345, 346, 349

본분
4, 102, 124, 125, 177, 345, 346

두려움
1, 8, 20, 24, 40, 53, 61, 68, 85, 92, 123, 178, 215, 250

슬픔
6, 39, 80, 83, 103, 108, 157, 202, 217, 351

외로움
5, 75, 76, 80, 87, 92, 118, 143, 152, 157, 197, 205, 218, 232, 270, 304, 310

상실
1, 5, 22, 34, 53, 55, 59, 60, 164, 196, 215, 221, 241, 243, 250, 269, 310, 320

불안
4, 97, 111, 157, 179, 241

노년
2, 30, 32, 47, 57, 91, 141, 164, 269, 316, 317, 363

육체적 고통
7, 11, 24, 30, 39, 45, 47, 49, 59, 65, 66, 72, 78, 98, 104, 105, 113, 192, 217, 240, 274, 282, 304, 311, 316, 317, 351, 358, 361, 364

평화
33, 54, 70, 179, 180, 212, 256, 257, 275, 318, 320, 363

가난
3, 4, 12, 14, 27, 36, 41, 47, 50, 53, 57, 60, 61, 65, 71, 75, 85, 86, 87, 91, 92, 96, 101, 109, 113, 114, 120, 128, 132, 143, 149, 161, 162, 171, 177, 180, 182, 187, 204, 210, 211, 213, 224, 235, 255, 257, 266, 270, 274, 281, 283, 296, 304, 306, 309, 318, 361, 362

둘러싸임
24, 30, 38, 77, 109, 126, 148, 299, 333, 337, 341, 366

질병
4, 11, 37, 38, 39, 53, 55, 57, 61, 64, 65, 74, 75, 77, 78, 96, 98, 99, 101, 109, 111, 128, 131, 138, 161, 163, 166, 175, 221, 224, 229, 239, 240, 249, 270, 288, 296, 300, 316, 317, 341, 358

비탄
3, 6, 8, 11, 14, 16, 49, 51, 52, 75, 80, 82, 96, 99, 113, 121, 127, 133, 138, 142, 148, 156, 250, 284, 313, 361

괴로움
3, 7, 11, 30, 47, 49, 51, 66, 74, 79, 85, 126, 131, 134, 142, 166, 202, 268, 313, 337, 339, 346

유혹
5, 149, 171, 184, 314, 323

시련
1, 2, 3, 10, 16, 19, 20, 32, 34, 37, 38, 40, 42, 43, 44, 45, 47, 49, 58, 59, 63, 71, 72, 76, 79, 82, 89, 92, 99, 103, 106, 107, 114, 115, 116, 131, 133, 138, 160, 162, 171, 176, 181, 183, 186, 189, 190, 198, 202, 208, 211, 227, 229, 233, 236, 237, 239, 247, 251, 265, 268, 272, 276, 277, 282, 295, 300, 305, 313, 314, 321, 323, 324, 325, 332, 333, 334, 335, 336, 337, 339, 340, 341, 347, 348, 350

환난
5, 13, 14, 16, 23, 34, 37, 48, 52, 56, 65, 71, 72, 73, 76, 81, 82, 84, 86, 89, 94, 99, 104, 107, 116, 127, 128, 131, 134, 138, 139, 161, 163, 165, 177, 181, 182, 183, 186, 188, 190, 203, 204, 209, 214, 218, 227, 229, 231, 242, 251, 253, 266, 280, 289, 290, 293, 295, 300, 307, 309, 313, 315, 322, 325, 329, 348

신뢰
15, 34, 35, 40, 41, 44, 48, 107, 112, 139, 146, 147, 154, 162, 172, 179, 201, 209, 217, 229, 230, 238, 242, 247, 250, 252, 264, 269, 283, 291, 292, 303, 308, 326, 327

연약함
5, 17, 21, 24, 30, 69, 88, 104, 108, 126, 134, 135, 139, 141, 145, 175, 182, 192, 201, 244, 253, 265, 267, 278, 279, 297, 312, 318, 329

피곤함
3, 25, 108, 126, 134, 143, 144, 148, 152, 155, 159, 184, 192, 193, 243, 246, 255, 264, 267, 287, 297, 360, 363

날짜별 읽기표

001	1월 1일	나의 방패 되시는 주님
002	1월 2일	더 큰 믿음, 더 큰 시련
003	1월 3일	주님의 복된 약속
004	1월 4일	바로 여기 계신 주님
005	1월 5일	벧엘의 하나님
006	1월 6일	고난의 터널을 지나
007	1월 7일	주님의 도움의 손길
008	1월 8일	죽음을 이기신 주님
009	1월 9일	하나님의 때를 기다리며
010	1월 10일	나의 근심을 아시는 하나님
011	1월 11일	치료하시는 하나님
012	1월 12일	하나님께서 주신 양식
013	1월 13일	하나님 안에서 누리는 안식
014	1월 14일	여호와 나의 하나님
015	1월 15일	내가 의지할 하나님
016	1월 16일	복된 광야
017	1월 17일	능력 주시는 하나님
018	1월 18일	감싸고 보호하시는 하나님
019	1월 19일	영혼을 살찌우는 시련
020	1월 20일	강하고 담대하라
021	1월 21일	주님은 나의 피난처
022	1월 22일	언젠가는 사라질 세상 것
023	1월 23일	약속의 이삭
024	1월 24일	하나님의 손안
025	1월 25일	내 발을 지키시는 주님
026	1월 26일	주님의 말씀대로
027	1월 27일	에벤에셀
028	1월 28일	하나님 마음에 맞는 사람
029	1월 29일	전쟁은 하나님께 속한 것
030	1월 30일	동일한 상급
031	1월 31일	간절한 기다림
032	2월 1일	상처 입은 치유자
033	2월 2일	사랑으로 오시는 성령님
034	2월 3일	기적을 낳는 믿음
035	2월 4일	보이지 않는 군대

036	2월 5일	재물에 대한 바른 마음
037	2월 6일	하나님의 긍휼
038	2월 7일	하나님의 간절한 부르심
039	2월 8일	하나님의 눈
040	2월 9일	구원의 하나님
041	2월 10일	부족함 없는 은혜
042	2월 11일	주님을 만나는 기쁨
043	2월 12일	뜻대로 이루시는 주님
044	2월 13일	하나님, 나의 방패
045	2월 14일	주신 이도 하나님
046	2월 15일	거두신 이도 하나님
047	2월 16일	잊지 말아야 할 은혜
048	2월 17일	환난에서 구하시는 하나님
049	2월 18일	내 마음을 아시는 하나님
050	2월 19일	마음에 새겨진 약속
051	2월 20일	하나님을 보는 눈
052	2월 21일	헤아릴 수 없는 하나님의 생각
053	2월 22일	유익한 환난의 줄
054	2월 23일	진리를 알려 주는 고통
055	2월 24일	갑절로 회복시키시는 은혜
056	2월 25일	주의 기이한 사랑
057	2월 26일	구한 것보다 더 많은 복
058	2월 27일	하나님께 맡기는 지혜
059	2월 28일	외면하지 않으시는 주님
060	3월 1일	여호와는 나의 목자
061	3월 2일	부족함 없는 인생
062	3월 3일	부족함 없이 채우시는 주님
063	3월 4일	사망의 골짜기로 다닐지라도
064	3월 5일	두려움 없는 삶
065	3월 6일	고난에서 건지시는 은혜
066	3월 7일	고통을 이기는 소망
067	3월 8일	나의 도움 되시는 주님
068	3월 9일	기다림의 복
069	3월 10일	그리스도인의 기쁨
070	3월 11일	최상의 인도자
071	3월 12일	내 갈 길을 아시는 주님
072	3월 13일	불순종 뒤에 오는 시련
073	3월 14일	기도를 들으시는 하나님

074	3월 15일	진정한 위로자
075	3월 16일	한결같은 주님의 자비
076	3월 17일	내 손을 놓지 않으시는 주님
077	3월 18일	병상에서 붙드시는 손길
078	3월 19일	은혜를 구하는 기도
079	3월 20일	함께 괴로워하시는 주님
080	3월 21일	위로를 주는 말씀
081	3월 22일	그래도 기뻐해야 할 이유
082	3월 23일	실망시키지 않으시는 주님
083	3월 24일	모두가 하나님의 섭리
084	3월 25일	환난 날의 부르짖음
085	3월 26일	걱정은 이방인의 것
086	3월 27일	짐을 맡아 주시는 주님
087	3월 28일	자비와 은혜의 손
088	3월 29일	약함을 뛰어넘는 믿음
089	3월 30일	하나님과의 대화
090	3월 31일	주님께서 준비하신 선물
091	4월 1일	약속을 지키시는 하나님
092	4월 2일	나를 잊지 않으시는 주님
093	4월 3일	날마다 공급하시는 하나님
094	4월 4일	걱정을 내려놓고
095	4월 5일	만족을 아는 기쁨
096	4월 6일	어둠 속에 빛이 있으니
097	4월 7일	천지를 살피시는 주님
098	4월 8일	영원히 찬양하리라
099	4월 9일	환난을 이기는 은혜
100	4월 10일	경건한 자들의 죽음
101	4월 11일	은혜로 사는 인생
102	4월 12일	주님을 생각하는 밤
103	4월 13일	믿음으로 가는 고난의 길
104	4월 14일	고난이 주는 유익
105	4월 15일	고난 중에 받는 위로
106	4월 16일	어디에나 계시는 주님
107	4월 17일	내 편이신 주님
108	4월 18일	응답하시는 주님
109	4월 19일	내 모든 행실을 아시는 주님
110	4월 20일	하나님의 눈
111	4월 21일	고치고 싸매시는 주님

112	4월 22일	고난으로 얻는 지혜
113	4월 23일	평안으로 가는 길
114	4월 24일	재물의 시험
115	4월 25일	마음을 연단하시는 주님
116	4월 26일	하나님께서 정하신 계획
117	4월 27일	징계의 채찍
118	4월 28일	주님께 가는 사람들
119	4월 29일	마지막 날을 꿈꾸며
120	4월 30일	가난하거나 부하거나
121	5월 1일	헛되고 헛된 인생
122	5월 2일	떠나야 할 때
123	5월 3일	죽음이 두렵지 않은 이유
124	5월 4일	인내로 얻을 복
125	5월 5일	현재의 중요성
126	5월 6일	하나님께 의지하는 복
127	5월 7일	죽음 이후
128	5월 8일	천국으로 이끄는 아이들
129	5월 9일	믿음의 가장 큰 적
130	5월 10일	신실하신 주님
131	5월 11일	잠잠히 신뢰함
132	5월 12일	마른땅에 냇물 같은 은혜
133	5월 13일	모든 일이 하나님 손안에
134	5월 14일	하나님의 임재
135	5월 15일	약한 나를 강하게
136	5월 16일	도움의 약속
137	5월 17일	나는 하나님의 것
138	5월 18일	시험 중에도 함께하시는 주님
139	5월 19일	고난의 물을 건너 천국으로
140	5월 20일	고난의 불을 지나 천국으로
141	5월 21일	백발이 되도록 변치 않는 은혜
142	5월 22일	하나님께서 정하신 일
143	5월 23일	고난의 풀무에서 택하신 주님
144	5월 24일	잊지 않으신다는 약속
145	5월 25일	한결같은 사랑
146	5월 26일	주님께 배우는 순종
147	5월 27일	내 길이 아닌 주님의 길로
148	5월 28일	환난 중에 보시는 주님
149	5월 29일	시험을 견디는 믿음

150	5월 30일	고생으로 배우는 인생
151	5월 31일	참자유의 날
152	6월 1일	여호와를 의지하는 사람
153	6월 2일	영원하신 하나님
154	6월 3일	주님의 성실하심
155	6월 4일	주님은 나의 기업
156	6월 5일	슬픔 중에 잊지 말아야 할 약속
157	6월 6일	홀로 남겨질 때
158	6월 7일	죽음을 이기고 생명으로
159	6월 8일	내 마음의 멍에
160	6월 9일	해를 입지 않으리
161	6월 10일	고난을 감당하는 믿음
162	6월 11일	하나님의 때
163	6월 12일	만족할 줄 아는 삶
164	6월 13일	변치 않는 그분의 마음
165	6월 14일	끝이 정해진 고난
166	6월 15일	주님의 징계도 즐거움
167	6월 16일	본향으로 가는 길
168	6월 17일	모든 것이 정해진 자리에
169	6월 18일	슬픔을 갚아 주실 주님
170	6월 19일	하나님 만날 날을 준비하며
171	6월 20일	성공이라는 시험
172	6월 21일	당당해야 할 이유
173	6월 22일	가장 필요할 때 오는 은혜
174	6월 23일	전적으로 의지하는 믿음
175	6월 24일	들으시는 하나님
176	6월 25일	질투하시는 하나님
177	6월 26일	미리 부르는 찬양
178	6월 27일	두려움 없는 인생
179	6월 28일	오늘부터 주실 복
180	6월 29일	주님의 영원한 약속
181	6월 30일	고난의 열매
182	7월 1일	어둠을 밝힐 빛
183	7월 2일	믿음을 위한 시련
184	7월 3일	주님의 특별한 소유
185	7월 4일	언제나 주님과 함께
186	7월 5일	말씀을 사랑하는 믿음

187	7월 6일	하나님 자녀의 특권
188	7월 7일	헛된 세상의 보물
189	7월 8일	약속의 땅
190	7월 9일	믿음대로 되리라는 약속
191	7월 10일	모든 것이 하나님의 뜻
192	7월 11일	위대하신 주님의 손
193	7월 12일	내가 편히 쉴 곳
194	7월 13일	그리스도의 집
195	7월 14일	영혼에서 나오는 기도
196	7월 15일	믿음으로 걷는 길
197	7월 16일	내가 져야 할 십자가
198	7월 17일	시련으로 강해진 믿음
199	7월 18일	기도로 맞서는 믿음
200	7월 19일	나를 위해 예비된 나라
201	7월 20일	아버지의 원대로
202	7월 21일	시련도 주님의 뜻
203	7월 22일	모든 것의 주인
204	7월 23일	고난의 바다에서 만난 주님
205	7월 24일	위로자의 마음
206	7월 25일	하나님의 긍휼하심
207	7월 26일	다시 그물을 내리는 믿음
208	7월 27일	비바람 뒤에 오는 평안
209	7월 28일	명확한 기도
210	7월 29일	기도의 능력
211	7월 30일	좋은 것을 주시는 주님
212	7월 31일	주님의 특별한 사랑
213	8월 1일	돌보시는 하나님
214	8월 2일	아무런 힘도 없는 걱정
215	8월 3일	안전한 하나님 나라
216	8월 4일	천국의 상속자
217	8월 5일	나는 주님의 자녀
218	8월 6일	나를 붙드시는 주님
219	8월 7일	주님의 사랑과 위로
220	8월 8일	주님의 섭리를 찬양
221	8월 9일	죽음은 가장 좋은 날들의 시작
222	8월 10일	영원한 생명으로
223	8월 11일	죽음을 보지 않는 성도
224	8월 12일	선한 목자

225	8월 13일	보장된 안전
226	8월 14일	영광과 사랑의 자리
227	8월 15일	시련이 은혜인 이유
228	8월 16일	예수님의 눈물
229	8월 17일	걱정을 가져가시는 주님
230	8월 18일	성령님의 사랑
231	8월 19일	우리의 위로자
232	8월 20일	영원한 주님의 약속
233	8월 21일	고난은 새 언약의 약속
234	8월 22일	영광스러운 죽음
235	8월 23일	나를 먹이시는 주님
236	8월 24일	주의 이름을 부르는 자
237	8월 25일	큰 시련, 큰 은혜
238	8월 26일	흔들리지 않는 믿음
239	8월 27일	주님께서 정하신 길
240	8월 28일	가장 위대한 사랑
241	8월 29일	우리를 위해 간구하시는 분
242	8월 30일	가장 좋은 약속
243	8월 31일	고난의 잔
244	9월 1일	능력 있는 성도의 삶
245	9월 2일	넉넉히 이기는 인생
246	9월 3일	기도의 선물
247	9월 4일	시험을 감당할 능력
248	9월 5일	성도의 죽음
249	9월 6일	죽음을 감찰하시는 주님
250	9월 7일	모든 위로의 하나님
251	9월 8일	넉넉한 은혜
252	9월 9일	만족은 주님에게서
253	9월 10일	보장된 구원
254	9월 11일	죽음에서 생명으로
255	9월 12일	고난은 영광의 기초
256	9월 13일	고난을 사용하시는 주님
257	9월 14일	고난이 오히려 복
258	9월 15일	하늘의 유산
259	9월 16일	그리스도의 영광의 몸으로
260	9월 17일	죽음을 받아들이는 믿음
261	9월 18일	몸을 떠나 주님과 함께
262	9월 19일	천국으로 가는 여행

263	9월 20일	말로 표현할 수 없는 천국
264	9월 21일	복을 부르는 기도
265	9월 22일	시련은 믿음의 기회
266	9월 23일	고난에 맞서는 삶
267	9월 24일	약한 것도 돌보시는 주님
268	9월 25일	믿음의 기도
269	9월 26일	내 곁을 지키시는 주님
270	9월 27일	그리스도를 가진 자
271	9월 28일	날마다 복 주시는 주님
272	9월 29일	세상에서는 나그네
273	9월 30일	확신의 기도
274	10월 1일	주님을 만날 기대
275	10월 2일	나는 주님의 지체
276	10월 3일	고난은 믿음의 시험대
277	10월 4일	세상의 핍박
278	10월 5일	하나님의 전신갑주
279	10월 6일	승리의 주님
280	10월 7일	세상이 줄 수 없는 평화
281	10월 8일	필요를 채우시는 주님
282	10월 9일	하늘의 소망
283	10월 10일	세상 지혜의 끝은 패망
284	10월 11일	가져가실 때도 감사
285	10월 12일	영원한 부활
286	10월 13일	주님과 함께하는 죽음
287	10월 14일	영원한 기쁨이 있는 곳
288	10월 15일	항상 기뻐하라
289	10월 16일	쉬지 말고 기도하라
290	10월 17일	날마다 새로운 은혜
291	10월 18일	평화의 원천
292	10월 19일	하나님의 평강
293	10월 20일	한 분이신 중보자
294	10월 21일	장차 올 세상의 생명
295	10월 22일	살아 계신 하나님께 소망을
296	10월 23일	부족함 없는 은혜
297	10월 24일	믿음의 선한 싸움
298	10월 25일	마음을 움직이는 복음
299	10월 26일	주님과 동행하는 삶
300	10월 27일	주님의 완전한 능력

301	10월 28일	죽음을 준비하는 삶
302	10월 29일	천국으로 가는 길
303	10월 30일	놀라운 사랑의 역사
304	10월 31일	예수님을 보는 기쁨
305	11월 1일	유익이 되는 시험
306	11월 2일	은혜의 보좌 앞으로
307	11월 3일	때를 따라 돕는 은혜
308	11월 4일	축복의 약속
309	11월 5일	가장 안전한 피난처
310	11월 6일	영적인 가족
311	11월 7일	고통을 참는 믿음
312	11월 8일	약한 자를 쓰시는 하나님
313	11월 9일	핍박을 견디는 믿음
314	11월 10일	조율하시는 하나님
315	11월 11일	천국의 사랑을 받는 자
316	11월 12일	언약의 징계
317	11월 13일	고난을 이기는 은혜
318	11월 14일	하나님으로 만족한 삶
319	11월 15일	의로우신 하나님
320	11월 16일	나를 떠나지 않으시는 주님
321	11월 17일	나를 도우시는 주님
322	11월 18일	기도할 수 있는데
323	11월 19일	인내를 낳는 시련
324	11월 20일	믿음의 시련
325	11월 21일	지혜를 주시는 주님
326	11월 22일	약속에 의지하는 기도
327	11월 23일	변함이 없으신 주님
328	11월 24일	믿음대로 주시는 주님
329	11월 25일	절망에서 환희로
330	11월 26일	내일 일을 알지 못하니
331	11월 27일	안개 같은 인생
332	11월 28일	인내하는 자
333	11월 29일	하나님께서 선택하신 사람
334	11월 30일	시험당해도 기뻐하리
335	12월 1일	내 고통을 아시는 분
336	12월 2일	이해할 수 없는 고난
337	12월 3일	시련을 통해 주시는 믿음

338	12월 4일	고난으로 얻는 교훈
339	12월 5일	주님의 인자하심
340	12월 6일	죽음을 이기는 자
341	12월 7일	나를 단련하는 시련
342	12월 8일	주님의 뜻대로
343	12월 9일	겸손을 가르치는 시련
344	12월 10일	높이시는 주님
345	12월 11일	염려를 주님께
346	12월 12일	천국에서 누릴 완전함
347	12월 13일	하나님의 구원의 손길
348	12월 14일	믿음의 사람들
349	12월 15일	지극히 큰 약속
350	12월 16일	시험에서 건지시는 주님
351	12월 17일	새 희망을 주시는 주님
352	12월 18일	주님 오실 날
353	12월 19일	생명으로 들어가는 길
354	12월 20일	진리의 길
355	12월 21일	지극히 거룩한 믿음
356	12월 22일	전능하신 분
357	12월 23일	천국의 시작
358	12월 24일	죽도록 충성하는 자
359	12월 25일	생명의 관
360	12월 26일	오직 주님의 길로
361	12월 27일	사랑의 징계
362	12월 28일	사랑으로 받는 징계
363	12월 29일	모든 눈물이 씻기는 날
364	12월 30일	아픔이 사라지는 날
365	12월 31일	어린양의 생명책

저자 및 역자

지은이
찰스 스펄전(Charles H. Spurgeon, 1834~1892)
'설교의 황태자'라고 불리는 탁월한 설교자였다. 15세에 회심하고 17세에 설교자가 되었으며, 28세부터 30년간 런던의 메트로폴리탄 타버나클교회에서 목회했다. 그의 설교는 교파를 초월해서 수많은 교인들에게 지대한 영향을 미쳤고, 탁월한 저술가로서 그가 남긴 주옥같은 수많은 설교문과 영적인 저술은 시대를 뛰어넘어 지금까지도 영적인 감동과 도전을 전해 주고 있다.

옮긴이
장남혁
성균관대학교와 서울대학교 대학원 그리고 장로회신학대학원을 졸업하고, 미국 풀러신학교 세계선교대학원에서 Th. M.과 Ph. D. 학위를 받았다. 저서로는 『교회 속의 샤머니즘』(집문당), 『한국문화 속의 복음』(예영커뮤니케이션), *Shamanism in Korean Christianity*가 있고, 역서로는 『말씀사모』(성서유니온)와 『천국 가기 전 해야 할 소중한 일』(겨자씨)이 있다. 현재 서울장신대학교 조교수(선교학)로 섬기고 있다.

심광수
오랫동안 금융인으로 일한 후, 신앙서적 번역을 시작했다. 역서로는 『말씀사모』(성서유니온)와 『천국 가기 전 해야 할 소중한 일』(겨자씨)이 있으며, 많은 외국 설교를 번역했다.
블로그 주소: blog.naver.com/lord_uknowme